Yvonne Niekrenz · Dirk Villányi (Hrsg.)

LiebesErklärungen

Yvonne Niekrenz · Dirk Villányi (Hrsg.)

Liebes Erklärungen

Intimbeziehungen aus
soziologischer Perspektive

VS VERLAG FÜR SOZIALWISSENSCHAFTEN

Bibliografische Information der Deutschen Nationalbibliothek
Die Deutsche Nationalbibliothek verzeichnet diese Publikation in der
Deutschen Nationalbibliografie; detaillierte bibliografische Daten sind im Internet über
<http://dnb.d-nb.de> abrufbar.

1. Auflage 2008

Alle Rechte vorbehalten
© VS Verlag für Sozialwissenschaften | GWV Fachverlage GmbH, Wiesbaden 2008

Lektorat: Frank Engelhardt

VS Verlag für Sozialwissenschaften ist Teil der Fachverlagsgruppe
Springer Science+Business Media.
www.vs-verlag.de

Das Werk einschließlich aller seiner Teile ist urheberrechtlich geschützt. Jede Verwertung außerhalb der engen Grenzen des Urheberrechtsgesetzes ist ohne Zustimmung des Verlags unzulässig und strafbar. Das gilt insbesondere für Vervielfältigungen, Übersetzungen, Mikroverfilmungen und die Einspeicherung und Verarbeitung in elektronischen Systemen.

Die Wiedergabe von Gebrauchsnamen, Handelsnamen, Warenbezeichnungen usw. in diesem Werk berechtigt auch ohne besondere Kennzeichnung nicht zu der Annahme, dass solche Namen im Sinne der Warenzeichen- und Markenschutz-Gesetzgebung als frei zu betrachten wären und daher von jedermann benutzt werden dürften.

Umschlaggestaltung: KünkelLopka Medienentwicklung, Heidelberg
Umschlagfoto: Silke Paustian
Druck und buchbinderische Verarbeitung: Krips b.v., Meppel
Gedruckt auf säurefreiem und chlorfrei gebleichtem Papier
Printed in the Netherlands

ISBN 978-3-531-15476-3

Unseren Eltern

Inhalt

Yvonne Niekrenz
LiebesErklärungen – Eine Einführung ... 11

Zum LiebesBegriff

Niko Strobach
„Is this love?" Liebe und Ähnliches in der (griechischen) Antike ... 23

Kornelia Hahn
Romantische Liebe als Phänomen der Moderne. Anmerkungen zur Soziologie intimer Beziehungen ... 40

LiebesKonzepte im Wandel der Zeit

Caroline Sommerfeld-Lethen
Der Code der Liebe. Gesellschaftsstruktur und Liebessemantik im Wandel der Zeit ... 53

Thomas Coelen
Liebe in der Disziplinar- und Geständnisgesellschaft. Das Dispositiv der Sexualität ... 65

LiebesErklärungen soziologischer Theorien

Ulrike Marz
Auch Automaten haben Gefühle. Kritische Theorie über Liebe und Pseudoliebe in der kapitalistischen Gesellschaft ... 81

Matthias Junge
Liebeloser Frauentausch. Elemente der strukturalistischen Analyse von Verwandtschaftsbeziehungen ... 94

Paul B. Hill und Johannes Kopp
Liebe als Tauschmedium. Intimbeziehungen aus der Sicht von
Austauschtheorie und Rational-Choice-Ansatz   103

Yvonne Niekrenz
Liebe als Verhandlungssache. Intimbeziehungen aus der Sicht des
Symbolischen Interaktionismus   115

Hubert Knoblauch
Die Liebe in der Lebenswelt. Zur Phänomenologie und sozialen
Konstruktion der Liebe   126

Matthias Junge
Mit Loriot zu Luhmanns systemtheoretischer Konzeption von Liebe   136

LiebesPodium – Protokolliert von Yvonne Niekrenz und Dirk Villányi
Simmel, Fromm, Luhmann und Beck-Gernsheim in einem Gespräch, das
nie stattfand   147

LiebesDiagnosen der Gegenwart

Yvonne Schütze
Die feinen Unterschiede der Liebe. Pierre Bourdieu – Liebe als
Habitusverwandtschaft   157

Angelika Poferl
„Das ganz normale Chaos der Liebe". Ulrich Beck und Elisabeth Beck-
Gernsheim über die Liebe in der Zweiten Moderne   166

Heike Kahlert
Demokratie der Gefühle. Strukturierungstheoretische Erkundung des
Wandels der Intimität in der Spätmoderne   182

Rainer Winter
Die Tyrannei der Intimität. Zur Aktualität der Analyse von Richard Sennett   197

LiebesWelten

Eva Illouz
Eine Religion ohne Glauben: Liebe und die Ambivalenz der Moderne   211

Inhalt 9

Dietmar Larcher
Dritter Raum, Dreivierteltakt. Möglichkeitsorte für Liebe und Intimität in
einer globalisierten Welt 221

LiebesAussichten

Yvonne Niekrenz und Dirk Villányi
Mehr Zeit zum L(i)eben. Liebe in einer alternden Gesellschaft 235

Hinweise zu den Autorinnen und Autoren 245

Yvonne Niekrenz

LiebesErklärungen – Eine Einführung

„Love is All Around" tönt es aus dem Radio, und mein Fuß wippt beschwingt den Takt mit, als würde er WetWetWet zustimmen. Die Pop-Schnulze macht mich misstrauisch, und sie steht im völligen Gegensatz zu den Meldungen der sich anschließenden Kurznachrichten des Senders. Ich beschließe, mich an diesem Morgen für ein paar Minuten auf die Suche nach der ‚Liebe' zu machen. Während aus den Lautsprechern The Cure verkünden, dass sie freitags verliebt seien, gebe ich ‚Liebe' als Suchbegriff bei Google Deutschland ein: 118.000.000 Treffer. Bei ‚Love' sind es stolze 2.170.000.000 Ergebnisse. Bevor ich ausrechne, wie viel Zeit es brauchen würde, dieser unübersichtlichen Zahl von Links nachzugehen, suche ich nach einem möglichen Antagonismus als Vergleichsgröße – ‚Hass': 9.400.000, ‚Hate': 305.000.000 Ergebnisse. Das ist ein klares 1:0 für die Liebe. Und was ist nun Liebe? „Liebe ist, wenn es Landliebe ist," sagt die Werbung für Campina-Produkte. „Wir lieben Lebensmittel," sagen die Leute von Edeka. „We love to entertain you," behauptet ein Fernsehsender. „I love Milka" und „McDonalds. Ich liebe es," schwören andere Werbeslogans. In der schönen, bunten Warenwelt wimmelt es von ‚Liebe', und mein Bücherregal ist auch voll davon: Antigone, meine und Sophokles' zweieinhalb Jahrtausende alte, aus einer inzestuösen Beziehung hervorgegangene Heldin, Flauberts „Madame Bovary", die berühmte Ehebrecherin, Manns „Tod in Venedig", in dem Gustav von Aschenbach sich in einen Knaben verliebt, und Goethes unzählige Geschichten um Liebe, Lug und Verrat. Sie stehen neben Judith Hermann, Feridun Zaimoglu, Ingo Schulze und vielen anderen und schöpfen aus Liebe und Leiden, Glück und Unglück, Freiheit und Zwängen den Plot für ihre Geschichten. Neben den Büchern bieten die Platten ihre Liebesmelodien an: Bob Dylan, Led Zeppelin und die Stones genauso wie Foo Fighters, Annie Lennox und Placebo. Sie singen von Enttäuschungen, Verzauberungen, Endlosigkeit, Begehren und Verzweiflung.

„Love is all Around" – die schottische Band WetWetWet hat nicht übertrieben. Liebe ist ein Phänomen, das in den Bereichen der kulturellen Produktion omnipräsent ist. Liebe ist schillernd, magisch, paradox, komplex, rätselhaft und gehört als Konstante zum Erfahrungshorizont der Menschen: Jeder liebt irgendwen oder irgendwas und hat mehr Fragen als Antworten zum Thema ‚Liebe'. Liebe weckt Neugier, bewegt und das Denken über dieses mysteriöse Phänomen wird so schnell nicht obsolet.

In diesem Buch soll das Phänomen Liebe aus einer soziologischen Perspektive betrachtet werden, indem diese primäre Kategorie menschlichen Lebens als Anwendungsbeispiel für soziologische Theorien dient. Soziologische Konzepte sollen das Thema erhellen, weil soziale Interaktionen genauso im Blickfeld stehen wie übergeordnete, gesamtgesellschaftliche Einflüsse. Das Ziel dieses Bandes ist nicht, in Theorien einzuführen; die verschiedenen Theoriegebäude werden nicht in vollem Umfang rekonstruiert. Vielmehr geht es um die Anwendung abstrakter Theorien auf ein konkret erfahrbares Phänomen, womit soziologische Theorien ihrer eigentlichen Bestimmung zugeführt werden: der Beschreibung und Erklärung sozialer Tatsachen. Die Funktionalität und Erklärungskraft theoretischer Konstrukte kann so anschaulich demonstriert werden. Eine Vielzahl an Perspektiven – aber längst nicht alle – auf die Liebe zeigt nicht nur deren farbenfrohes Spektrum, sondern auch die konkret fassbaren Möglichkeiten soziologischer Theorien. Eine Wissenschaft muss mit ihren Werkzeugen, Methoden und Regeln auskommen, um ein magisches Phänomen wie die Liebe professionell zu beschreiben – zweifellos nimmt sie ihr dabei ein Stück ihres Zaubers.

Die Liebe und ihr Zauber sind eine kulturelle Praxis, die sich sehr verschieden ausprägen kann – nicht nur zwischen, sondern auch innerhalb von Kulturkreisen und unter den Zeiten. Liebe ist wie ein „Malen nach Zahlen" ohne Nummern: Die Farbwahl bestimmen das Paar und die kulturbedingten Umstände, so dass individuell verschiedene Bilder der Liebe entstehen. Der Band nimmt ausschließlich Intimbeziehungen in den Blick, wobei der Schwerpunkt der Beiträge bei der westeuropäischen, heterosexuellen Paarbeziehung liegt. Viele Disziplinen versuchen, die Liebe zu beschreiben und zu erklären – mit je unterschiedlichen Methoden. Um ein ganzheitliches Bild zu zeichnen, müssen Gräben und Grenzen ignoriert werden, und auch wenn hier eine Soziologie der Liebe im Vordergrund steht, könnte die Grenze zur Psychologie hin und wieder unscharf werden.

Fließend sind bei der Liebe die Übergänge zwischen Himmel und Hölle – Liebe und Leiden sind geschwisterlich verbunden, bitter-süß ist das Oxymoron, das den Geschmack von Liebe treffend beschreibt. So könnte man hoffen, hier neben Erklärungen auch Lösungsansätze für Liebesleiden zu finden. Einen Ratgeber in Herzensdingen hält man mit diesem Buch jedoch zweifelsfrei nicht in den Händen. Es geht auch nicht um eine Emotionssoziologie, wenngleich durch Emotionen als zentrale Handlungsorientierung soziale Beziehungen initialisiert und stabilisiert werden. Die LiebesErklärungen sollen das Interesse an soziologischen Theorien wecken und zugleich eine Liebeserklärung an die Soziologie und ihre leistungsfähigen Konzepte sein.

Auf inspirierende Weise haben einige Projekte eine Soziologie der Liebe bearbeitet. Günter Burkart und Kornelia Hahn (1998) fragen in ihrem Band nach dem Stand der Liebe am Ende des 20. Jahrhunderts und tragen transdisziplinäre Ansätze zusammen. Karl Lenz (2003) führt in eine „Soziologie der Zweierbeziehung" ein und stellt einen systematischen Überblick zusammen. Die sozialstrukturellen Voraussetzungen der Partnerwahl und der Heiratsmuster untersucht Thomas Klein (2001). Warum wir lieben und wie sich Liebe ausgestaltet, kann bei Günter Dux (1994) studiert werden. Hier wären weitere zu nennen, gerade auch aus dem nichtdeutschsprachigen Raum, auf die aber auch in den Beiträgen dieses Buches verwiesen wird.

1 Zum LiebesBegriff

Die Klärung des Begriffes Liebe steht am Anfang dieses Buches (*Zum LiebesBegriff*). Während es im Deutschen einen begrenzten Schatz an Wörtern zur Beschreibung dieses Phänomens gibt, finden wir in den Texten der griechischen Antike Hinweise auf viele Wörter, mit denen etwas wie „Liebe" bezeichnet wird, wie *Niko Strobach* zeigt. Er stellt uns Aristoteles und die zwingend erwiderungsfähige Philia vor und demonstriert dabei zugleich eine Lesart, die Aristoteles zum ersten klarsichtigen Soziologen der Liebe macht. Bei Platon finden wir „Eros" als eine der vier guten Arten der Verrücktheit und bemerkenswerterweise alles andere als eine Art von Liebe, die manchmal „platonische Liebe" genannt wird. Hedonê und Agapê (lat. caritas) sind weitere Konzepte, die zeigen, dass Liebe vieldeutig ist – im Griechischen und auch in anderen Sprachen. Keine Sprache sei kontextabhängiger als die Sprache der Liebe, meint Niko Strobach.

In der Moderne herrscht ein Verständnis des Begriffes vor, bei dem Liebe auf einem romantischen Ideal gründet. *Kornelia Hahn* beschreibt in ihrem Beitrag grundlegend die romantische Liebe als Beziehungsform, die auf der Idee der „freien Liebe" gründet, deren Erfahren das moderne Subjekt erst vollständig macht. Die Liebe sieht sich gegenwärtig neuen Freiheiten und damit auch neuen Anforderungen gegenüber. Die Integration romantischer Liebe in den Alltag erweist sich als schwierig, und ebenso machen unbegrenzte Wahlmöglichkeiten die Suche nach der Einzigartigkeit der Liebe schwer.

2 LiebesKonzepte im Wandel der Zeit

Liebe wurde nicht immer so verstanden, wie sie heute gesehen wird. Wie sich das romantische Ideal der Gegenwart etablieren konnte, zeigt der Abschnitt *LiebesKonzepte im Wandel der Zeit*. Wie *Caroline Sommerfeld-Lethen* anhand von Luhmanns „Liebe als Passion" darstellt, entwickelt sich die Semantik der Liebe parallel zur Gesellschaftsstruktur. Das Medium Liebe entfaltet sich und das System der Intimbeziehung wird darauf abgestimmt. Der Beitrag entwickelt die These, dass einst diachron vorkommende Formen des Codes Liebe – idealisierte, paradoxale, reflexive und problemorientierte Liebe – heute synchron beobachtbar sind. Michel Foucault arbeitet das Phänomen der Liebe diskursanalytisch auf. Wie man mit dem französischen Philosophen auch am Beispiel Liebe – und vor allem Sexualität – die Zusammenhänge zwischen Macht und dem, was als Wahrheit angesehen wird, beschreiben kann, legt *Thomas Coelen* dar. Eine anschauliche Illustration von gesellschaftlichen Kräfteverteilungen, die durch Macht-Wissens-Komplexe herrschen, ist das Beispiel Sexualität. Sie kann als Schlüssel zur Persönlichkeit und zur Paarbeziehung gesehen werden. In Foucaults Denken steht das Denken über das Tun im Vordergrund: Wie redet man über Sexualität in der Geständnis- und Disziplinargesellschaft? Ein ambivalenter Umgang ist hier festzustellen, und genau diesem Umstand verdankt die Gesellschaft ihr Funktionieren. Foucault übt Kritik an der Repressionshypothese und analysiert die Konstituierung des modernen Menschen als Begehrenssubjekt, wie Thomas Coelen zusammenfasst.

3 LiebesErklärungen soziologischer Theorien

Die *LiebesErklärungen soziologischer Theorien* befragen ausgewählte Ansätze nach ihren Erklärungen des Phänomens Liebe. Für die Kritische Theorie beispielsweise ist die Liebe unter Einbeziehung der Marxschen und Freudschen Erkenntnisse ein historisches Resultat der ökonomischen Verhältnisse. Durch den Kapitalismus wird nicht nur Liebe standardisiert, sondern die Menschen entfremden sich selbst und anderen gegenüber, wie *Ulrike Marz* beschreibt. Fromm zeigt die Abwesenheit der Liebe in den westlichen Gesellschaften auf und übt damit Gesellschaftskritik. Allerdings sucht er auch nach Nischen, in denen Liebe als einzig vernünftige Lösung des Problems menschlicher Existenz bestehen kann. Die Kritische Theorie hat keine einheitliche Position zum Thema ‚Liebe'. So vertritt Marcuse die radikalere Position einer Befreiung der Gesellschaft und sieht Eros als Widersacher einer unnötig repressiven Gesellschaft.

Matthias Junge arbeitet in seinem Beitrag zum Strukturalismus heraus, dass sich dieser Ansatz nicht eignet, um Liebe in Intimbeziehungen zu erklären. In Lévi Strauss' strukturalistischer Betrachtung findet das Phänomen Liebe keinen Platz. Vielmehr geht es um Heiratsregeln, die vor allem in arrangierten Ehen (60 % der Ehen in der Welt sind arrangiert) eine entscheidende Rolle einnehmen. Heiratsregeln beruhen auf Tauschbeziehungen, bei denen Frauen zur Erweiterung des Verwandtschaftssystems ein Wert zugeschrieben wird. Frauen haben damit einen Tauschwert und fungieren als Zeichen. Liebe kommt im Strukturalismus nicht vor, weil es ihm um Ordnungsprinzipien von Verwandtschaftssystemen und Normen der Reziprozität geht. Der Frauentausch, bei dem Liebe nur ein Ausfallprodukt darstellt, ist ein totales soziales Phänomen, das zugleich eine soziale, kulturelle und ökonomische Funktion hat. Matthias Junge formuliert die These, dass die Ökonomisierung von Liebe eingesetzt hat, weil sie ein Gegenstand geworden ist, der selbst unter der Perspektive von Investitionen betrachtet wird. Diese Ökonomisierung treibt eine Simulation von Liebe und von der Präsenz von Liebe voran, wodurch ein sich selbst verstärkender Kreislauf in Gang gesetzt wird.

Ein gegenwärtig oft zitierter Ansatz entstammt den Theorien der rationalen Wahl, die zu den Handlungstheorien zählen. Mit Handlungstheorien lässt sich Liebe als Produkt sozialen Handelns fassen und ihre konkret praktizierte Ausprägung erklären. Die zentralen Prämissen und Hypothesen der Austauschtheorie zeigen *Paul B. Hill* und *Johannes Kopp* und ergänzen sie durch die Interdependenztheorie und die Equitytheorie, die erklärt, unter welchen Bedingungen Unzufriedenheit in der Partnerschaft aus ungerechten Tauschrelationen resultiert. Doch langfristige Beziehungen lassen sich damit noch nicht hinreichend erklären. Deshalb ergänzen sie ihr Erklärungsangebot durch Gary S. Becker und seine Betonung der Bedeutung von Investitionen für die Stabilität der Beziehung. Investitionen sind zum Beispiel ein gemeinsam aufgebautes soziales Umfeld, Kinder und Eigentum. Zusätzlich erklärt das Commitment-Modell die Stabilität durch empfundene Einbindung in die Beziehung und die Verpflichtung ihr gegenüber. Aus der Summe dieser Ansätze ergibt sich ein kohärentes Erklärungsmodell für die Entwicklung von Beziehungen, Partnerschaften und Ehen, das Emotionen jedoch weitgehend ausklammert.

Ein anderer handlungstheoretischer Ansatz aber berücksichtigt Gefühle, wie *Yvonne Niekrenz* in ihrem Beitrag zum Symbolischen Interaktionismus schreibt. Liebe wird symbolisch vermittelt und von den Akteuren ausgehandelt. Soziale Phänomene werden von den Akteuren selbst geschaffen, ihre Handlungen sind als Symbole aufzufassen, deren Bedeutung im Sozialisationsprozess erlernt wird. Der Symbolische Interaktionismus greift auf George H. Meads Konzeptionen zurück: Haltung, Geste, Symbol und Sprache. Emotionen beeinflussen die Situationsdefinition und damit die folgenden Handlungen der Akteure. Auch umgekehrt haben soziale Interaktionen Einfluss auf Gefühle. Der Partner ist zudem wichtig für die Bestimmung einer Identität, weil zu ihm eine besonders tiefe Bindung besteht. Wer wir sind, sind wir maßgeblich durch unsere Begegnungen mit anderen.

Ein weiterer handlungstheoretischer Ansatz ist die Phänomenologie. Sie nimmt als Königsweg des Subjektiven den Akteur in den Blick, sagt *Hubert Knoblauch*, dessen These ist, dass der Begriff der Liebe in der Struktur der Intersubjektivität gründet. Durch die Anreicherung dieser mit Emotionalität, die in der besonderen Intersubjektivität der Liebe bewahrt ist, wird Liebe zu einem wesentlichen Zug der intentionalen Bezugnahme auf Anderes. Liebe beruht darauf, dass andere vor uns da sind und dass wir auf sie angewiesen sind. Liebe wird gesellschaftlich konstruiert, das heißt, dass ihre Deutung typisiert und sozial vermittelt ist. Und Liebe wird institutionell stabilisiert, das heißt auch, dass Institutionen normativ und machtvoll die zu definierende Wirklichkeit bestimmen wollen. Wirklichkeit wird realisiert in der lebensweltlichen Interaktion zwischen den Menschen – dies gilt besonders für das kaum erforschte Phänomen Liebe.

Auch Makrotheorien wie die Systemtheorien eignen sich für LiebesErklärungen. Für die Systemtheorie nach Luhmann ist Liebe in erster Linie eine Kommunikationsanweisung, die der Stabilisierung des Systems der Intimbeziehungen dient, und kein Gefühl. *Matthias Junge* rekonstruiert Intimbeziehungen aus systemtheoretischer Perspektive und zeigt, wie gerade bei Liebenden symbiotische Mechanismen nötig sind. Diese Mechanismen binden die körperliche Verfasstheit der Partner in das System Intimbeziehungen ein, weil gerade am Beispiel Liebe deutlich wird, dass Theorien nicht davon abstrahieren können, dass Menschen leiblich beteiligt sind. Luhmanns Systemtheorie besitzt ihre besondere Leistungsfähigkeit im wissenssoziologischen Zugang zur Rekonstruktion historischer Veränderungen von Semantiken der Liebe, wie Matthias Junge in seinem Beitrag festhält.

Das Kapitel LiebesErklärungen wird in einem verspielten Exkurs beschlossen durch ein *LiebesPodium*, das eine Talkrunde simuliert, die Georg Simmel, Erich Fromm, Niklas Luhmann und Elisabeth Beck-Gernsheim mit ihren zentralen Aussagen über die Liebe vereinen würde.

4 LiebesDiagnosen der Gegenwart

Ihr Analysepotential können soziologische Theorien gerade auch dann entfalten, wenn es um die Liebe in der Gegenwart geht, die zuweilen mystisch aufgeladen wird und unzugänglich erscheint. Die *LiebesDiagnosen der Gegenwart* wollen dieses Thema erhellen.

In Anlehnung an Bourdieu zeigt *Yvonne Schütze*, wie geteilte Positionen im sozialen Feld darüber bestimmen, wen wir uns zum Lieben aussuchen. Nicht nur literarische Beispiele, sondern vor allem auch die Sozialforschung zu Heiratsstrukturen werden benutzt, um zu zeigen, dass die Wahl des Partners noch immer stark beeinflusst wird von habitueller Ähnlichkeit im Sinne von Bourdieu. Die daraus resultierende Selektivität von Liebe wird bei abgebauten Bildungsungleichheiten zwischen Männern und Frauen paradoxerweise verstärkt.

Mit *Angelika Poferls* Beitrag wird ein Problemkreis verständlicher, der sich um Liebe und Individualisierung rankt. Er stellt „Das ganz normale Chaos der Liebe" (Beck/Beck-Gernsheim) vor und erklärt, warum Liebe nötig wie nie zuvor und unmöglich gleichermaßen ist: Uneindeutigkeiten und Ungewissheiten brechen auch im Feld der Liebe auf, weil alte Handlungsorientierungen an Überzeugungskraft und Geltung verlieren. Die weibliche Normalbiographie hat sich in drastischer Weise verändert, weil sie marktabhängig wurde. Dies verändert die Moderne und die Liebe, erzeugt Ambivalenzen, die die Liebe zu einem Versuchsfeld machen, weil sie zugleich erfunden und experimentell praktiziert werden muss. Eine Diskursivierung der Paarbeziehung prägt gegenwärtige Beziehungen ebenso wie individuell die Bedeutung der Liebe gesteigert wird. In den Besonderheiten moderner Liebesbeziehungen schlägt sich die allgemeine Struktur und Geschichtlichkeit der Liebe nieder, hält der Beitrag fest.

Die Lösung des Problems der vielen Anforderungen an Paarbeziehungen sieht Anthony Giddens in seinem Konzept der „reinen Beziehung", das *Heike Kahlert* vorstellt. Giddens entwickelt das Modell „reine Beziehung" als historisch konstituierten Idealtyp der spätmodernen Paarbeziehung. Er nimmt das Individuum in den Blick und geht davon aus, dass es gesellschaftliche Strukturzusammenhänge im und durch Handeln aktiv produziert und gleichzeitig reproduziert. Die „reine Beziehung" steht im Spannungsverhältnis zur romantischen Liebe und der damit verbundenen asymmetrischen Verteilung der Geschlechterverhältnisse. In der reinen Beziehung wird demokratisch und diskursiv über Gefühle und Machtverhältnisse verhandelt. Diese Demokratie der Gefühle auf der persönlichen Ebene ist symmetrisch zur Demokratie auf der Ebene der globalen Ordnung.

Einen kulturkritischen Beitrag zum Umgang mit Intimität leistet Richard Sennett. Seine Diagnose der „Tyrannei der Intimität" (1977) beinhaltet die Auffassung, dass in der intimen Gesellschaft der Gegenwart der Schauspieler, der jeder Mensch ist, seiner Kunst beraubt worden ist. *Rainer Winter* stellt Sennetts Idee vom Ende des ‚public man', der die Ästhetik des Theaters in seinen Alltag übernommen hat, vor. Der ‚public man' wird abgelöst durch einen Menschen, der sein Selbst nicht mehr verbirgt, sondern mit intimen Geständnissen und Bekenntnissen sein soziales Umfeld belastet. Die Behauptung, dass Sennetts Tyrannei der Intimität zeigt, wie die therapeutische Kultur der Gegenwart entstanden ist, stützt eine aktuelle empirische Untersuchung von Swidler, die zeigt, dass das Bild Liebe als kulturelle Praxis in der Gegenwart auf gemeinsam geteilten kulturellen Ressourcen beruht – gespeist aus Traditionen, Symbolen und Populärkultur. Jedoch gibt es im Gebrauch dieser Ressourcen große Unterschiede.

Den Einfluss einer kapitalistischen Gesellschaftsordnung auf Intimbeziehungen untersucht *Eva Illouz* seit längerer Zeit. Ihr Beitrag in diesem Band beschreibt, dass das kulturelle Modell der romantischen Liebe zunehmend entzaubert wurde. Drei Entwicklungen haben dazu maßgeblich beigetragen: Zum einen haben die Naturwissenschaften das Verliebtsein als universales Phänomen auf biochemische Prozesse im Gehirn reduziert. Zum anderen haben „Technologien der Austauschbarkeit" dazu beigetragen; gemeint sind Kommunikationsmöglichkeiten wie das Internet, über das Partnersuche und -wahl organisiert werden können. Dadurch wird Liebe marktförmig organisiert und nicht mehr von Spontaneität und Zufall bestimmt. Drittens reguliert der Feminismus zwischenmenschliche romantische Beziehungen, seitdem er das Modell des männlichen Rittertums und der geheimnisvollen Frau verabschiedet hat. Verführung und Leidenschaft sind schwieriger geworden – auch weil die Verspieltheit in der Liebe von Ironie abgelöst wurde.

Der Kapitalismus ist eine weltweite Marktform und hat die Globalisierung maßgeblich vorangetrieben. Was geschieht in Zeiten der Globalisierung und Hybridisierung mit Liebe, von der es so viele verschiedene kulturspezifische Spielarten gibt? Wie gehen transkulturelle Beziehungen mit den Herausforderungen um, die zwei komplett verschiedene Sozialisationen mit sich bringen können? *Dietmar Larcher* legt dar, wie Liebe zum Gegenstand von Verhandlungen wird – und das umso mehr in einer transkulturellen Beziehung, die Intimität und Nähe durch das Nutzen des „Dritten Raums" lebbar machen kann. Dieses Konzept aus den Cultural Studies kann eine Metaebene des Diskurses eröffnen, weil der „Dritte Raum" als temporärer Ort das Spielerische und eine „Als ob-Haltung" zulässt. Damit kann auch scheinbar Unmögliches möglich werden.

5 LiebesAussichten

Welchen Herausforderungen wird die Liebe zukünftig gegenüberstehen? In den LiebesAussichten wird ein Blick in die Zukunft gewagt. Die Industrieländer unterliegen einem demographischen Wandel, der sich grundlegend auf alle Bereiche des Zusammenlebens auswirken kann. Die Menschen werden so alt wie nie zuvor und haben damit die Chance, mehr Zeit zum Lieben zu nutzen. Wie gestaltet sich Liebe in der Generation 50plus? Welche Qualität nimmt Liebe im Alter an? Welche Trends werden sich fortsetzen, welche neuen Entwicklungen könnten einsetzen? In den LiebesAussichten entwickeln *Yvonne Niekrenz* und *Dirk Villányi* eine Idee der „Liberalisierung" der bislang tabuisierten Liebe im Alter, die mit einer Emanzipation der Älteren einhergehen wird. Liebe ist nicht den Jüngeren vorbehalten und kommt – wie die Menschen auch – in die Jahre, wenn man sie lässt.

Die Erklärung des Phänomens Liebe aus soziologischer Perspektive, ja das Sprechen und Denken über Liebe überhaupt, führen dazu, dass wir uns von dem Phänomen selbst distanzieren – ob wir wollen oder nicht. Das Denken über Liebe ist eine Tätigkeit, die uns von ihr selbst entfernt, weil wir als Beobachter zweiter Ordnung auch nur noch in zweiter Reihe stehen. Über Liebe zu reden, ist nicht lieben. Allen Lesern sei darum nicht nur eine anregende Lektüre gewünscht, sondern nach dem Erklären der Liebe auch die Rückkehr in die erste Reihe, direkt zu diesem grundlegenden Gefühlszustand – theoretisieren Sie nicht nur, sondern praktizieren Sie!

Ausgangspunkt der Idee zu diesem Buch war das im Sommersemester 2006 von Dirk Villányi an der Universität Rostock erfolgreich durchgeführte Seminar „Soziologie der Liebe", in dem eine große Zahl von Studierenden mit Hilfe des Themas „Liebe" zur Auseinandersetzung mit soziologischen Theorien verführt wurde. Ihre Anregungen, insbesondere die von Ulrike Raschke und Stefan Hein, ermutigten uns zu der Umsetzung dieses Lehrbuchvorhabens. Der vorliegende

Band ist durch zuverlässige und engagierte Mitwirkung der hier versammelten Autorinnen und Autoren zustande gekommen, weshalb Ihnen herzlich zu danken ist. Für die tatkräftige Unterstützung zu jeder Zeit und sein großes Interesse an der Sache sind wir Matthias Junge verpflichtet. Dank gilt zudem allen, die uns bei der Fertigstellung des Bandes sorgfältig und kompetent unterstützt haben, namentlich hervorzuheben sind Ulrike Marz, Anett Rohde und Clemens Langer.

Literatur

Dux, Günter (1994): Geschlecht und Gesellschaft. Warum wir lieben. Frankfurt a. M.: Suhrkamp.
Hahn, Kornelia/Burkart, Günter (1998) (Hg.): Liebe am Ende des 20. Jahrhunderts. Studien zur Soziologie intimer Beziehungen. Opladen: Leske + Budrich.
Klein, Thomas (2001): Partnerwahl und Heiratsmuster. Sozialstrukturelle Voraussetzungen der Liebe. Opladen: Leske + Budrich.
Lenz, Karl (2003): Soziologie der Zweierbeziehung. Eine Einführung. Wiesbaden: Westdeutscher Verlag.

Rostock im Juni 2008

Zum LiebesBegriff

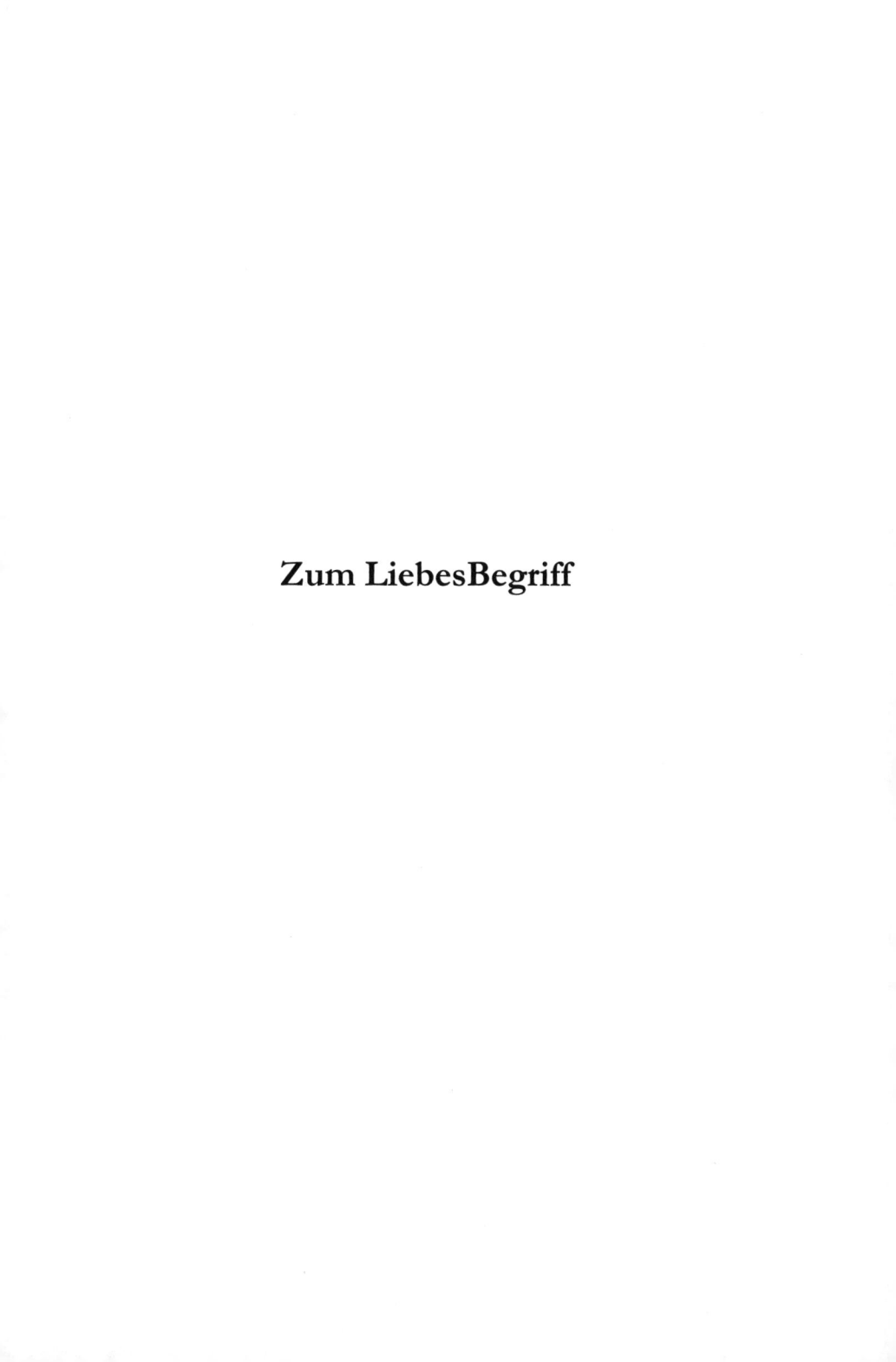

Niko Strobach

„Is this love?"
Liebe und Ähnliches in der (griechischen) Antike[1]

> Is this love, is this love, is
> this love, is this love that
> I'm feelin?
> *Bob Marley*

1   Einleitung

Worum geht es im folgenden Text? Um Hinweise auf Texte aus der Antike, in die noch heute ein Blick lohnen könnte, wenn man sich um LiebesErklärungen bemüht. Nicht ausschließlich, aber doch zum erheblichen Teil, sind es Texte, die sich selbst um eine Erklärung bemühen: Texte von Philosophen. Die hier erwähnten Texte, der früheste aus dem 8. Jh. v. Chr., der späteste aus dem 1. Jh. n. Chr. sind einige wenige von vielen, die man berücksichtigen könnte. Man fand sie in der Antike und darüber hinaus wichtig, und so haben wir sie noch. Da in Texten von Wörtern Gebrauch gemacht wird, geht es außerdem um Wörter, und zwar Wörter der griechischen Sprache. Es geht *nicht* um die Liebe in der Antike. Das wäre ein zu weites Feld. Denn, zum einen: Womit wollte man da anfangen? Bei der Zähmung des Wildmenschen Enkidu durch die Tempelhure auf der 1. Tafel des babylonischen Gilgamesch-Epos, beim Hohelied des Alten Testaments, bei den ägyptischen „Sprüchen der großen Herzensfreude" (Hornung 1996: 139-152)? Nein, über *die* Liebe zwischen dem 15. vorchristlichen und dem 5. nachchristlichen Jahrhundert zwischen dem Zweistromland im Osten und Gibraltar im Westen, Schottland im Norden und Ägypten im Süden lässt sich allgemein ebensowenig sagen wie über *die* Liebe in der Neuzeit. Zum anderen: Wie wollte man das von uns heute mit dem Wort „Liebe" assoziierte Verhalten isoliert betrachten von Geschlechterrollen, von Verheiratungen und Kindern, vom ganzen Bereich des „gender"? Ein Blick darauf als Ganzes ist hier aber unmöglich zu leisten.[2]

---

[1] Mein Dank im Zusammenhang mit diesem Text gilt Stefan Hein, Dirk Villányi, Wolfgang Bernard und meiner Frau Mechthild Strobach. Alle Fehler sind meine. Antike Texte und philosophische Klassiker sind auf die übliche Art zitiert, Übersetzungen, soweit nicht anders angegeben, von mir.
[2] Klassische Aufsätze dazu bei Siems 1988; Texte mit neueren Interpretationen bei McClure 2002; lesenswert: Winkler 1990; Nussbaum 2002; Dover 1974; Binder/Effe (Hg.) 1993.

Doch das zu weite Feld ist nicht der einzige Grund, warum es nicht um *die* Liebe in der Antike gehen kann: Selbst bei den willkürlich herausgesuchten Texten ist nicht klar, ob es in ihnen um die Liebe geht. Das liegt einerseits an *unserem* Wort „Liebe": Was assoziieren *wir* denn damit? Vielerlei. Es eignet sich prächtig zur Erläuterung dessen, was im Spätwerk Ludwig Wittgensteins „Sprachspiel" heißt, und für das gilt: „Wir kennen die Grenzen nicht, weil keine gezogen sind" (Philosophische Untersuchungen §69). Andererseits liegt das an den *griechischen* Wörtern, die zum Einsatz kamen, wenn in ungefähr entsprechenden Situationen unser Wort „Liebe" zum Einsatz kommt. Es sind mehrere. Das griechische Vokabular ist hier sehr differenziert. Nun kann man sich im Bereich des Sozialen aber mit Fug und Recht fragen: Hat es denn den Gegenstand gegeben, obwohl es gar nicht das Wort dafür gab? Hat es Liebe gegeben, wenn niemandem für all das, was wir ungefähr mit dem Wort „Liebe" verbinden, *ein* Wort in den Sinn kommen konnte? Und doch sagt man *im Rückblick*, in diesen Texten gehe es um Liebe. Gerade diese Spannung macht, wenn man sich ihrer bewusst wird, den Blick in die alten Texte reizvoll und lehrreich. Immer wieder muss man sich mit Bob Marley fragen „Is this love?" und versteht dabei die Frage besser – aber auch, was sie so kompliziert macht.

2 Zum Einstieg: Sappho, Homer

Ein Text, der es einem auf den ersten Blick recht leicht macht, ist eines der wenigen überlieferten Fragmente der Dichterin Sappho (ca. 600 v. Chr.):

Dedyke men a selanna	Der Mond ist untergegangen.
kai Plêiades – mesai de	Mit den Pleiaden. Zur halben
nyktes, para d' erchet' ôra	Nacht. Vorbei geht die Stunde.
egô de mona kateudô.	Ich aber schlafe allein.

Das ist, so würden *wir* es einordnen, ein Liebesgedicht, herb und wortkarg und ganz und gar angemessen. Jemand ist in ein Mädchen verliebt und sehnt sich nach der Geliebten. Und die – so ist das damit – ist nicht irgendeine, sondern gerade diese (vgl. dazu auch Aristoteles NE IX 10, 1171a11). Es ist also nicht alles anders. Dass es ein Mädchen ist, sieht man nicht an diesem Textschnipsel, aber wir wissen es aus anderen Quellen. Für eine erste Irritation könnte, neben weiteren dunklen Vokalen des Dialekts der Insel Lesbos, die weibliche Endung „a" in „mona" sorgen (zu sprachlichen Details Poeschel 1975: 314). Da spricht eine Frau und sehnt sich nach ihrer Geliebten. Und schon ist es nicht mehr ganz so einfach, wie es zunächst schien (sensible Interpretation: Winkler 2002).

Mit den Epen Homers[3] aus dem 8. Jh. v. Chr. haben wir sehr frühe Dokumente, anhand deren wir uns die Bob-Marley-Frage stellen können. Zunächst: So etwas wie bei Sappho fällt einem dort nicht leicht ein. Wenigstens fünf Leseproben empfehlen sich jedoch unmittelbar:

- Es gibt gleich am Anfang der Ilias den Fall, dass der Held Achill eine Sklavin, eine Kriegsgefangene begehrt. Er ist emotional tief betroffen, als ihm seine Kriegsbeute bei einer Neuverteilung wieder weggenommen wird (Ilias 1, 188-246; 345-356), und sie geht ungern (Ilias 1, 348).
- Ein Gott (der Kriegsgott Ares) verführt eine mit einem anderen Gott (nämlich dem Schmiedegott Hephaistos) verheiratete Göttin (Aphrodite) (Odyssee 8, 266-368).
- Es gibt die Beschreibung einer facettenreichen Beziehung des Odysseus zur Nymphe Kalypso (Odyssee 5, vgl. auch 1, 13-15) und einer nicht ganz so komplizierten zur Zauberin Kirke (Odyssee 10, 135-574). Anders als seine Frau zu Hause ihm, muss er in der Ferne seiner Frau nicht treu sein – das Treuekonzept ist offenbar ortsgebunden und asymmetrisch (vgl. Odyssee 23, 321).
- Es gibt die Beschreibung seiner Annäherung an die sich ziemlich aktiv auf Partnersuche begebende Nausikaa (Odyssee 6, Interpretation: Winkler 1990).
- Und es gibt den berühmten 23. Gesang gegen Ende der Odyssee. Penelope hat lange auf Odysseus gewartet und sich immer geweigert, jemand anders zu heiraten. Sie erkennen sich zunächst nicht. Penelope ist schlau und kann deshalb den schlauen Odysseus auf die Probe stellen: Sie befiehlt, das Ehebett umzurücken, von dem nur Odysseus, der es konstruiert hat, wissen kann, dass es sich gar nicht verrücken lässt. Die hat das richtige Format für ihn. Die beiden passen zusammen.

3 Philia

3.1 Ein weites Wort

Was sich in einer Kultur formt, formt sich in der Sprache ab; die Sprache wiederum tradiert die Kultur. Wenn man in der Übersetzung eines griechischen Texts das Wort „Liebe" liest, muss man sich fragen: Welches der drei oder vier möglichen

---

[3] Der Einfachheit halber und der Tradition folgend soll auch der Dichter der Odyssee hier Homer genannt und zwischen ihm und dem Dichter der Ilias nicht unterschieden werden, obwohl die neuere Forschung dazu tendiert. Es fällt freilich auf, wieviel wichtiger als in der Ilias Paarbeziehungen in der vielleicht einige Jahrzehnte jüngeren Odyssee sind. Vielleicht liegt es aber auch am Sujet: Schlacht im einen, Irrfahrt im anderen Fall.

Worte steht da im Original? Denn es gibt ganz verschiedene Wörter für emotionale Zuneigung.

Das allerweiteste, das normalerweise gebraucht wird, ist „philía". Wie weit der Begriff ist, sieht man auch daran, dass Wörter desselben Wortstamms ebenso einen weiten Anwendungsbereich haben, z.b. „philein" („gern haben", „mögen") oder „philos" („der Freund", als Komponente auch in Zusammensetzungen wie „philosophia", Freundschaft/Liebe zur Weisheit).

Dadurch dass „philia" ein so weites Wort ist, *kann* es auch einen sexuellen Sinn haben. Man sieht das am stammgleichen Wort „philê". Die schon erwähnte Verführungsszene bei Homer enthält die Aufforderung (Odyssee 8, 292):

> deuro, philê, lektronde   Komm her, liebe, ins Bett!

Kenneth Dover geht in seinem Klassiker „Greek popular Morality in the Time of Plato and Aristotle" so weit, festzuhalten (Dover 1974: 212):

> The Greek term for love – the affection, strong or weak, which can be felt for a sexual partner, a child, an old man, a friend or colleage – was *philia*.

Das führt jedoch in die Irre. Es gibt keinen „Greek term for love". Manchmal würde man „love" nicht mit „philia" übersetzen, etwa in der Wendung „to fall in love" (vgl. 4); und manchmal würde man „philia" mit „friendship" oder einem noch schwächeren Wort übersetzen. Man beachte, wie niedrig Dover für seine Thesen das englische Wort „love" hängen muss: „weak affection for a colleage" fällt angeblich darunter. Doch sein Argument dafür liefert zumindest gute Gründe für die schwächere Behauptung, dass „philia" eines der Wörter ist, die man oft mit „Liebe" übersetzt (ebd.):

> The question ,Do you love me?' requires *philein*, whether the question is put by a young man to a girl who he is kissing [...] or by a father wanting an assurance of filial obedience from his son. This is the relationship between a man and a woman accustomed to mutual enjoyment of intercourse.

3.2 Aristoteles über philia: Nikomachische Ethik VIII und IX

Stimmt es eigentlich, zu sagen: „Gleich und gleich gesellt sich gern"? Oder stimmt es eher, zu sagen: „Gegensätze ziehen sich an"? Die Fragen werden schon in Platons (427-347 v. Chr.) hübschem Frühdialog „Lysis" verhandelt, in dem es um „philia" geht. Platons kritischer Meisterschüler Aristoteles (384-322 v. Chr.) macht eine Großtheorie daraus. Er entfaltet den Begriff der „philia" über viele Seiten in den Büchern VIII und IX seiner Nikomachischen Ethik.

Philia ist vor allem Zuneigung zu *Personen*. Aristoteles' weitgefasste Definition ist: bewusst aufeinander bezogene gegenseitige Wohlgesinntheit (eunoia, erklärt als „Gutes wünschen", NE VIII 2, 1156a2-5). Darunter fällt zwar manches, was wir auch „Liebe" nennen würden. Normalerweise findet man aber als Überschrift zu den Büchern VIII und IX der Nikomachischen Ethik „Über die Freundschaft" (lat.: amicitia). Bei vielen der Fragen, die er im Vorlesungsstil beantwortet, passt diese Übersetzung auf den ersten Blick: Können überhaupt ein Reicher und ein Armer gut Freund (philoi) sein (NE VIII 9, 1158b29-1159a6; 10, 1159b12-18)? Können schlechte Menschen überhaupt richtig befreundet sein; oder denken die letztlich doch immer nur an sich, so dass Freundschaft unter Schlechten deshalb immer instabil ist? (Antwort: das zweite, während edle Freundschaft gerade *nicht* da ist, um etwas für sich zu erreichen, NE VIII 3-5). Muss man sich selbst Freund sein, um Freund eines anderen zu sein? (Antwort: ja, NE IX 4+8.)

Doch „Freundschaft" passt nicht immer als Übersetzung für „philia". „Philia" ist etwa auch das Verhältnis der Eltern zu ihren Kindern, sogar von Ticreltern zu Tierkindern (NE VIII 1, 155a17-20). Soll man deshalb die beiden Bücher mit „Über die Liebe" überschreiben? Das geht auch wieder nicht. Denn darin wird auch die philia in einer Reisegruppe oder unter Geschäftsfreunden beschrieben (vgl. z.B. NE VIII 11, 1159b28), worauf das Wort „Liebe" nie und nimmer passt.

Denkt man bei „philia" nur an „Freundschaft", macht man es also falsch, denkt man nur an „Liebe", auch; und die Fälle lassen sich nicht immer einfach aufs eine oder andere Wort aufteilen. Was tun? Wenn man in der Nikomachischen Ethik nach einer LiebesErklärung sucht, so bietet es sich an, statt „Freundschaft" für „philia" probeweise „Liebe" zu lesen und nach Beispielen zu suchen, für die das sinnvoll ist. Beispiel: Werden zwei Menschen mit sehr verschiedenem Einkommen leicht ein stabiles und glückliches Liebespaar werden? Aristoteles' Analyse geht deutlich genug aus dem Text hervor: Schwierig, denn werden nicht der ärmere wie der reichere Partner doch immer mit ans Geld denken? Werden zwei Menschen mit sehr unterschiedlichem sozialen Hintergrund leicht ein stabiles und glückliches Liebespaar werden? Aristoteles' Antwort lässt sich wieder erschließen: Kaum, denn der Partner der philia soll ein „anderes Selbst" sein können (NE IX 4, 1166a32), und das setzt ziemlich viel geteilten Hintergrund voraus. Liest man Aristoteles so, dann ist er ein erster, klarsichtiger Soziologe der Liebe.

Die philia zwischen Ehepartnern ist, wie die zwischen Eltern und Kindern, asymmetrisch: Jeder bekommt vom andern nicht jeweils dasselbe, sondern jeweils etwas anderes (NE VIII 8). Denn Aristoteles geht von einer auf den natürlichen Fähigkeiten basierenden Rollenteilung aus. Gegen die von Platon im 5. Buch der „Politeia" propagierte Abschaffung von Ehe und Familie hält er (NE VIII 14, 1162a17-25):[4]

---

[4] Übersetzung nach Olof Gigon mit kleineren Abweichungen.

> Die Freundschaft zwischen Mann und Frau scheint auf der Natur zu beruhen. Denn der Mensch ist von Natur aus noch mehr ein Paarwesen (syndyastikon) als ein politisches Wesen (politikon), sofern die Familie (oikia) ursprünglicher und notwendiger ist als die Polis und das Kinderzeugen allen Lebewesen gemeinsam ist. [..B]ei den Menschen besteht sie aber nicht nur um der Kindererzeugung willen, sondern um dessentwillen, was man zum Leben braucht (tôn eis ton bion). [...] Darum scheint auch das Nützliche wie auch das Angenehme in dieser Art von philia zu sein.

Um bei soviel instrumentellen Vorteilen noch unterzubringen, dass in der Ehe im günstigen Fall auch *edle* philia vorkommt, muss Aristoteles seine ganze Theorie der aretê („Bestheit", „Tugend") aufwenden: Es kommt vor, dass sich die Partner gegenseitig einfach für ihre ausgezeichnete Geeignetheit für die jeweilige Rolle *bewundern* – und das ist mehr als der Gedanke an den Nutzen, den das Spiel der Rollen bringt (1162a25-28). Dazu kommt (1162a28f):

> Die Kinder scheinen das Band zu sein, darum lösen sich die kinderlosen Ehen rascher wieder auf. Denn die Kinder sind beiden ein gemeinsames Gut, und das Gemeinsame hält zusammen.

So realistisch geht es in Aristoteles' Vorlesungen zu, wenn es um philia geht.

Hält man sich an das (freilich von der eigenen Theorie überformte) Sprachgefühl von Aristoteles (NE VIII 2, 1055b28.),[5] so könnte man so etwas wie „die Liebe zur elektrischen Eisenbahn" oder „die Liebe zu seinem Auto" *nicht* mit „philia" ausdrücken, da „philia" erwiderungsfähig sein muss. Es gibt aber ein abstrakteres Wort: „philesis" (NE VIII 2, 1155b28). Wenn man in die Verlegenheit käme, über seine Liebe zum Auto oder zum Wein zu reden, dann könnte man dieses Wort benutzen.

Als Bundespräsident fand Gustav Heinemann auf die Frage „Lieben Sie Deutschland?" die epochale Antwort „Ich liebe meine Frau". Angesichts des Unglücks, welches das Konstrukt der Vaterlandsliebe im 19. und 20. Jh. über Europa gebracht hat, mag man sich fragen, ob im antiken Griechenland die Heimatstadt Objekt von „philia" sein konnte. Man könnte meinen: nach Aristoteles' Abgrenzung kaum. Doch die Sache ist kompliziert. Die Heimat-Polis ist ja keine Sache und kein Ensemble von Gebäuden, sondern besteht aus Menschen. Tatsächlich verstand ein Grieche im 5. Jh vor Chr. das Wort „philopatría" auf Anhieb (Aristophanes, Wespen 1464). Ein „philo-" kann man vor so ziemlich jedes Wort hängen, und der Sinn ist klar genug. Ein „philopolis" ist einer, dem seine Stadt viel bedeutet: Nach Platon begreift er sie sogar als „Mutter" (Politeia 470d), und er sucht ihr Bestes (wobei er, wie Meletos, der den Tod des Sokrates veranlasst, kräftig daneben liegen kann, was dieses Beste ist; vgl. Platon, Apologie 24b). Bringt der „philopolis" seiner

---

[5] Platon gebraucht nach Auskunft des Wörterbuchs von Liddell & Scott das Wort liberaler auch in Bezug auf „things".

Stadt „philia" entgegen? Beachtet man, wie weit der Begriff „philia" ist, so wird man wohl sagen: warum nicht? Es ist aber ein systematisch wichtiger Punkt, dass sich das nicht in jedem Fall von selbst versteht: Wörter desselben Stamms können verschieden funktionieren. Wovon ich sage, dass es mir *lieb* und teuer ist, davon muss ich z.B. noch lange nicht sagen, dass ich *Liebe* dazu empfinde.

4 Eros

4.1 Vor Platon

So konkret wie der griechische Götterhimmel ist, verwundert es wenig, dass es auch für Liebesdinge zuständiges göttliches Personal gibt. Zuerst natürlich „mighty Aphrodite" (Woody Allen) selbst, Tochter des Zeus, derer Namen man sich bedient, wenn man von „Liebesdingen" spricht: ta aphrodísia, das in den Bereich der Aphrodite (lat. Venus) Fallende (Dover 1974, 205).

Kurioserweise noch nicht bei Homer, aber seit Hesiod (ca. 700 v. Chr.) (Stoll 1896: 77) gehört zum göttlichen Personenkreis Eros (lat. Amor), üblicherweise als Sohn von Aphrodite und Ares angesehen (Platon sieht es anders, vgl. 4.2), ein „Gott der Liebe". Man kann aber nicht sagen: „ein Gott der philia". Das wäre ein viel zu weiter Zuständigkeitsbereich.[6] Vielmehr ist der Eros der Gott des eros.

Die Sache ist nicht einfach sprachlich kompliziert, sondern ontologisch, d.h.: im Bezug auf das, was es gibt; oder: im Bezug darauf, von was für Wesen Menschen in einer Kultur meinen, dass sie existieren. Es ist nicht einfach auseinanderzuhalten, wann von einem Gefühl, Befinden oder Widerfahrnis und wann von einem Gott die Rede ist. Abstrakte Wörter entstehen oft dadurch, dass man die Götter schon hat und ihre Namen auf ihr Wirken übergehen (es kommt aber auch vor, dass schwer Fassbares personifiziert wird, so dass man besser darüber reden kann). Bei Homer haben die Akteure oft eine ganz andere Vorstellung als wir davon, wie Denken vor sich geht: dass nämlich ein Gott einem Gedanken in den Kopf tut (Odyssee 21,3; 19,10 u.ö.). Insofern kann man verstehen, wieso das Wort für sexuelles Begehren mit einem Gott assoziiert wird. In modernen Druckausgaben wird das Wort dann groß geschrieben, wenn es für den Gott steht. Manchmal ist die Entscheidung einfach. Manchmal, wie hier bei Sappho, nicht:

Eros d'etinaze moi phrenas	Eros schuf mir Verstörung im Kopf
ôs anemos kat' oros drysin empetôn	wie am Abhang der Wind in die Baumkronen fährt.

---

[6] Dies wird bestätigt dadurch, dass Aristoteles in NE IX 10, 1174a11 das Lieben („eran") als Steigerung der philia („hyperbolê philias") bezeichnet.

Heinrich Wilhelm Stolls Mythologie-Handbuch von 1896 beschreibt den Eros, zuverlässig zusammenfassend, so (Stoll: 78):

> Er ist ein anmuthiger Knabe, an der Grenze des Jünglingsalters stehend, voll List und Grausamkeit, der die Herzen der Menschen und Götter mit seinen Pfeilen verwundet. [..I]m Himmel und auf Erden, im Meer und in der Unterwelt herrscht der allsiegende Gott [..]. Er fliegt umher auf goldenen Flügeln, bewaffnet mit Bogen und Pfeilen, die er in goldenem Köcher trägt; wen er trifft mit seinen Pfeilen, der wird ergriffen von den Leiden und Freuden der Liebe.

Jedes – verblüffenderweise auch heute noch in der Produktwerbung unmittelbar verstandene – Amörchen mit Pfeilchen, Bögelchen und Flügelchen ist eine verharmlosende Schrumpfform davon. Die Griechen der klassischen Zeit hielten es da eher mit Brecht: „Die Liebe ist eine Himmelsmacht, ich warn dich" (Mutter Courage, 3. Szene).

In der Tragödie „Antigonê" des Sophokles (497-405 v. Chr.) äußert sich der Chor an entscheidender Stelle zum Eros. Eros spielt *keine* Rolle, wenn Antigonê ihren gefallenen Bruder aus Schwesterliebe, Schwesterpflicht oder wie man das Motiv auch beschreiben mag, entgegen dem Befehl von König Kreon, beerdigt. Vielmehr ist Eros die natürliche Erklärung dafür, warum Kreons Sohn Haimon sich gegen die geplante Hinrichtung seiner Verlobten auflehnt. Der Chor ist empört. Der unverschämte Bengel ist ja wohl verrückt geworden. Aber da sieht man's eben mal wieder (3. Standlied, Verse 781-794):

Eros anikate machan	Eros, im Kampf nie Besiegter
Eros, hos en ktêmasi pi-	Eros, auf Beute dich
pteis, hos en malakais parci-	Stürzender, der du auf Mädchens
ais neanidos ennycheueis,	weicher Wange nächtigst,
phoitâs d'yperpontios en t' agronomois aulais.	gehst übers Meer und Höfe mit Feldern
kai s' out' athanatôn phyximos oudeis	Dir entkommt der Unsterblichen keiner,
outh' hamerîon es g'anthropôn. Ho d'echôn memênen.	keiner der Eintagsmenschen. Wer dich hat, ist wahnsinnig
Sy kai dikaiôn adikous	Du bist es, der das Herz des Gerechten
phrenas paraspâs epi lô-	unrecht macht, hinreißt zur Schande,
bâ, sy kai tode neikos an	du, der auch diesen Streit unter Männern
drôn xynaimon echeis taraxas ...	von gleichem Blut erregt hat ...

Der Kulturschock wird dadurch etwas gemildert, dass in der nächsten Strophe den Chor doch noch Mitleid mit Antigonê auf ihrem letzten Gang ergreift. Sprachlich kann man bemerken: In dieser Situation löscht nicht Haimons Liebe zu Antigonê seine Liebe zum Vater, sondern Haimons eros in Bezug auf Antigonê löscht seine philia zum Vater.

4.2 Platon

4.2.1 Das „Gastmahl"

Ist Aristoteles ein großer Theoretiker der „philia", so ist Platon ein großer Theoretiker des Eros. In seinem „Gastmahl" aus der mittleren Werkperiode sieht man, wie sich die reichen, gebildeten Athener Gedanken über diesen etwas unheimlichen Gott gemacht haben. Man verbringt deshalb ein ganzes Trinkgelage (so der Originaltitel „Symposion") damit, dass man Reden auf den Eros hält.

Eine davon, die Rede des Komödiendichters Aristophanes, enthält einen kleinen Mythos (Symposion 189d-193d): Wie ist es eigentlich dazu gekommen, dass die Menschen nacheinander suchen? Es gab früher einmal Kugelmenschen, mit vier Armen und vier Beinen. In verschiedenen Ausführungen: Doppelfrauen, Doppelmänner, Mannfrauen. Mit den vier Armen und vier Beinen wurden sie den Göttern gefährlich, so dass Zeus zur Selbstverteidigung irgendwann darauf kommt, die Doppelmenschen auseinanderzuschneiden, so wie man mit einem Haar ein hartgekochtes Ei durchschneidet (190e). Auf diese Art sind Männer und Frauen entstanden. Deshalb sucht jeder, im ganz wörtlichen Sinn, nach seiner anderen Hälfte. Der Mythos enthält viel Theorie: die Theorie, dass es tatsächlich den einen Lebenspartner gibt – die andere Hälfte, die man finden muss und nach der man sich eigentlich die ganze Zeit gesehnt hat. Ob Platon diesen Gedanken geteilt hätte, dem er eine so schöne Form gegeben hat, dass sein Name damit assoziiert bleibt, ist nicht klar.

Sokrates geht die ganze Sache ziemlich anders an (199b-212c): Was für eine Art Gott ist Eros? Er übt leise Kritik an Vorrednern, die versucht haben, das Göttliche und die Perfektion des Eros zu betonen. Sokrates' Punkt ist: Eros ist gerade nicht perfekt. Man berücksichtigt das Dynamische, das Begehren, das Streben viel besser, wenn man es in den folgenden Mythos fasst (203a-204c):[7] Eros ist eigentlich nur ein halber Gott. Er ist entstanden aus einer Verbindung zwischen der Armut (Penia) und dem Überfluss (Poros) (203b):[8]

> Penia nun, die ihrer Dürftigkeit wegen den Anschlag fasste, ein Kind mit Poros zu erzeugen, legte sich zu ihm und empfing den Eros.

Der Überfluss bekommt selber „berauscht vom Nektar (es gab ja damals noch keinen Wein)" (203b) von dem kleinen Zwischenfall im Garten am Rande der Ge-

---

[7] Das Erstrebte andererseits vermag den Strebenden in Bewegung zu setzen, ohne selbst aktiv zu sein. Deshalb schreibt Aristoteles über Gott als – selbst unbewegten – Ersten Beweger, er bewege „wie ein Geliebtes" (hôs erômenon", Metaphysik XII 7, 1072b2) – ganz ungefähr so also wie ein umworbener Mensch durch die bloße Existenz zum Reservieren von Kinokarten, Kauf von Blumen, Herausputzen, Anrufen etc. bewegen kann.
[8] Übersetzung hier und beim „Phaidros": Friedrich Schleiermacher.

burtstagsfeier für Aphrodite gar nichts mit. Das gängige Bild (der sorglose Junge mit Pfeil und Bogen) weist in die falsche Richtung. Eros ist (203c-d)

> immer arm und bei weitem nicht fein und schön, wie die meisten glauben, vielmehr rauh, unansehnlich, unbeschuht und ohne Behausung, auf dem Boden immer umherliegend und unbedeckt schläft er vor den Türen und auf den Straßen im Freien [...]

Schon im „Gastmahl" finden wir den theoretischen Versuch, Philosophie als eine Art erotische Bestrebung zu charakterisieren und damit den Eros zu intellektualisieren. Die Idee der Schönheit ist wie alle platonischen Ideen etwas Unkörperliches. Man braucht lange, um dahin zu gelangen. Es ist gut, wenn man zum Einstieg das Schöne in Gestalt von schönen Menschenkörpern liebt. Denn dann liebt man auch alles andere, was schön ist, im weiteren, in einem stufenweisen Abstraktionsprozess. Das ist, in barbarischer Kürze wiedergegeben, die Botschaft der Priesterin Diotima, die Sokrates im „Gastmahl" mitteilt (209e-212a). Der Clou der Herabstufung des Eros ist: Indem er den Eros beschreibt, liefert Sokrates, der nach Antworten strebt, ohne sie zu erhalten, ein Selbstporträt (204a-c).

Auch Platon belässt es nicht beim Feierlichen, sondern lässt den charismatischen Alkibiades die Runde aufmischen. Wieso Sokrates die Eifersucht des Alkibiades beklagt (213d) und dieser wiederum davon berichtet (217b-219e), wie er sich, zu seiner größten Verwunderung erfolglos, dem Sokrates körperlich aufgedrängt hat, wird verständlich, wenn man den großen Dialog „Phaidros" mitberücksicht, der vielleicht theoretisch noch ergiebiger ist als das „Gastmahl".

4.2.2 „Phaidros"

Der „Phaidros" ist ein langer Dialog mit einer ganz eigenen Atmosphäre, ebenfalls aus der mittleren Periode, der einzige, der außerhalb der Stadtmauern spielt. Der Knabe Phaidros entführt Sokrates aus der Stadt, hinaus unter eine große Platane an einer Quelle (Phaidros 229b-230b). Die Zikaden zirpen (258e-259d). Man redet über die Liebe, während Sokrates offensichtlich selber in Phaidros verliebt ist. Der „Phaidros" enthält drei Reden. Die erste ist eine aufgeschriebene Rede, die Phaidros zum Rendezvous mitgebracht hat: einer Rede *gegen* die Liebe von einem professionellen Redenschreiber (230e-234c). Dann hält Sokrates eine Rede gegen die Liebe (237a-241d), in die er sich geradezu hineinsteigert. Selbst zutiefst erschrocken darüber, erinnert er sich daran, dass Eros ein Gott ist. Also muss eine Gegen-Gegenrede her (243e-257b).

Über die ersten beiden Reden blättert man normalerweise schnell hinweg, wenn man Platons vermutliche Meinung lesen will. Zu Unrecht. Denn sie sind kulturhistorisch faszinierend und bringen eine angemessene Härte in den Text. Im Laufe seiner ersten Rede hat sich Sokrates in Rage geredet (er meint, er ist von den Nymphen an der Quelle mitgerissen worden): Ein Liebhaber wird den Geliebten, um ihn für sich zu haben, körperlich wie seelisch schwach halten. Er wird ihn z.B. von der Philosophie und vom Sport abhalten. Das ist, wenn er die falsche Art von Liebhaber ist, wenn er von der epithymia, der Begierde, getrieben ist und wenn es ihm nur um hedonê, um Lust, geht (238e):

> Notwendig nun wird der von der Begierde Beherrschte und der Lust Dienende das Geliebte aufs Angenehmste für sich zuzurichten suchen.

Der Liebhaber respektiert den Geliebten also nicht. Er wird versuchen, ihn durch emotionale und finanzielle Abhängigkeit für immer unselbstständig zu machen, z.B. indem er ihn seiner Familie entfremdet. Wenn er schon etwas älter und selbst schon nicht mehr der erfreulichste Anblick ist, belästigt er dennoch den jungen Geliebten ständig mit Eifersucht, mit guten Ratschlägen und mit übertriebenen Komplimenten. Lässt aber die Verliebtheit nach und kommt er wieder zur Vernunft, werden ihm seine Versprechen peinlich und er verlässt den Geliebten. Der ist blamiert und hätte sich besser vom in ihn Verliebten fern gehalten. Das ist die Liebe eines Wolfs zu einem Lamm (241d). So realistisch kann es in Platons Dialogen zugehen. Doch in der Überleitung zur Gegenrede heißt es (243c-d):

> Hätte ein edler Mann von sanftem Gemüt, der einen ebensolchen Knaben liebt, oder zuvor geliebt hat uns zugehört, als wir sagten, dass Liebhaber über Kleinigkeiten großen Zwist erregten und den Lieblingen abgünstig wären und verderblich – meinst Du nicht, er würde glauben müssen, solche zu hören, die unter Bootsknechten aufgewachsen sind und nie eine anständige Liebe gesehen haben? Und dass er uns keinesfalls beistimmen könnte in dem, worin wir ihn tadeln?

Der Vorwurf ist: Wenn wir das als typischen Verlauf einer Liebesbeziehung beschreiben, dann begeben wir uns auf die unterste Stufe: ins Hafenviertel. Und wir beschreiben die Liebe von Seeleuten. Wir beschreiben nicht eine „anständige Liebe" („eleutheron erota", 243d) – eine „freie" oder „wohlgeborene Liebe", „Liebe, wie sie zwischen Wohlgeborenen, zwischen Edlen herrschen sollte".

Die ist das Thema der Gegenrede. Zugegeben, Eros ist Wahnsinn, Verrücktheit (vgl. 4.1). Leute, die der Eros gepackt hat, benehmen sich seltsam. Sie sind nicht vernünftig ansprechbar. Sie wollen ständig bei ihrem Geliebten sein. Sie kümmern sich nicht um ihre Familie. Sie geben unvernünftig ihr Geld aus und sind im Geschäftsleben nur noch begrenzt zurechnungsfähig. Der wesentliche theoretische Punkt im ersten Teil vom „Phaidros" ist nun: eros. Liebe, ist zwar eine Verrücktheit, aber eine der vier guten Arten der Verrücktheit. Andere Beispiele für im guten Sinn Wahnsinnige sind (243e-245c)

- in Trance ihrer nützlichen Aufgabe nachgehende Wahrsager

- Verfluchte, die sich in eine Art Gebetsrausch hineinsteigern, um ihren Fluch loszuwerden
- Dichter.

Es kommt also darauf an, auf die richtige Art (orthôs, 244e) verrückt zu sein. Um nachzuweisen, dass eros die No. 4 in der Reihe der guten Arten des Wahnsinns ist, investiert Platon eine komplexe philosophische Theorie (246a-256e): Die Seelen der beiden Liebenden haben in gefiedertem Zustand vor der Geburt bereits existiert und haben ein wenig die Ideen geschaut, darunter die Idee der Schönheit. Wenn der Liebende den Geliebten sieht, erinnert er sich wieder an die Idee der Schönheit. Das führt dazu, dass das bei dem Absturz versengte und abgerissene Seelengefieder wieder anfängt zu wachsen. Das beschreibt nicht etwa ein schönes, sondern ein unangenehmes, unbefriedigtes Gefühl (251b-252b). Die Haut ist verhärtet, in ihr stecken nur die kleinen Federkiele, die jucken. Wenn der Seele wieder Flügel wachsen, dann ist das so unangenehm, wie wenn einem Kleinkind Zähne wachsen (251c-d).

4.2.3 Platonische Liebe?

Was ist das für eine Beziehung zwischen Phaidros und Sokrates? Es ist in der Oberschicht von Athen im 5. und 4. Jh. eine übliche Erscheinung, dass es ein Mittelding gibt zwischen Liebesbeziehung und Adoption verbunden mit sozialer Förderung. Die Beziehungen sind nicht unbedingt dauerhaft. Einerseits ist da Sich-Erfreuen an der Schönheit des Knaben. Andererseits gibt es deutliche Tabus, die der Erniedrigung des Geliebten vorbeugen sollen und die sich darin äußern, welche Sexualpraktiken akzeptiert sind und welche nicht. Alle wissenswerten Details finden sich bei Kenneth Dover, „Greek Homosexuality" (Dover 1978, kürzer: Dover 1974: 213-216). Freilich sieht die neuere Forschung die Rede von Homosexualität hier nicht mehr als sinnvoll an, weil es in der Oberschicht des Athen des 5. Jh. v. Chr. eben keine ausschließlich heterosexuellen Männer gab (Winkler 1990, Nussbaum 2002: 195-200, Halperin 1990).

Dover berücksicht auch Vasenmalereien, die eine besonders interessante, weil sprachunabhängige Quelle sind (Dover 1978, Hubbard 2003). Auch dabei gibt es Überraschungen: Darstellungen, die auf den ersten Blick eindeutig sind, sind es auf den zweiten Blick oft nicht mehr.

Für den etwas älteren Liebhaber gibt es das Wort „erastês", für den Geliebten, der die passive Rolle spielt, den Knaben, das Wort „eromenos". Man zuckt zusammen, wenn man das Wort „paid-erastein" sieht: eros ausleben zu einem Knaben, zu einem „Kind" (pais). Aber das ist ein gebräuchliches und nicht weiter tabuisiertes Wort. Es geht im „Phaidros" um die richtige, angemessene, edle Art des „paiderastein" (249a). „Päderastie" wäre vollkommen falsch übersetzt, obwohl man es nur ein bisschen moderner ausspricht. Man hat es, wenn man den kulturellen Kontext beachtet, mit etwas völlig anderem und auch anders Bewerteten zu tun.

Im Kontext des Erniedrigungs-Tabus ist eine faszinierende Passage im „Phaidros" zu verstehen, in der Platon die Entstehung der Scham als klassische Konditionierung erklärt. Dabei stellt er den vernünftigen Teil der Seele als Wagenlenker, den Mut (thymos) als folgsames und die Begierden als zunächst unartiges Pferd dar. Wiederholt und brutal züchtigt der Wagenlenker das unartige Pferd, wenn es beim Anblick des Schönen durchzugehen droht (Phaidros 254e):

> Hat nun das böse Ross mehrmals dasselbe erlitten und die Wildheit abgelegt, so folgt es gedemütigt des Führers Überlegung und ist [schon] beim Anblick des Schönen von Furcht übermannt. Daher es dann endlich dahin kommt, dass des Liebhabers Seele dem Liebling verschämt und schüchtern nachgeht.

Das ist eine *gelungene* Erziehung des erastês, die den eromenos vor erniedrigenden Praktiken oder gar Vergewaltigung schützen wird.

Platons Konzeption einer gelungenen Liebesbeziehung hat, wie man sieht, herzlich wenig mit dem zu tun, was manchmal „eine platonische Liebe" genannt wird – und übrigens auch sehr wenig mit der vom Sänger einer unnahbaren verheirateten Edelfrau entgegengebrachten „hohen Minne" des Mittelalters.

5 Hedonê

Sollte man aus der zitierten Stelle im „Phaidros" (238) schließen, dass Platon „gegen die Lust ist"? Keinesfalls. Was sich zum Begriff der „hedonê" bei ihm findet, ist komplex (im späten „Philebos") und zum Teil unerwartet affirmativ (Protagoras 353b-359a).

Doch zweifellos ist bei Platon die Lust nicht das unabgeleitete Maß aller Dinge wie im Menoikeus-Brief des Epikur (341-270 v. Chr.), dem großen Vertreter eines reflektierten Hedonismus. Leider ist von Epikur wenig Text überliefert. Doch es ist überraschend, wie weit eine epikureische Konzeption des guten Lebens sich von emotionalen Naturgewalten wie dem eros entfernt hat. Es gibt verfeinerte und weniger verfeinerte Lüste. Es gilt, damit souverän und entspannt umzugehen. Die verfeinerten Lüste sind auch die praktischen, die man einfacher befriedigt. Man sollte sich nicht ausgerechnet von der natürlichen Fähigkeit, genießen zu können, belästigen lassen. Wenn im Titel des zweiten Bands von Foucaults „Sexualität und Wahrheit" vom „Gebrauch der Lüste" die Rede ist (Foucault 1990), so ist hier dieses Motiv aufgegriffen.

6 Hetairos, hetaira, pornê

Ein „hetairos" ist, ganz einfach, ein Freund. Das kann ein sehr enger Freund sein. Das Wort kann aber auch als Floskel im Gespräch vorkommen: „O hetaire", „mein Lieber..." (vgl. Platon, Symposion 201a, 205e; Phaidros 227b, 230a. u.ö.). Eine Aussprachevariante der weiblichen Form, übersetzt „Freundin", ist ins Deutsche eingewandert: Hetäre. Wie hat die weibliche Form des ganz üblichen Wortes für einen Freund einen solchen Beigeschmack bekommen können? Die Ehefrau blieb, wenigstens sobald es die wirtschaftliche Situation des Haushalts zuließ, im Wesentlichen im Haus. Mit der Frau zeigte man sich nicht als einer Freundin in der Öffentlichkeit. Eine öffentliche Frau, das ist eine andere Rolle (Dover 1974: 98). Das muss aber nicht etwa heißen, dass sie eine tief stehende Prostituierte, eine „pornê", ist. Eine viel diskutierte Passage aus einer Gerichtsrede des Redners Demosthenes (384-322 v. Chr.) legt sogar eine extreme Rollenaufteilung nahe (Demosthenes, Neaira 59,122.):

> Hetären haben wir für die Lust, Konkubinen fürs tägliche Wohlbefinden des Körpers, Ehefrauen zum Erzeugen von legitimen Kindern und zur zuverlässigen Beaufsichtigung des Hauses.

Der Aussagewert der Stelle als Beschreibung der allgemeinen Verhältnisse und Wertungen wird aber in der Literatur inzwischen stark angezweifelt (Dover 1974: 14).

7 Ehe und ihre Anbahnung in der Komödie

Neben den Vasenmalereien gehören Komödien zu den wertvollsten Quellen althistorischer „gender studies". Sowohl die klassischen Komödien des Aristophanes aus dem 5. Jh. als auch die späten Komödien des Menander aus dem 4. Jh. liefern einen ziemlich anderen Eindruck als Platon. Dem anarchischen Humor des Aristophanes verdanken wir mit der „Lysistrata" einen der schönsten Komödienplots: Die Frauen Athens treten gegenüber ihren Männern in den Streik, um einen Friedensschluss zu erzwingen.

Bei Menander ist man fast überrascht von der Konventionalität der Handlung: Da ist ein Mädchen und da ist ein junger Mann, und der möchte das Mädchen heiraten, und der Vater ist dagegen, und man schreit sich an und prügelt sich, doch alles findet ein gutes Ende. Dover kann festhalten (Dover 1974: 211):

> A husband and a wife in love with one another [...] and many a young couple in New Comedy, were the most fortunate of people. There were no doubt many more of them than we are encouraged to suppose by the view commonly taken nowadays of the Greek tendency to treat marriage as a mechanism for the inheritance of property.

8 Agapê

Ein Wort des hier relevanten Wortfelds spielt in der frühen Antike keine allzu große, jedenfalls keine eigenständige Rolle: „agapê". Platon (427-347 v. Chr.) benutzt es bzw. das entsprechende Verb oft und sehr weit: einerseits sexuell konnotiert im Kontext des „paiderastein" (Symposion 180b, 210d; Phaidros 241d), aber auch für Liebe des Vaters zu seinen Kindern, des Dichters zu seinem Werk und des Geizigen zu seinem Besitz (Politeia 330c), also gewissermaßen von „hängen an" bis zu „verfallen sein". Es kann aber auch etwas bedeuten wie „brotherly love" (Liddell & Scott 1889: 4). Das Wort entwickelt sich später jedoch anders. Das Wort „agapê" in seinem Gebrauch des 1. nachchristlichen Jahrhunderts ist deshalb wichtig, weil es in der lateinischen Entsprechung als „caritas" Karriere im Christentum gemacht hat. So steht steht etwa bei Paulus (1 Kor 13,13):

nyni de menei	Nun aber bleiben
pistis, elpis, agapê, ta tria tauta.	Glaube, Hoffnung, Liebe, diese drei.
meizon de toutôn hê agapê	Aber die Liebe ist die größeste unter ihnen.[9]

Da steht nicht „eros". Da kann nicht „eros" stehen. Da steht nicht „philia" oder „philesis". Da muss „agapê" stehen. Das gilt grundsätzlich für den zentralen Begriff der *Nächstenliebe*, mit dem es sich allerdings komplizierter verhält als zumeist behauptet. Der Evangelist Matthäus lässt Jesus in der Bergpredigt *mehr als* Nächstenliebe gebieten (Mt 5,44):

agapate tous echtrous hymôn.	Liebet eure Feinde.

Er übersteigert damit das im Alten Testament formulierte Gebot „ve-ahava lere'acha kamocha" (3. Mose 19,18), das in der im 3. Jh. v. Chr. entstandenen griechischen Übersetzung (der „Septuaginta") bereits unter Verwendung des zu „agapê" gehörenden Verbs wiedergegeben ist:

agapêseis ton plêsíon sou hôs seauton.	Du sollst deinen Nächsten lieben wie dich selbst.

Wohl um des besseren Kontrasts zur Tradition willen lässt der Evangelist übrigens Jesus diese Stelle falsch zitieren: ohne „wie dich selbst", dafür aber mit dem Zusatz „und hasset eure Feinde".

Seltsam die Wanderungen der Wörter: Das französische „(bien) aimer" ist ebenso weit wie „philein", obwohl es von „amor" kommt, „amour" je nach Zusammensetzung ebenso vieldeutig wie das deutsche „Liebe"; und auch „agapê" ist im

---

[9] Mit dem altertümlichen Superlativ Luthers ist die Stelle unvergesslich vertont im vierten der „Vier ernsten Gesänge" von Johannes Brahms.

modernen Griechisch nicht etwa auf seine neutestamentarische Bedeutung eingeengt: Man muss bei griechischer Popmusik nicht lange hinhören, bis man ein schmachtendes „ajápi" aufschnappt. Fazit: Keine Sprache ist kontextabhängiger als die Sprache der Liebe.

Literatur

Empfohlene Leseausgaben erwähnter antiker Texte

Altägyptische Dichtung. Ausgewählt und erläutert von Erik Hornung. Stuttgart: Reclam 1996.
Aristophanes: Lysistrate. Übersetzung von Ludwig Seeger. Anmerkungen und Nachwort von Otto Seel, Stuttgart: Reclam 1969.
Aristoteles: Die Nikomachische Ethik. Aus dem Griechischen und mit einer Einführung und Erläuterungen versehen von Olof Gigon. München: dtv 1998.
Demosthenes: Private Orations. Griechisch/englisch (Murray) Vol. III. Cambridge/Mass.: Harvard University Press 1939.
Epikur: Brief an Menoikeus. In: ders.: Briefe, Sprüche, Werkfragmente. Übersetzt und hrsg. von Wolfgang Krautz. Stuttgart: Reclam 1985.
Das Gilgamesch-Epos. Übersetzt und mit Anmerkungen versehen von Albert Schott. Neu hrsg. von Wolfram von Soden. Stuttgart: Reclam 1982.
Homer: Ilias. Griechisch/deutsch (Johann Heinrich Voss). Darmstadt: Tempel 1994.
Homer: Odyssee. Übersetzt von Roland Hampe. Stuttgart: Reclam 1979.
Menander. Griechisch/englisch (Arnott). Cambridge/Mass.: Harvard University Press 1979.
Platon: Werke in acht Bänden. Griechisch und deutsch (Friedrich Schleiermacher). Hrsg. Von Gunter Eigler. Darmstadt: WBG 1990.
Platon: Jubiläumsausgabe sämtlicher Werke zu 2400. Geburtstag. Eingeleitet von Olof Gigon. Übersetzt von Rudolf Rufener. Zürich/München: Artemis 1974.
Sophokles: Antigone. Griechisch/deutsch. Übersetzt und hrsg. von Norbert Zink. Stuttgart: Reclam 1981.

Sekundärliteratur

Binder, Gerhard/Effe, Ernst (Hg.) (1993): Liebe und Leidenschaft. Historische Aspekte von Erotik und Sexualität. Trier: Wissenschaftlicher Verlag Trier 1993.
Dover, Kenneth J. (1974): Greek Popular Morality in the Time of Plato and Aristotle. Oxford: Blackwell (zitiert nach der Ausgabe Indianapolis: Hackett 1994).
Dover, Kenneth J. (1978): Greek Homosexuality. London: Duckworth.
Foucault, Michel (1990): Sexualität und Wahrheit: Der Gebrauch der Lüste. Übersetzt von Ulrich Raulff und Walter Seitter. Frankfurt a.M.: Suhrkamp.
Halperin, David M. (1990): One Hundred Years of Homosexuality and Other Essays on Greek Love. New York: Routledge.

Hubbard, Thomas K. (2003): Homosexuality in Greece and Rome. A Sourcebook of Basic Documents. Berkeley: University of California Press.

Liddell & Scott (1889): An intermediate Greek-English Lexicon. Founded upon the seventh edition of Liddell and Scott's Greek-English Lexicon. Oxford: Clarendon.

McClure, Laura (Hg.) (2002): Sexuality and Gender in the Classical World. Readings and Sources. Oxford: Blackwell.

Nussbaum, Martha C. (2002): Konstruktion der Liebe, des Begehrens und der Fürsorge. Drei philosophische Aufsätze. Übersetzt von Joachim Schulte. Stuttgart: Reclam.

Poeschel, Hans (1975): Die griechische Sprache. Geschichte und Einführung. München: dtv.

Siems, Andreas Karsten (Hg.) (1988): Sexualität und Erotik in der Antike. Darmstadt: WBG.

Stoll, Heinrich Wilhelm (1896): Handbuch der Religion und Mythologie der Griechen und Römer. 3. Auflage. Leipzig: Teubner.

Winkler, John W. (1990): The Constraints of Desire. The Anthropology of Sex and Gender in Ancient Greece. New York: Routledge.

Winkler, J. (2002): Double Consciousness in Sappho's Lyrics, in: McClure (2002), 39-71.

Kornelia Hahn

Romantische Liebe als Phänomen der Moderne. Anmerkungen zur Soziologie intimer Beziehungen

„Es ward Licht in seinem Innern, er sah und übersah alle Massen seines Lebens und den Gliederbau des Ganzen klar und richtig, weil er in der Mitte stand. Er fühlte, daß er diese Einheit nie verlieren könne, das Rätsel seines Daseins war gelöst, er hatte das Wort gefunden, und alles schien ihm dazu vorherbestimmt und von den früheren Zeiten darauf angelegt, daß er es in der Liebe finden sollte, zu der er sich aus jugendlichem Unverstand ganz ungeschickt geglaubt hatte." *(Schlegel 1963: 76)*

Die Analyse der *modernen* Gesellschaft ist quasi mit dem Programm der Soziologie gleichzusetzen. Unter den prominentesten Analysekonzepten findet sich dabei die Theorie der sozialen Differenzierung, die gleichzeitig auch einen umfassenden Erklärungsrahmen für empirisch beobachtbare Alltagsphänomene bereitstellt. Es lässt sich jedoch konstatieren, dass das Phänomen der „romantischen Liebe" seltener im Kontext moderner Differenzierungstendenzen thematisiert wird, obwohl es nicht nur für die moderne Gesellschaft als prägend anzusehen ist, sondern gerade auch als Beispiel für die im Zusammenhang mit der Moderne charakteristischen Paradoxien und Widersprüchlichkeiten von Alltagsphänomenen diskutiert werden kann. „Romantische Liebe" bezeichnet zunächst eine soziale Beziehungsform, in der sich Struktureigentümlichkeiten der modernen Gesellschaft spiegeln. Im Folgenden wird diese Beziehungsform in ihrer Verankerung innerhalb einer sich entwickelnden modernen Sozialstruktur bestimmt (1.) und die Organisation der romantischen Interaktion näher erläutert (2.). Im Anschluss wird auf das Phänomen romantischer Liebe in Bezug auf den modernen Alltag eingegangen (3.).

1 Romantik und Sozialstruktur

In einigen aufschlussreichen Studien (z.B. Luhmann 1982, Giddens 1993, Dux 1994) ist herausgearbeitet worden, wie sich die „romantische Liebe" im Zuge des sozialstrukturellen und kulturellen Wandels entwickelt. Ungleich der Alltagsvorstellung bzw. eines für moderne, westliche Kulturen verbreiteten *common sense* ist „Liebe" danach *kein* Gefühl, das auf nicht rationalisierbarem, quasi natürlichem Wege entsteht – und sich deshalb einer soziologischen Analyse sperrt –, sondern das Produkt von tiefgreifenden Veränderungen seit Beginn der Moderne im 18. Jahrhundert. Diese können auf einige umfassende Einflussfaktoren zurückgeführt werden. Innerhalb der materiellen Kultur ist dabei auf die Erfindung von Großtechniken zu verweisen, die zu den ersten industriellen Produktionen von Gütern führten und gleichzeitig eine Arbeitsteilung zur Aufrechterhaltung und Ausweitung der Produktion notwendig machten. Der durch diese Arbeitsteilung ausgelöste Prozess der sozialen Differenzierung führte sowohl zu einer Trennung von Handlungssphären als auch zu deren spezifischer Verflechtung. Das Prinzip der Trennung manifestiert sich in der Alltagsorganisation als Trennung von Produktions- und Konsumptionssphäre, von Arbeitsort und Wohnort, von Arbeitszeit und Freizeit, von informellen und formellen Kontakten, Professionsrolle und Rolle der Privatperson, weiblicher und männlicher Kultur, von entweder zweckrationaler oder affektiver Handlungsorientierung etc. Hierdurch ergeben sich Umbrüche innerhalb des sozialen Lebens, die auch Veränderungen von „Intimität" im Sinne sozialer Schließungsprozesse und Veränderungen von „Öffentlichkeit" im Sinne sozialer Öffnungsprozesse im Interaktionsspiel einschließen. Während die Unterscheidung solcherart „intimer" oder stärker „öffentlich" geprägter Handlungssphären in allen Gesellschaften bekannt ist, sind diese in der Moderne – der Idee nach – wechselseitig konstitutiv. Das Entstehen der Öffentlichkeitssphäre als Folge sozialer Differenzierung bedeutet zunächst einmal eine Öffentlichkeit des freien Austausches zwischen Personen auf einem Markt, auf dem diese als unabhängige Subjekte agieren können. Die komplementäre Intimsphäre ist dagegen vor allem dadurch gekennzeichnet, dass die Interaktion *nicht* als marktförmiger Austausch gestaltet und begriffen wird. Allerdings sind insbesondere die Sphäre der Wirtschaft und die (intime) Sphäre der individuellen Lebensführung insofern miteinander verflochten, als gerade die romantische Liebesbeziehung des materiellen Rahmens etwa in Form eines gut ausgestatteten Hauses, das Komfort und Rückzugsmöglichkeiten bietet, bedarf, um überhaupt als solche gedeihen zu können. Durch die Diffusion der Romantik vom Spiel innerhalb der Adelskreise in den bürgerlichen Alltag entstehen auch neue Konsumerfordernisse, die eine wesentliche Kraft für (das Erstarken der) kapitalistisch strukturierte(n) Wirtschaften bilden (Sombart 1983, neuer: Illouz 2003). In der spätmodernen Konsumkultur ist mittlerweile auch zu beobachten, dass Produkte zur Herstellung oder Aufrechterhaltung romantischer Beziehungen beworben werden und somit die Kultur der Romantik in nicht-romantischen Sinnwelten repräsentiert wird.

In Wechselbeziehung mit der Sozialstruktur kommt es zur kulturellen Individualisierung, wodurch romantische Liebesbeziehungen ebenfalls entscheidend befördert worden sind. Das Prinzip der Trennung und Rekombination von Teilbereichen zu einer spezifischen Einheit ist in Georg Simmels Theorie der Kreuzung der sozialen Kreise (1992) beschrieben worden: In stark arbeitsteiligen Gesellschaften sind alle Individuen mit verschiedenartigen sozialen Kreisen assoziiert, deren spezifische Zusammensetzung eine individuelle Größe ergibt, die auf das Individuum einwirkt, ebenso wie sie das Individuum zu identifizieren vermag. Aus Georg Simmels Beschreibung des modernen urbanen Lebens gehen auch die Charakteristika des neuen Beziehungsmodus hervor: Einem Zuwachs an persönlicher Freiheit durch Verringerung unmittelbarer sozialer Kontrolle durch die Gemeinschaft stehen gleichzeitig starke mittelbare Abhängigkeitsverhältnisse gegenüber, der unmittelbaren Bindungslosigkeit in der „Masse" vereinzelter Subjekte eine intensive Bindung an wenige, die in der „Gesellschaft zu zweien" kulminiert. Erst durch das „persönliche Aufeinanderangewiesensein" in der Zweierbeziehung, das nicht durch eine übergeordnete Institutionalisierung ersetzt werden kann, entsteht ein Erleben, das als „Intimität" empfunden wird (Simmel 1993: 351).

Eine weitere Voraussetzung zu dieser Art des Erlebens wird jedoch auch der kulturellen Entwicklung von Subjektivität und Innerlichkeit seit Beginn der Moderne zugeschrieben (Dux 1994: 40), die ihrerseits auf verschiedene Einflussfaktoren wie vor allem auch institutionalisierte Praktiken der Selbstthematisierung in Religion (Beichte, Introspektion) oder Wissenschaft (Psychoanalyse) zurückzuführen sind. Dass die Konstituierung als Subjekt der Spiegelung in einem alter ego bedarf, erklärt ebenfalls die Hinwendung zu einem anderen, der dadurch zum „signifikanten anderen" wird. Die Fokussierung auf ein alter ego wird auch durch die für die Moderne charakteristischen Darstellungsformen einer inneren Gefühlswelt, wie sie besonders in der Literatur und der bildenden Kunst (Hahn 1998) repräsentiert werden, gefördert. Auch hier kommt es in der Folge zu einer Wechselbeziehung dergestalt, dass zur Entfaltung des modernen Selbst in einer Welt fehlender oder für den Einzelnen „unübersichtlich" gewordener Sinnangebote eine romantische Beziehung als (lebens-)notwendig angesehen wird. So formuliert etwa Cancian: „Many Americans believe that to develop their individual potential, they need a supportive, intimate relationship with their spouse or lover." (1986: 3) Diese These eines gesteigerten Individualismus durch die Bindung an einen signifikanten Anderen ergänzt die Simmelsche Theorie der Kreuzung sozialer Kreise. Es scheint, dass ab einer bestimmten Komplexität der gesellschaftlichen Differenzierung nicht nur ein tendenziell einzigartiges Muster von vielfältigen Kontaktkreisen zur Entwicklung von „Individualität" erheblich ist, sondern ebenso der intime Bezug zu *einer*, dadurch einzigartig werdenden Person relevant ist. Umgekehrt lässt sich argumentieren, dass nur die „romantische Liebe" als Beziehungstyp gerade aufgrund der implizierten Bindung an *eine* Person noch ein Zugehörigkeitsgefühl zur „*Gesellschaft*" vermitteln kann.

2 Romantische Liebe als soziale Beziehungsform

Wenn die „romantische Liebe" als soziale Beziehungsform definiert wird, ist von vornehmlichem soziologischen Interesse, durch welche spezifischen Kommunikationscodes, Situationsdefinitionen und Interaktionsrahmen diese konstituiert wird.

Zunächst einmal ist davon auszugehen, dass die Phase des Verliebens auf einer bei beiden Partnern vorhandenen Bereitschaft beruht, eine Intimbeziehung einzugehen. Nach Alberoni resultiert diese Bereitschaft aus der Möglichkeit bzw. des Wunsches nach einer Neudefinition des Selbst (Alberoni 1983). Die romantische Affektion wendet sich deshalb an Individuen, denen subjektiv eine Unterstützung des eigenen Lebensentwurfs zugeschrieben wird. Die soziale Konstruktion der „romantischen Verliebtheit" kann jedoch nur dann als solche verlaufen, wenn die Konstruktionsmechanismen von den Interaktionspartnern nicht gewusst oder thematisiert werden. Der Zustand der Verliebtheit wird vielmehr „erkannt" an einer gefühlten Intensität der Sinne und eines gesteigerten Lebensgefühls, in der Zuneigung und sexuelle Leidenschaft *gleichzeitig* bestehen, an der gegenseitigen Bestätigung des eigenen Selbstbildes bzw. der Spiegelung der eigenem Weltsicht und am subjektiven Gefühl, einen einzigartigen Menschen, der allein zu einem „passt", gefunden zu haben. Die romantische Beziehung basiert darüber hinaus auf Treue und Exklusivität – gleichzeitige romantische Beziehungen zu mehreren Personen sind per definitionem nicht möglich.

Ihre Spezifik im Vergleich zu anderen Beziehungsformen liegt damit in ihrer „Reinheit" (Giddens). Wie bereits in Simmels Definition der Gesellschaft zu zweien angesprochen, ist sie prinzipiell eine „ganzheitliche" Beziehung, deren Vorbild seit 200 Jahren in Friedrich Schlegels Roman *Lucinde* beschrieben ist: unvernünftig, maßlos, unbegründbar, uneingeschränkt, auf den anderen in seiner Einzigartigkeit konzentriert, aber auch verbunden mit einem neuen, nun (erstmalig) subjektiv sinnvollen Weltbezug.

Die im Alltagsdiskurs als „Gefühl" thematisierte romantische Liebe wird in der Soziologie als ein Kommunikationscode begriffen, mit dem Akteure in der Lage sind, eine romantische Liebesbeziehung intersubjektiv zu konstruieren. Die Beziehung wird dadurch konstituiert, dass zwei Individuen zu einem Zeitpunkt die Interpretation teilen, ein Liebespaar zu sein. Die Simplizität dieser Konstitutionsbedingung markiert ein wesentliches Kennzeichen der „Reinheit": Alternative, aber vor allem auch zusätzliche Voraussetzungen würden die Beziehung in eine andere Form transformieren. Die eindeutigste, gleichzeitig aber auch folgenschwerste Form dieses Codes wird durch die Information „Ich liebe dich" markiert. Mit dem in dieser Hinsicht einfachsten Fall des verbalisierten Liebesgeständnisses wird die romantische Beziehung hergestellt und gleichzeitig die Situation als „romantisch" definiert. Daneben gibt es eine Vielzahl kultureller Formen, natürlich auch (sub-)kulturell varianter Formen, der expressiven Inszenierung von „Liebe" wie zum Beispiel die Übergabe von roten Rosen, wahrnehmbar gemachte Anzeichen, sich in „unnormaler" Verfassung zu befinden, sich bei „unvernünftigen" Handlungen beobachten zu lassen etc. Ihre Symbolisierungsleistung in der Interaktion beruht auf einer im Zuge der Moderne herausgebildeten Semantik, die nun im kulturellen Wissen verankert ist. Der durch ein wechselseitiges Liebesgeständnis initiierten Liebesbeziehung folgt das Charakteristikum, dass sämtliche weitere Kommunikation als „romantische" gerahmt ist. Das bedeutet, dass die Akteure alle aktuellen Informationen unter der Voraussetzung interpretieren, dass diese die (Geschichte der) Liebesbeziehung fortschreiben und ebenso Mitteilungen über den status quo der Liebesbeziehung enthalten. Wesentlich ist, dass dieser Prozess nicht mehr umkehrbar ist. Ein einmal geäußertes Liebesgeständnis kann selbst durch Widerruf die Beziehungsform nicht mehr entscheidend ändern, höchstens in eine gescheiterte Romanze transformieren. Ebenso erzwingt das Liebesgeständnis die anschließende Thematisierung einer Liebesbeziehung selbst durch die Information, dass die Liebe nicht geteilt wird.

Die sozialstrukturellen und kulturellen Veränderungen, die das Entstehen des Beziehungstyps „romantische Liebe" und die Disposition zur „romantischen Verliebtheit" förderten, manifestieren sich in räumlichen, zeitlichen und sozialen Organisationsformen des Alltags.

Mit der Entstehung der bürgerlichen Gesellschaft gewinnt privater Wohnraum an Bedeutung. Zum einen ergibt sich aus den genannten Modernisierungstendenzen ein Funktionswandel des Privatraums als Gegenpol zu den öffentlichen Räumen. Zum anderen wird die häusliche Sphäre nun auch zum Katalysator intimer, im Sinne von „engen" Beziehungen, die jedoch von instrumentellen Anforderungen entlastet sind. Darüber hinaus geschieht das Liebesgeständnis typischerweise in räumlicher Abgeschiedenheit zu dritten Personen. Bis heute besteht die Vorstellung, dass „romantische Liebe" nur unter der Bedingung physischer Nähe erfahren werden kann, und es erscheint zum Beispiel fraglich, ob in reinen Internetkontakten „romantische Liebe" entstehen kann.

Andererseits wird durch die bloße physische Nähe keine romantische Beziehung konstituiert. Es ist vielmehr common sense, dass die Initialisierung einer romantischen Beziehung nicht gesteuert werden kann, sondern sich das Verlieben als magischer *Moment* „ergibt". Der Umschlag einer sozialen Beziehung oder eines sozialen Kontaktes zu einer romantischen Beziehung kann nur retrospektiv erklärt werden. Die Erwartung dieses unbestimmten Zeitpunktes, der nicht nur als unintendierte Folge von Handlungen, sondern auch als nicht rationalisierbarer Subtext einer sozialen Situation erlebt wird, kann eine ständige Spannung auslösen. Außerdem ist für die notwendige Anfangsmagie förderlich, dass die Verliebten keine gemeinsam erlebte Geschichte teilen, so dass die Projektionsmöglichkeiten in Bezug auf die Persönlichkeit des anderen vielfältiger sind. Der Zeitverlauf einer romantischen Beziehung ist nach der Initiierung, des punktuellen Umschlags weiterhin von Bedeutung. Es ist in gewisser Weise entscheidend, die Projektionen der Anfangsphase im Prozessieren der Beziehung auch weiterhin aufrechtzuerhalten. Gleichzeitig kann die intime Beziehung nach Luhmann nur unter der Bedingung konstituiert werden, dass Verhaltensweisen nicht dauerhaft sind, da Intimität nicht routiniert werden kann (1984: 305). Mit Giddens Konzept der „reinen Beziehung" kann konstatiert werden, dass zumindest *ein* dauerhaftes Verhalten im „spätmodernen" Liebesalltag darin besteht, dass die Grundlagen der individuellen Beziehung ständig neu verhandelt und ausgehandelt werden müssen. Nach Giddens tritt demgegenüber der magische Aspekt der Bindungswirkung im Zeitverlauf der Beziehung zurück. Ein weiterer von Giddens betonter Punkt der aktuellen Liebesbeziehungen betrifft die Egalität der Liebenden. Die „reine Beziehung" ist eine „partnerschaftliche Liebe" dergestalt, dass sie auf sexueller und emotionaler Gleichheit basiert (Giddens 1993: 210). Diese Gleichheit ist jedoch bereits in der Idee der romantischen Beziehung angelegt, worauf Günter Dux (1994) verweist, wenn er anführt, dass sich in der romantischen Beziehung *Subjekte*, und keine Vertreter komplementärer Geschlechtsklassen, gegenüberstehen. Während Giddens am romantischen Egalitätsgrundsatz schon früh den revolutionären Gedanken der Geschlechtergleichheit erkennt, ist dieser jedoch auch ein Ausdruck dafür, wie die Idee der romantischen Beziehung mit den sozialstrukturellen Individualisierungstendenzen verwoben ist. Darüber hinaus gründet die romantische Beziehung auf der Idee „freier Liebe", die keine Wahl von Beziehungspartnern gesellschaftlich reglementiert oder exkludiert. Sie schließt grundsätzlich eine inhärente Statuskommunikation aus; außerdem kann aus einer romantischen Verbindung der Idee nach auch keine Statusmobilität abgeleitet werden. Während im 18. Jahrhundert romantische Beziehungen sowohl auf bestimmte Gesellschaftsschichten (Adel) als auch auf außeralltägliche Interaktionen beschränkt waren, sind bis zum 21. allmählich immer weitere Kreise, vor allem alle sozialen Schichten und auch fast alle Altersklassen inkludiert worden. Die romantische Interaktion ist auch nicht mehr auf einen engeren lebensweltlichen Ausschnitt bezogen, sondern gerade im Alltag soll einer neuen Anforderung nach das romantische Gefühl kultiviert werden. Mehr noch besteht nun ein Anspruch jedes Subjektes, Intimität und Romantik im Alltag (er-)lebbar zu machen. Darüber hinaus ist heute in einigen Kulturen die legitime Ausdehnung romantischer Beziehungen auf gleichgeschlechtliche Paare gegeben, wogegen jedoch eine Ausdehnung zum Beispiel auf eine „romantische Gruppe" von drei oder mehr Personen nicht kulturell unterstützt wird.

3 Romantische Liebe im modernen Alltag

Die Idee der romantischen Liebe, selbst kultureller Ausdruck der beginnenden Moderne, verfestigt sich in der Folge dergestalt, dass der moderne Alltag zwar weniger durch romantische Beziehungen geprägt ist, aber durch common sense, dass das „Wunder der Liebe" jederzeit plötzlich stattfinden kann und die „Erlangung" einer solchen romantischen Beziehung ein hohes Gut darstellt. Außerdem gilt als normal, dass im modernen Leben zahlreiche nicht-intime Beziehungen und Kontakte gepflegt bzw. eingegangen werden *müssen* und wenige intime Beziehungen bestehen *sollen*. Dabei gibt es die normative Erwartung einer klaren Funktionsverteilung, wobei sowohl nicht-intime als auch intime Beziehungen in der differenzierten Gesellschaft als notwendig erachtet und vor allem auch in der unbedingten *Unterscheidung* als notwendig angesehen werden. Während die Rationalisierung gesellschaftlicher Handlungssphären zur Struktureigentümlichkeit der Moderne gehört – womit korrespondiert, dass die „Handlungslogik" der Romantik ausgeschaltet ist – wird gleichzeitig die Beziehungsform „romantische Liebe" zur signifikantesten für den Lebensstil, die Lebensgestaltung und die eigene Identität. Es besteht darüber hinaus die Erwartung, dass der Wunsch, romantische Beziehungen einzugehen, universal und dass das moderne Selbst ohne (sukzessive) Erlebnisse romantischer Beziehungen „unvollständig" ist (Hahn 2001).

Die Implementierung der Romantik in den modernen Alltag kann aus makro- und mikrosoziologischer Perspektive bewertet werden. Aus makrosoziologischer Perspektive hat sich mit der romantischen Beziehung eine genuin neue Form entwickelt. Sie grenzt sich einerseits von anderen modernen Beziehungsformen wie den marktförmigen Beziehungen, aber auch von älteren, aus moderner Sicht „privaten" Beziehungsformen wie Freundschaft, Elternschaft, Ehe oder sexuellen Interaktionen ab, vereinigt andererseits aber auch Aspekte dieser Beziehungsformen. Aus dieser Verbindung sind komplexe Anforderungen an die Rolle romantisch gebundener Personen erwachsen, die wesentliche gesellschaftliche Ordnungsfunktionen in differenzierten Gesellschaften erfüllen. Dies zeigt sich am deutlichsten durch die Integration des Romantikcodes in die Entscheidung zur Ehe. Obwohl das romantische Erleben weder auf Dauer gestellt (Burkart 1998) noch vertraglich vereinbart werden kann, hat sich romantische Liebe als Voraussetzung und einzig sozial legitime Begründung der Eheschließung in der modernen Gesellschaft herausgebildet. Andere Begründungen führen zum offiziellen oder inoffiziellen Urteil der „Scheinehe". Obwohl oder gerade auch weil kein sozialer Zwang besteht, dass eine romantische Beziehung zur Eheschließung führen muss, gilt im 21. Jahrhundert das Liebesgeständnis vor einer größeren Öffentlichkeit (paradoxerweise) als Höhepunkt des romantischen Erlebens (Reichertz 1998). Dabei ist trotz gleichzeitig gewachsener Ansprüche an eine immer größere Intimität in Form der Innerlichkeit des Erlebens und der „Reinheit" der Beziehung die Ehe formal-rechtlich immer weiter ausgeformt worden. Die durch die Eheschließung akzeptierten gesellschaftlichen Rahmenbedingungen der privaten Lebensführung sehen zum Beispiel Unterhaltsverpflichtungen vor, die unabhängig vom tatsächlichen „romantischen Erleben" der Ehepartner fortbestehen. Darüber hinaus gilt heute in Liebesbeziehungen auch die Erwartung, sich gegenseitig in der Verfolgung persönlicher Ziele, z.B. beruflicher, zu unterstützen. Damit rückt sie funktional in die Nähe des antiken Freundschaftsideals. Auch Elternschaft ergibt sich gerade in der romantischen Beziehung nicht als Reproduktionsverpflichtung aus überindividuellen Gründen oder als zufälliges Beiprodukt sexueller Aktivität, sondern als verantwortete Elternschaft, die durch die

Handlungsorientierung der bestmöglichen Förderung der Kinder geprägt ist. Letztendlich besteht zunehmend auch ein Ideal, aber auch gewissermaßen Gebot darin, dass sexuelle Aktivitäten innerhalb einer Liebesbeziehung erlebt werden bzw. auf einer die Liebesbeziehung begleitenden Erotik beruhen.

Aus mikrosoziologischer Perspektive ergeben sich aus diesen kumulierten Anforderungen bestimmte charakteristische Problemlagen bei der Implementierung romantischer Liebe in den modernen Alltag. Schon die soziologischen Klassiker (etwa Simmel und Durkheim) haben darauf verwiesen, dass zunehmende Vergesellschaftung durchaus mit Individualisierungstendenzen korrespondieren kann. Die „freie Liebe" ergibt sich deshalb als adäquate Beziehungsform in einer Gesellschaft, deren Vergesellschaftungslogik gerade in der strukturellen Verbindung „diversifizierter Subjekte" besteht. Dennoch erzeugt die Gleichzeitigkeit von Individualisierung und Romantik – obwohl in gewisser Weise zwei Seiten einer Medaille – Widersprüchlichkeiten im modernen Alltag. Beck und Beck-Gernsheim (1990) haben darauf verwiesen, dass in der fortgeschrittenen Moderne immer weitere Gesellschaftsgruppen, vor allem nun auch Frauen, den sozialstrukturell induzierten Individualisierungsanforderungen (des Arbeitsmarktes) unterworfen sind, womit auch die prinzipielle Unabhängigkeit von sozialen Bindungen einhergeht. Werden dauerhafte Bindungen eingegangen, so erfordert die gemeinsame Lebensführung eine schwierige Koordination zwischen den Partnern. Der von Giddens herausgestellte Aspekt der (spätmodernen) konsensuellen Beziehung, die auf der individuellen Aushandlung des geteilten Alltags beruht, kann insofern auch als ständige, latente Konfliktquelle interpretiert werden. Darüber hinaus ist die im Romantikmodell angestrebte geteilte Weltsicht gerade unter den „individualisierten Individuen" seltener zu erreichen. Die alltagspraktischen Schwierigkeiten einer „gelebten" Romanze, das Fehlen gesellschaftlicher Bindungskontrollen, aber auch das interne „Aufkündbarkeitsgebot" einer Beziehung, die subjektiv nicht mehr dem Romantikmodell entspricht, machen die romantische Beziehung äußerst fragil.

Aus der kulturellen Individualisierung ergeben sich jedoch nicht nur Probleme während der romantischen Beziehung, sondern auch bereits als Paradox der freien Wahl. Obwohl es keine rechtlichen Beschränkungen, Statusschranken oder auch räumliche Mobilitätsschranken etc. mehr gibt, die der „freien Liebe" entgegenstehen, zeigen sich spezifische Muster des Wahlverhaltens. Eine klassische Erklärung hierfür ist, dass „(i)m Grunde ... der Prozeß der Partnerwahl wie ein Marktsystem (funktioniert). Dies System variiert von Gesellschaft zu Gesellschaft, und zwar im Hinblick auf die Fragen, wer die Transaktionen kontrolliert, wie der Tausch geregelt ist und wie die verschiedenen Qualitäten relativ bewertet werden." (Goode 1967: 66) Danach ist auch das romantische Verlieben Wahlchancen auf einem Partnerschaftsmarkt unterworfen, der durch ein individuell ungleich verteiltes (kulturell variantes) Attraktivitätskapital gesteuert wird. Dies würde bedeuten, dass das Romantikmodell nur unvollständig in den Alltag implementiert ist. Daneben verweist aber gerade die in individualisierten Milieus „erhöhte" Rate an sukzessiven Liebesbeziehungen jedoch auch darauf, dass das Romantikmodell im Gegenteil sehr Ernst genommen wird. Wiederum in Analogie zu Simmels Konzept der sich kreuzenden Kontaktkreise, deren Vielfalt gerade die Individualisierung der Einzelnen evoziert, könnte man formulieren: Vielfältige potentielle Bindemöglichkeiten führen paradoxerweise zu einem Gefühl von Einsamkeit, weil die Suche nach der einzigartigen Person vor einem unbegrenzten Möglichkeitshorizont offensichtlich immer irgendwie unabgeschlossen und unvollkommen erlebt wird.

Literatur

Alberoni, Francesco (1983): Verliebt sein und lieben – Revolution zu zweit. Stuttgart: Deutsche Verlagsanstalt.
Beck, Ulrich/Beck-Gernsheim, Elisabeth (1990): Das ganz normale Chaos der Liebe. Frankfurt am Main: Suhrkamp.
Burkart, Günter (1998): Auf dem Weg zu einer Soziologie der Liebe? In: Hahn, Kornelia/Burkart, Günter (Hg.): Liebe am Ende des 20. Jahrhunderts. Studien zur Soziologie intimer Beziehungen. Opladen: Leske + Budrich, S. 15-49.
Cancian, Francesca M. (1986): The feminization of love. In: Signs 11, S. 692-709.
Dux, Günter (1994): Geschlecht und Gesellschaft. Warum wir lieben. Die romantische Liebe nach dem Verlust der Welt. Frankfurt am Main: Suhrkamp.
Eva Illouz (2003): Der Konsum der Romantik: Liebe und die kulturellen Widersprüche des Kapitalismus. Frankfurt am Main/New York: Campus.
Giddens, Anthony (1993): Wandel der Intimität. Sexualität, Erotik und Liebe in modernen Gesellschaften. Frankfurt am Main: Fischer.
Goode, William J. (1967): Soziologie der Familie. München: Juventa.
Hahn, Kornelia (1998): Liebe im Film – Fiktionale Modelle intimer Beziehungen? In: Hahn, Kornelia/Burkart, Günter (Hg.): Liebe am Ende des 20. Jahrhunderts. Studien zur Soziologie intimer Beziehungen. Opladen: Leske + Budrich, S. 155-174.
Hahn, Kornelia (2001): Partnerwahl und Ungleichheit: „Ausweitung der Kampfzone"? Unveröffentl. Manuskript zur Tagung „Familie und soziale Ungleichheit" der DGS-Sektionen Familiensoziologie und Soziale Ungleichheit und Sozialstrukturanalyse, Universität Rostock.
Luhmann, Niklas (1982): Liebe als Passion. Zur Codierung von Intimität. Frankfurt am Main: Suhrkamp.
Reichertz, Jo (1998): Stabilität durch Dokumentation, Zeugenschaft, Ritualisierung. Vom Nutzen der Sendung „Traumhochzeit". In: Hahn, Kornelia/Burkart, Günter (Hg.): Liebe am Ende des 20. Jahrhunderts. Studien zur Soziologie intimer Beziehungen. Opladen: Leske + Budrich, S. 175-198.
Schlegel, Friedrich [1799]: Lucinde. Bekenntnisse eines Ungeschickten. Zitiert nach Reclam Universal-Bibliothek: Stuttgart.
Simmel, Georg (1992) [1908]: Die Kreuzung sozialer Kreise. In: Ders.: Soziologie. Frankfurt am Main: Suhrkamp, S. 456-511.

Simmel, Georg (1993): Die Gesellschaft zu zweien. In: Georg Simmel Gesamtausgabe Bd II (hg. von Ottheim Rammstedt). Frankfurt am Main: Suhrkamp, S. 348-354.

Sombart, Werner (1983) [1912]: Liebe, Luxus, Kapitalismus: Über die Entstehung der modernen Welt aus dem Geist der Verschwendung. Berlin: Verlag Klaus Wagenbach.

LiebesKonzepte im Wandel der Zeit

Caroline Sommerfeld-Lethen

Der Code der Liebe.
Gesellschaftsstruktur und Liebessemantik im Wandel der Zeit [1]

1 Was ist Liebe?

Was Liebe ist, darüber lässt sich vorzüglich streiten, nicht zuletzt in einer Partnerschaft, eben gerade *weil* Liebe vielfach etwas *›Nicht-Greifbares‹* ist und nur *›schwer zu umschreiben‹*. Sie ist ein *›weiter Begriff‹*, der schließlich *›unergründlich‹* und für viele *›nicht definierbar‹* erscheint. Dennoch wird Liebe im Alltag umschrieben; etwa mit Hilfe von Metaphern, wie *›Schmetterlinge im Bauch‹* oder *›auf Wolken schweben‹*. Liebe ist demnach – dem allgemeinen Konsens folgend – ein *Gefühl*.

Aus sozialwissenschaftlicher, soziologischer Perspektive hingegen lässt sich Liebe durchaus anders beschreiben: Aus Sicht des Soziologen und Systemtheoretikers Niklas Luhmann (1927-1998) ist Liebe kein Gefühl, sondern ein *spezifischer kommunikativer Code*. Liebe sei doch mehr als ein Code, wendet hier jeder normal denkende Mensch ein. Wenn nicht ein Gefühl, so sei Liebe doch körperlicher Zustand oder hehres Ideal, Interaktion und Bindung zweier Menschen. Soziologen sind aber keine normal denkenden Menschen, sondern sie beobachten Selbstverständlichkeiten immer ganz anders. Liebe ist, wenn man Luhmann folgen mag, *„nicht nur eine Anomalie ..., sondern eine ganz normale Unwahrscheinlichkeit"* (Luhmann 1982, 10). Da es Liebe aber „gibt", muss sie irgendwie, irgendwann wahrscheinlich und „normal" gemacht worden sein. Luhmanns Medientheorie zufolge haben sich im Verlauf soziokultureller Evolution entsprechende Kommunikationsmedien herausgebildet, welche die Unwahrscheinlichkeit von Kommunikation in Wahrscheinlichkeit überführen. Auch die Liebe als Erfolgsmedium gehört zu diesen so genannten *»symbolisch generalisierten Kommunikationsmedien«* (vgl. Luhmann 1975; siehe Matthias Junge zur systemtheoretischen Konzeption von Liebe in diesem Band).

---

[1] Der vorliegende Beitrag geht zurück auf einen gemeinsamen Vortrag der Autorin mit Dirk Villányi im Rahmen einer Vorlesungsreihe der Universität Rostock und der Hochschule für Musik und Theater Rostock zum Thema »*Formeln der Leidenschaft in Literatur, Musik und Kunst*« am 02. Dezember 2004. Der Vortrag trug den Titel: *»Liebe als Passion. Der historische Diskurswandel der Leidenschaften«*. Ich greife dankbar auf die Musikbeispiele und zahlreiche Thesen von Dirk Villányi in dieser schriftlichen Fassung zurück.

In diesem Beitrag möchte ich mit Hilfe der differenzierungs- und evolutionstheoretischen Überlegungen Luhmanns dem Phänomen nachgehen, wie das, was wir heute Liebe nennen, sich historisch entwickelt hat. Dabei betreibe ich mehr als nur Begriffsgeschichte, denn Luhmanns Ansatz in seinem zum Klassiker avancierten Buch »*Liebe als Passion*« hat den Vorteil großer Phänomennähe bei gleichzeitig hoher Abstraktion. Ich werde also immer wieder nah heran „zoomen", indem ich im zweiten Teil Liebeslieder und Lovesongs beobachte, dann wieder weit zurücktreten, um durch die systemtheoretische Brille der ›*Beobachtung zweiter Ordnung*‹ deren Semantik erläutern zu können.

Spannend dabei ist zum einen die sichtbare Bedeutungsverschiebung des Begriffes ›Liebe‹ im Zuge eines gesellschaftlichen Umbaus von einer *stratifikatorischen*, d.h. nach Schichten gegliederten hin zu einer *funktional differenzierten Gesellschaft*. Hier wird u.a. deutlich, dass sich Liebe zu verschiedenen Zeiten, aber auch an verschiedenen Orten recht unterschiedlich ausgeformt hat. Zum anderen vergegenwärtigt Luhmanns Studie zur Gesellschaftsstruktur und Liebessemantik, dass die heute scheinbar untrennbare (romantische) Trias von ›*Liebe – Sexualität – Partnerschaft*‹ keineswegs als eine Naturkonstante aufzufassen ist. Vielmehr haben sich Liebe, Sexualität und Partnerschaft bzw. Ehe erst im Verlauf der Neuzeit miteinander verwoben. (Eine Entflechtung im weiteren soziokulturellen Verlauf moderner Gesellschaften ist durchaus denkbar und zum Teil heute bereits beobachtbar.) So relativiert ein Blick in die Geschichte der Liebessemantik unsere Vorstellungen und also die Konstruktionen von Liebe in der Gegenwart. Der sozialwissenschaftliche Blick ist ernüchternd, ja „entzaubernd" – ganz im Sinne Max Webers. Dabei hilft er uns zu begreifen, dass alles, d.h. nicht nur die Gesellschaft, sondern auch die Liebe, im Wandel begriffen ist. Insofern gibt es nicht *die* Liebe, sondern immer „nur" kulturelle Konstruktionen von Liebe, die im Verlauf gesellschaftlichen Wandels ihrerseits eine semantische Verschiebung und/oder Erneuerung erfahren, weshalb wir in diesem Buch von einer Vielzahl von LiebesErklärungen sprechen können.

2 Liebe, Leidenschaft und doppelte Kontingenz

Luhmanns Liebesbuch ist Teil seiner 1980 begonnenen Serie zur „Gesellschaftsstruktur und Semantik" und trägt den Titel „Liebe als Passion". Passion bedeutet Leiden (man denke an die Leidensgeschichte Christi) und Leidenschaft (im Englischen „the passions", französisch „les passions de l'âme", die Leidenschaften und Affekte der Seele, wie z.B. Descartes sie beschrieben hat). Leidenschaft hängt mit Leidenszuständen zusammen, legt die Wortgeschichte nahe. Luhmann entlehnt die Formel „Liebe als Passion" bei Friedrich Nietzsche, dem die *„europäische Spezialität"*, Liebe und Leiden(schaft) zusammenzudenken als erstem höchst rätselhaft und wirkmächtig vorgekommen war.

"Hieraus lässt sich ohne weiteres verstehen, warum die *Liebe als Passion* – es ist unsere europäische Spezialität – schlechterdings vornehmer Abkunft sein muss: bekanntlich gehört ihre Erfindung den provençalischen Ritter-Dichtern zu, jenen prachtvollen erfinderischen Menschen" (Nietzsche 1966: 260).

Nietzsche spricht von ›*Erfindung*‹ – kann man Liebe erfinden? Sicherlich nicht so, wie man technische Geräte erfinden kann, sondern auf andere Weise. Historisch gesehen taucht irgendwann eine bestimmte Umgangsweise von Menschen auf, und später machen Beobachter dieser Umgangsweise bestimmte Autoren oder soziale Trägerschichten ausfindig, die eben diese neue Art zu reden in die Welt gesetzt, quasi „erfunden" haben.

Ich nannte die Liebe eben ›*eine Art zu reden*‹ – ist Liebe eine Art zu reden? Liebe muss doch, wie der normal denkende Mensch oben schon einwenden durfte, mehr sein als nur Kommunikation. Niklas Luhmann pflichtet dem auch bei, indem er meint:

„Die Interaktion der Liebenden muss mit für sie günstigen Besonderheiten ausdifferenziert werden. Neben der körperlichen Berührung ist ein Gespräch hierfür eine besonders geeignete Form" (Luhmann 1982, 45).

Merkwürdig ist hierbei, dass die ›*körperliche Berührung*‹ fast als Nebeneffekt, als beiläufige Bemerkung auftaucht. Bevor ich in die Geschichte der Liebe eintauche, noch ein Wort zur Liebe als Kommunikation: Ist das nicht ein Widerspruch? Liebe ist nach landläufiger Meinung doch etwas Körperliches, eng mit Sexualität verknüpft, und ist das auch seit Urzeiten schon gewesen. Luhmann bezeichnet dies als ›*Substrat*‹ oder ›*symbiotischen Mechanismus*‹, d.h. Körperlichkeit und Sex sind die physische Basis, ohne die Liebe sicher nicht denkbar wäre, Körper und Kommunikation über Körper sind symbiotisch miteinander verwoben (vgl. Luhmann 1981, 1995). Er legt Wert darauf, dass man sie in der Beobachtung voneinander trennen kann, auch wenn sie im Leben oft untrennbar sind.

Liebende schweigen und berühren einander, Liebende reden auch endlos miteinander. Worüber? Über sie beide! Wie kommt es bloß, dass sie sich so viel zu sagen haben?

Sie müssen, so Luhmanns Beobachtung, immer alles doppelt sehen: in Bezug auf die allgemeine, anonym konstituierte Welt, und in Bezug auf dich, auf uns, auf unsere Welt (vgl. Luhmann 1982: 25). Wenn Leute doppelt sehen, könnte man zusammenfassen, bildet sich ein Extra-Code, speziell eingerichtet für Liebende. Das bedeutet nicht nur, dass zwei Liebende eine Art intimer Privat- oder Turtelsprache entwickeln, sondern dass sie prinzipiell ein Problem mit sich herumschleppen, sobald sie lieben. Das Problem heißt „doppelte Kontingenz": ich weiß nie, wie ich die Welt des/der anderen bestätigen kann, und doch muss ich es dauernd. Ich muss erwarten lernen zu erwarten, was der/die andere von mir erwartet. Das kann für

Liebende entsetzlich schwierig werden. Man ist geneigt zu fragen: Wie kann Liebe überhaupt jemals stattfinden, wenn sie so kompliziert ist? Luhmann sieht dies nicht als psychopathologisches Problem moderner Intellektueller, sondern nimmt hypothetisch die Unwahrscheinlichkeit der Liebe als theoretischen Ausgangspunkt, als philosophisches Problem, das immer die Form hat: ›*Wie ist x möglich?*‹.

Es ist so entsetzlich schwierig, weil es unmöglich ist, Individualität als Individualität zu kommunizieren, also den/die andere/n nicht nur als einen Menschen unter vielen oder in einer Rolle zu sehen und zu lieben, sondern eben als „die eine" oder „den einen", einzige/n auf der Welt. Nur wenn es Individuen gibt, wird Liebe zum Problem, und also theoretisch interessant. Luhmanns Lösung für solche Probleme ist eine Medientheorie. Für Situationen mit doppelter Kontingenz entwickeln sich Medien, z.B. Geld, wenn man nicht wissen kann, was der andere von einem als Gegengabe erwartet, was man zu geben bereit ist usw., z.B. Kunst, wenn man nicht weiß, was andere schön finden und mir schön zu finden ansinnen, und z.B. Liebe, weil man ausgerechnet von x geliebt werden will, aber nicht weiß, wen dieser liebt, vielleicht ja y. Medien haben den Vorteil, Erwartungssituationen zu stabilisieren, etwas „dazwischenzuschieben" (von lat. medium, das Mittlere), die endlose doppelte Kontingenz zu stoppen und also: Handeln wahrscheinlicher zu machen. Liebe ist solch ein Medium – sie schiebt sich zwischen zwei private Weltentwürfe, zwischen zwei Individuen und ermöglicht so paradoxerweise die Nähe der Liebenden. Luhmanns Ziel ist es, „*die Ausdifferenzierung dieses Mediums und die Haltbarkeit seiner Semantik angesichts der zu Grunde liegenden Problematik*" (Luhmann 1982: 18) zu untersuchen.

3 Liebessemantik im Wandel der Zeit

Eine Semantik ist festgelegter, in Formen gefügter Sinn, Luhmann spricht von *Fixierung von Sinn für wiederholten Gebrauch* und meint, diese trete vorzugsweise in Textform auf. Das muss erklärt werden.

Bestimmte Begriffe, Themen und Sprachspiele transportieren immer bestimmte Sinngehalte. Zum Beispiel ist der Sinn von ›*Liebe*‹ im 17. Jahrhundert ein anderer als im beginnenden 21. Jahrhundert. Das weiß man, weil man Texte untersuchen kann, und darin bestimmte Phasen, neue Probleme, neue Lösungen ausmachen kann. Die Semantik, so Luhmanns These, entwickelt sich parallel mit der Gesellschaftsstruktur, beide sind einer Evolution unterworfen. Mit der Erfindung des Buchdrucks im 16. Jahrhundert beginnt die Reflexion des Codes der Liebe, also Liebe als doppelt kontingentes Problem zu beobachten. Heute sprechen wir von einer funktional ausdifferenzierten Gesellschaft, in der sich u.a. Liebe als ein soziales Teilsystem entwickelt hat. Liebe ist so gesehen eine historisch variable Größe. Dies ist nicht weiter bemerkenswert für moderne Leser. Luhmanns Pointe liegt indes dort, wo Liebende dieser historischen Variable, dieser speziellen Semantik, nicht nur unterworfen sind, wo ihre Kommunikation also präformiert wird. Sondern sie liegt darin, dass man alles mögliche über das Lieben erst liest, hört und sieht, bevor man selber darauf verfallen kann, ausgerechnet jemanden zu *lieben*! Semantik erzeugt „*ein Verhaltensmodell, das gespielt werden kann, einem vor Augen steht, bevor man sich einschickt, um Liebe zu suchen*" (Luhmann 1982: 23).

Fangen wir an, diese Verhaltensmodelle in Luhmanns Liebesbuch am Ort historisch passender Liedtexte aufzusuchen. Inwieweit diese Texte auch musikalisch mit einer bestimmten Semantik (es gibt ja „Sinn in der Musik", vgl. Becker/Vogel 2007) unterlegt sind, geht über meine Überlegungen hinaus. Historische Stufen sieht man besonders prägnant, wenn man auf die zeitgenössische literarische Produktion schaut (seien es Gedichte, Romane, Dramen oder eben Liedtexte, sogenannte „*lyrics*"). Folgen wir mit Luhmann der Evolution:

3.1 Idealisierte Liebe

Im Mittelalter liebt man idealisierend, stellt Luhmann fest. Die angebetete Dame steht weit jenseits der erreichbaren Körperlichkeit, ihre Attribute machen die Gründe aus, warum jemand sie liebt. Der liebende Sänger kennt ihre Eigenschaften, hebt sie zum Himmel und zieht daraus sowohl das Leiden an der Unerreichbarkeit des geliebten Objekts, als auch den Wunsch nach mystischer Vereinigung.

In dem Minnelied »*Nun ist niht mere min gedinge*« von Rudolf von Fenis-Neuenburg (1158-1192) findet man in der ersten Strophe die Zeilen:

♪ **Rudolf von Fenis-Neuenburg: Nun ist niht mere min gedinge**

Nun ist niht mere min gedinge	Jetzt habe ich keine größere Hoffnung,
wan daz si ist gewaltic min	als dass ich in ihrer [einer Dame] Gewalt stehe.
bi gwalte sol genade sein	Gewalt muss aber mit Gnade verbunden sein.
uf den trost ich ie noch singe	Auf diese Zuversicht hin singe ich noch immer.
genade diu sol überkomen	Die Gnade wird die große Gewalt
grozen gwalt durch miltekeit	um ihrer ‚milte' [Güte] willen überwinden:
genade zimt wol bi richeit	Gnade geziemt sich wohl, wo Macht ist.
ir tugende sint so vollekomen	Ihre Eigenschaften sind so vollkommen,
daz durch reht mir ir gewalt sol fromen.	dass ich mich mit allem Recht unter ihre Gewalt stellen darf.

Die Hoffnung, durch Gnade erhört zu werden, hat kein reales Ziel der körperlichen Nähe oder des kommunikativen Austauschs. Unter ›Liebe‹ wird hier das Lobpreisen der Perfektion des Gegenübers verstanden, wobei die vollkommene Dame durchaus mit Gewalt Leiden hervorrufen kann, die ›Passion‹ des Liebenden. Zur Perfektion gehört – für heutige Ohren mehr als ungewöhnlich – Gewaltbereitschaft und Macht. Nietzsches historische Diagnose, die „Ritterdichter" hätten die „Liebe als Passion" eigens erfunden, um sich zu versklaven, hat hier ihren Ort.

3.2 Paradoxale Liebe

Wenn man ins 17. Jahrhundert springt, hat man eine daraus hervorgegangene, aber inzwischen komplett anders codierte Liebessemantik am Wickel. Die Passion, das Leiden an der Liebe, wird aufgegriffen, aber nun nicht mehr durch Überhöhung und prinzipielle Nichterfüllung erträglich gemacht. Stattdessen müssen immer unwahrscheinlichere Erwartungen wahrscheinlicher gemacht werden.

Heinrich Schütz (1585-1672) komponierte die Musik und schrieb den Text zu »*Itzt blicken durch des Himmels Saal*«. In der zweiten und dritten Strophe heißt es:

> ♪ **Heinrich Schütz: Itzt blicken durch des Himmels Saal**
>
> Du Jungfrau liegest in der Ruh
> Und hast die stolzen Augen zu
> Du bläsest durch den rothen Mund
> Das süsse Gift, so mich verwundt.
>
> Du denkest nicht an meine Noth,
> noch an den süssen Liebesgott,
> der mein betrübt Gemüth hat bracht
> in deine Hand und grosse Macht.

Immer noch ist die geliebte Person entrückt, hat große „Macht" über den ihr Verfallenen. Gegenseitigkeit ist nicht programmiert (*„du denkest nicht an meine Noth"*), aber indem Leiden (*›passion‹*) und Gefallen (*›plaisir‹*) zusammengedacht werden, aber nie zusammenfallen, wird der Code als Code bewusst gemacht. La Rochefoucauld äußert zeitgleich, es gäbe nur eine Liebe, aber tausend verschiedene Kopien. Das individuelle Lieben wird auf eine Form hin orientiert, der ›süße Liebesgott‹ verurteilt den Liebenden zur schmerzvollen Passivität. Paradoxal ist die Liebe im Barock, weil literarische Figuren der semantischen Opposition, z.B. „süßes Gift" oder „süß/betrübt", durchgespielt werden. Die Zweiseitigkeit dieser Stilfiguren ist unaufhebbar durch die Protagonisten, man kann sie als Liebender nur erleiden.

3.3 Reflexive Liebe

Schaut man auf das 18. Jahrhundert, wird dieses Paradox der ›amour passion‹ aufgehoben, indem statt auf Leiden auf die Selbstreferenz der Liebe abgestellt wird. Die Formel ›Liebe um Liebe‹, zitiert Luhmann Jean Paul, erzwingt, dass der Weltentwurf des anderen authentisch bleibt und nicht ausgenutzt wird. Die Vorstellung, dass man Gefühle nicht kommunizieren kann, setzt sich im 18. Jahrhundert durch. Gerade dadurch wird freilich eine Welle von Liebesromanen und Liebesbriefschreiberei losgetreten, die das lesende Bürgertum faszinieren.

> ♪ **Clara Schumann: Liebst du um Schönheit**
> (Text: Friedrich Rückert)
>
> Liebst du um Schönheit, oh nicht mich liebe!
> Liebe die Sonne, sie trägt ein goldnes Haar!
> Liebst du um Jugend, oh nicht mich liebe!
> Liebe den Frühling, der jung ist jedes Jahr!
> Liebst du um Schätze, oh nicht mich liebe!
> Liebe die Meerfrau, sie hat viel Perlen klar!
> Liebst du um Liebe, oh ja – mich liebe!
> Liebe mich immer, dich lieb ich immerdar!

Spätestens jetzt hat sich das soziale System Liebe ausdifferenziert. ›Liebe um Liebe‹ meint in etwa das, was Kant damals für die Moral herausfindet, diese sei „*dieses sich selbst lohnende System*" der Moralität (Kant 1998, BA 175). Das Liebessystem lohnt und thematisiert sich auch selbst, Systemtheoretiker sprechen von einer Rückkopplung oder einer rekursiven Schleife: die Unterscheidung Liebe/Nichtliebe wird im System noch einmal bedacht als Unterscheidung geliebt werden/nicht geliebt werden. Nicht wegen bestimmter Eigenschaften, wie noch im vom Mittelalter bis ins 17. Jahrhundert, wird geliebt, sondern dies gilt jetzt gerade als Abweichung, als Missverständnis der authentischen Liebe.

3.4 Problemorientierte Liebe

Im 20. Jahrhundert, das wir mit Luhmann bereits historisieren können, bietet sich als Paradebeispiel ein Text der Band ›Die Ärzte‹ an, nämlich *»1/2 Lovesong«*, in dem es heißt:

> ♪ **Die Ärzte: 1/2 Lovesong**
>
> ... ich hoff, meine Worte machen es nicht noch schlimmer
> vergiss nur einmal deinen Stolz.
> Ich weiß du liebst mich noch immer
> Soll es das gewesen sein? (wie im lovesong)
> Fällt uns denn keine Lösung ein?
> Die Möglichkeit ist viel zu klein,
> doch ich liebe nur dich allein.
> Vieles ist zur Gewohnheit verkommen,
> doch das ist immer die Gefahr.
> Routine hat ihren Platz eingenommen
> bis es nicht mehr auszuhalten war ...

Luhmann spricht von der ›*Problemorientierung*‹ der Intimbeziehung im 20. Jahrhundert (vgl. Luhmann 1982: 231). Die Paarbeziehung wird noch unwahrscheinlicher, die Kontingenz des Zustandekommens und Haltens einer Beziehung nimmt enorm zu. Das liegt daran, dass die Trägergruppe nicht länger nur Adel, wie im Mittelalter bis zum 17. Jahrhundert, oder das gebildete Bürgertum, wie im 18. und 19. Jahrhundert, sondern tendenziell die Gesamtbevölkerung wird. Über Massenmedien wird eine hohe Verbreitung der Modelle des Liebens, damit aber paradoxerweise eine hohe Individualisierung ermöglicht. Das liebende Ich sucht Sinn in der Paarbeziehung, da diese aber hoch kontingent ist, bietet das System Liebe via Selbstreferenz therapeutische Lösungen an. Mit Luhmann kann man von der Psychologisierung und Problematisierung der Liebe reden. Aber gerade diese historisch neue Lösung ermöglicht die Reproduktion des Systems.

Am Ärztesong können wir sehen, dass dem Paar „eine Lösung" für sein Problem einfallen muss, um die moderne Codierung ›wir zwei/Rest der Welt‹ aufrechtzuerhalten. Im Liebessystem therapeutisch geschult können Liebende ihr Problem selber interpretieren – als Kommunikationsfalle, als zunehmende Routine statt Authentizität. Dieses alte Ideal aus dem 18. Jahrhundert gibt immer noch die Folie für Liebesmodelle ab, wird aber ironisch gebrochen („wie im lovesong"), und die intime Kommunikation ist auf der Kippe, sich selber unmöglich zu machen („ich hoff, meine Worte machen es nicht noch schlimmer"). Liebe läuft Gefahr, als Passion, als pathologisierbares Leiden, als psychisches Problem „therapiert" werden zu müssen und damit Teil des Medizinsystems oder der Erziehung zu werden.

4 Postmoderne Liebe

Luhmanns Liebesbuch endet mit der problemorientierten Form des Codes im 20. Jahrhundert. Doch wie geht es weiter? Das Modell ›*Psychotherapie*‹ stößt an seine Grenzen, wie ich oben angedeutet habe. In der aktuellen Diskussion wenden sich die meisten Leute von der therapeutisch-problematischen „Beziehungskiste" ab, belächeln sie eher als 70er-Jahre-Gutmenschentum. Was setzen sie aber an die vakante Stelle?

Mit drei Texten aus dem 21. Jahrhundert können wir vielleicht die weitere Evolution der Liebessemantik in den Blick bekommen (vgl. Bardmann 1997).

Xavier Naidoos Song »*Nicht von dieser Welt*« kopiert quasi die mittelalterliche Idealisierung, inklusive Anspielung an das Leiden Christi.

> ♪ **Xavier Naidoo: Nicht von dieser Welt**
>
> So viele Nächte lag ich wach
> Die Augen rot, vom Weinen schwach.
> Den Kelch mit Tränen aufgefüllt
> Meine Wunden ins Leintuch gehüllt.
> Was soll ich suchen, das mich stützt,
> wo ist der Mensch, der mich beschützt?
> (...)
> Sie ist nicht von dieser Welt,
> die Liebe, die mich am Leben hält.
> Ohne dich wär's schlecht um mich bestellt,
> denn sie ist nicht von dieser Welt.

Naidoo kann nur „quasi kopieren", er ist ja kein mittelalterlicher Sänger. Umberto Eco hat in seiner „Nachschrift zum Namen der Rose" diesen reflexiven Bruch der Liebeskommunikation auf den Punkt gebracht: „Sie (die postmoderne Literatur, C. S.-L.) erscheint mir wie die Liebe eines Mannes, der eine kluge und sehr belesene Frau liebt und daher weiß, dass er ihr nicht sagen kann: Ich liebe dich inniglich, weil er weiß, dass sie weiß (und dass sie weiß, dass er weiß), dass genau diese Worte schon, sagen wir, von Liala geschrieben worden sind. Es gibt jedoch eine Lösung. Er kann ihr sagen: Wie jetzt Liala sagen würde: Ich liebe dich inniglich ... Wenn sie das Spiel mitmacht, hat sie in gleicher Weise eine Liebeserklärung angenommen." (Eco 1984, S.5) Xavier Naidoo rechnet damit, dass die Hörer seines Liebesliedes die christlichen Topoi als literarisches Distanzmittel erkennen und doch darüber aktuell intime Nähe herstellen können. Ecos als „postmodern" bezeichnete Reflexivität der Liebeskommunikation kann – so meine These – aus dem Vorrat historischer Formen des Liebescodes nahezu unbegrenzt schöpfen und Codeelemente rekombinieren.

Herbert Grönemeyers »*Ich will mehr*« übernimmt die ›*amour passion*‹ des 17. Jahrhunderts in Reinkultur, ich zitiere nur einige Zeilen:

> ♪ **Herber Grönermeyer: Ich will mehr**
>
> .... zwischen Kissen geschlachtet
> feinster Lustmord
> wiedergeboren, Liebesakkord,
> will mehr, viel mehr
> auf die Spitze getrieben
> Puls hochgejagt
> Benebelt, bewölkt
> Wieder aufgeklart
> ....
> wirf mich aus der Bahn
> zeig mir den Weg
> geh zu weit
> ...
> erlös mich von diesen Qualen.

Der Liebeswahn, das Irrewerden an der Liebe wird in der Romantik gefeiert, doch schon zuvor entstand diese Lösungsstrategie im System. Der Liebende begibt sich freiwillig in den Ausnahmezustand. Im „Lustmord" und an der „Erlösung von diesen Qualen" ist genau die ›Liebe als Passion‹ angesprochen, die für die Entwicklung des Codes wegbereitend gewesen war. Aktuell ist das Paradox der *amour passion* bewusst einsetzbar, der Ausweg ist bekannt und paralysiert den Liebenden nicht mehr echt.

Nehmen wir als letzten Song Heather Novas »*Double Up*«. Dort haben wir es mit dem Reflexivwerden des Codes zu tun, der von Friedrich Rückert („liebst du um Liebe, oh ja mich liebe") bis zu den Ärzten („wie im lovesong") reicht. Luhmann schreibt in »*Liebe als Passion*«, dass Liebe ein

> „symbolischer Code [sei], der darüber informiert, wie man in Fällen, wo dies eher unwahrscheinlich ist, dennoch erfolgreich kommunizieren kann. Der Code ermutigt, entsprechende Gefühle zu bilden. Ohne ihn würden die meisten, meinte La Rochefoucauld, gar nicht zu solchen Gefühlen finden" (Luhmann 1982: 9).

♪ **Heather Nova: Double Up**

...
Feels good, it feels like poetry
Don't ask me to explain
It just feels good,
like poetry.
I'm doubled up again.

Wenn sie sich anfühlt wie Poesie, muss die Liebe echt sein! Dann ist sie unerklärbar („don't ask me to explain"), eben ›Liebe um Liebe‹, und nicht Liebe aus diesen oder jenen Gründen. Die Authentizitätsformel des 18. und 19. Jahrhunderts, dass das Echte paradoxerweise in der Schrift garantiert wird, taugt postmodern als romantische Chiffre, man kann damit auf bekannte Texte anspielen, in diesem Falle auf Liebeslyrik.

Diese drei Songtexte bringen mich zu der These, dass die im Laufe der Liebesevolution entstandenen Modelle der Liebe heute 1.) parallel vorkommen und 2.) reflexiv benutzt werden. Das nennt man klassischerweise Postmoderne, wobei mir nichts an diesem Theoriebegriff, aber viel an den beobachtbaren Phänomenen liegt.

Die „ewigliche" Liebe des Mittelalters, die von der Idealisierung zehrte bis zum Tod, die temporäre Liebe, in der im 18. Jahrhundert die Autonomie des Systems reflektiert wurde, die situative Liebe, die durch Sexualität kontingent gesetzt wird – alle diese ursprünglich diachronen Formen des Codes sind heute synchron zu beobachten. Xavier Naidoo beschwört die ewigliche Liebe, die „nicht von dieser Welt" ist, während Grönemeyers Lust am Leiden zeitlich eingegrenzt wird auf Lustmomente. Heather Novas exemplarische Selbstbezüglichkeit des Liebescodes umrahmt diese Gleichzeitigkeit, und der *„river inside me"*, der unausdrückbar innen bleibt, koppelt die Liebe auf ewig strukturell an psychische Systeme, vulgo: Menschen.

Literatur

Bardmann, Theodor M. (1997): Liebe aus dem Plattenladen. Zur Kodierung von Intimität in der populären Musik. In: Ders.: Unterscheide! Konstruktivistische Perspektiven und Theorie und Praxis. Aachen: Kersting, S. 123-163.
Becker, Alexander/Vogel, Matthias (2007): Musikalischer Sinn. Beiträge zu einer Philosophie der Musik. Frankfurt a.M.: Suhrkamp.
Eco, Umberto (1984): Nachschrift zum Namen der Rose. München: Hanser.
Kant, Immanuel (1998) Kritik der reinen Vernunft (1787). In: Werke Band II, Hg. von Wilhelm Weischedel. Darmstadt: Wissenschaftliche Buchgesellschaft.

Luhmann, Niklas (³1986 [1975]): Einführende Bemerkungen zu einer Theorie symbolisch generalisierter Kommunikationsmedien. In: Ders.: Soziologische Aufklärung. Bd. 2: Aufsätze zur Theorie der Gesellschaft. 3. Aufl. Opladen: Westdt. Verlag, S. 170-192.

Luhmann, Niklas (1981): Symbiotische Mechanismen. In: Ders.: Soziologische Aufklärung. Bd.3: Soziales System, Gesellschaft , Organisation. Opladen: Westdt. Verlag, S. 228-244.

Luhmann, Niklas (1982): Liebe als Passion. Zur Codierung von Intimität. Frankfurt a.M.: Suhrkamp.

Luhmann, Niklas (1989): Gesellschaftsstruktur und Semantik. Studien zur Wissenssoziologie der modernen Gesellschaft. Bd. 3. Frankfurt a.M.: Suhrkamp.

Luhmann, Niklas (1995): Wahrnehmung und Kommunikation sexueller Interessen. In: Ders.: Soziologische Aufklärung. Bd. 6: Die Soziologie und der Mensch. Opladen: Westdt. Verlag.

Nietzsche, Friedrich (1966): Jenseits von Gut und Böse (1885). In: Werke Bd. 2, Hg. von Karl Schlechta, Darmstadt: Wissenschaftliche Buchgesellschaft.

Thomas Coelen

Liebe in der Disziplinar- und Geständnisgesellschaft. Das Dispositiv der Sexualität

1 Liebevolles Reden über Sexualität: ein fiktives Beispiel

Seitdem sich Andrea (21) und Stefan (23) ein bisschen besser kennen und Vertrauen gefasst haben, reden sie manchmal über die prüde Atmosphäre in ihren jeweiligen Elternhäusern. Sie empören sich voreinander, dass sie durch die Schamhaftigkeiten ihrer Eltern diverse Unsicherheiten angehäuft haben; manchmal machen sie sich auch schon ein wenig lustig über ihre verstockten Alten. Beide achten darauf, die Gefühle des Partners nicht zu verletzen und fragen allenfalls ganz vorsichtig nach. Sie freuen sich, dass sie in dem Anderen einen Menschen gefunden haben, der sie mit allen Verklemmtheiten annimmt und versteht, und sie sind dankbar, dass sie sich mithilfe des Partners langsam aber sicher davon befreien können. Sie betrachten große Anteile ihrer Persönlichkeit – und auch so manche Schwierigkeit in ihrem Paarleben – als bedingt durch die im Elternhaus vermiedene und zuweilen unterdrückte Beziehung zu ihren Körpern und Regungen.

Mit der Zeit ergibt sich zwischen Andrea und Stefan stillschweigend, dass sie vom Anderen keinerlei Ausweichen und kein Verschweigen über Körperliches und Sexuelles mehr dulden, weil sie darin eine unheilvolle Fortsetzung der elterlichen Prüderie vermuten: Wenn Andrea etwas peinlich ist, fragt Stefan verständnisvoll nach; wenn Stefan wortreich schweigt, macht Andrea ihm ein Angebot zur Verbalisierung. Die unausgesprochene Aufforderung, die ihrer Liebesbeziehung zugrunde liegt, ließe sich wie folgt formulieren: ‚Sage mir, wie Du mit Deiner unterdrückten Sexualität umgehst! Rede wortreich und befreit über das ehedem Unaussprechliche!' Als biographische Frage gefasst: ‚Wie wurde ich zu dem begehrenden Subjekt, das ich trotz aller Repression bin?'

2 Reden über Verschwiegenes: eine erste Analyse

Michel Foucault (1926-1984) wird mitunter als einer der bedeutendsten und einflussreichsten Denker des 20. Jahrhunderts bezeichnet, da viele geistes- und sozialwissenschaftliche Disziplinen nachhaltig von seinen zugleich historischen wie aktuellen Analysen beeinflusst sind: seien es die Soziologie und die Politologie, die Erziehungs- und die Geschichtswissenschaft, die Psychologie und die Philosophie, aber auch Geographie und Architekturtheorie u.a.m. Einige seiner Themen sind Wahnsinn, Krankheit und Kriminalität, aber welchen Beitrag könnte Foucault zur Erklärung des so profanen wie poetischen Phänomens der Liebe leisten?

2.1 Beschreibung

Anhand von Foucaults Denken lassen sich die Aufforderungen und Fragen der Partner aus dem oben skizzierten, fiktiven Beispiel wie folgt beschreiben:
Die beiden Personen empfinden ihren je eigenen Umgang mit Körperlichem und Sexuellem als unterdrückt. Sie führen dies – unabhängig voneinander – auf die Erziehung und Sozialisation in ihren Elternhäusern zurück. Als Individuen bzw. als Partner glauben sie an die persönliche bzw. gemeinsame Notwendigkeit und Sinnhaftigkeit einer Befreiung ihrer Sexualität. Sie unterstützen sich in diesem Prozess gegenseitig durch behutsames Nachfragen und tastendes Besprechen; sie wollen ‚es' wissen. Schließlich drängen sie sich gegenseitig dazu, möglichst Vieles auszusprechen und nichts für sich zu behalten, weil sie im Verschweigen eine Fortführung der Unterdrückung ihrer Sexualität am Werk sehen: Geständnisse bedeuten ihnen Befreiung.

2.2 Erklärung

Erklären lässt sich das erdachte, aber nicht unwahrscheinliche Verhalten der beiden Partner mithilfe Foucaults wie folgt:
Spätestens seit dem 18. Jahrhundert wird in Europa alles Sexuelle durch eine Vielzahl von medizinischen, pädagogischen, psychologischen Maßnahmen und Instrumenten unterdrückt, zumindest aber in zivilisierte Bahnen gelenkt. Gleichzeitig – und Foucaults Clou besteht genau darin, darauf hinzuweisen – entsteht aber auch eine Vielzahl von ebenfalls medizinischen, pädagogischen, psychologischen Schriften und Gesprächen über das Sexuelle. Sowohl die Repression als auch die Diskursivierung seien, so der Historiker der Denksysteme,[1] zwei Facetten ein und desselben Konglomerats aus Macht (*puissance*) und Wissen (*savoir*), zwei Seiten eines so genannten *dispositif*.[2] Das Verschweigen und das Sprechen gehören zusammen, wie das Unterdrücken und das Hervorzerren. Im 20. Jahrhundert habe dann – durch

---

[1] So lautete Foucaults Lehrstuhl am *Collége de France*, dem Olymp des französischen Bildungssystems.
[2] *Dispositif* (frz.) lässt sich mit ‚Kräfteverteilung' übersetzen. Foucault verwendet den Begriff für ein Muster von zusammenhängenden Praktiken, Diskursen, Institutionen, Gebäuden, Entscheidungen, Gesetzen, Maßnahmen, Aussagen, Lehrsätzen etc. (1978: 119-120). Ein Dispositiv umfasst demzufolge den Zusammenhang zwischen praktischen, reflexiven und wissenschaftlichen Beziehungen.

Freud, spätestens aber seit '68 – die Form der Diskursivierung an Gewicht zugenommen, und ein enormer „Wille zum Wissen" (1989a[3]) durchziehe uns alle. Ironischerweise mache das Dispositiv nun die modernen Subjekte glauben, es ginge im Sprechen über das Sexuelle um ihre Befreiung (ebd.: 190). Jedoch ist – so Foucault – über Sex reden zu sollen, lediglich eine andere Form von Macht als ihn verschweigen zu müssen.

Noch allgemeiner: Genauso wie das oben skizzierte Verhältnis von Andrea und Stefan ein Beispiel sein mag für den Umgang mit Sexualität in aktuellen Partnerschaften – welches dann mit Foucaults Denkweise beschrieben und erklärt werden kann –, ist Sexualität für Foucault ebenfalls nicht mehr als ein Beispiel für ein allgemeines Phänomen: die vielfältigen Zusammenhänge zwischen Macht und dem, was – jeweils historisch wandelbar – als Wahrheit angesehen wird.[4] So gesehen ist Foucault kein Theoretiker der Liebe o.ä.; vielmehr sieht er in Liebesdingen eine Konkretisierung, eine Illustration von gesellschaftlichen Kräfteverteilungen, die durch Macht-Wissens-Komplexe herrschen.

3 Foucaults Schlüsselbegriffe und Denkfiguren

Die bereits verwendeten Begriffe Macht, Wissen (bzw. Wahrheit) und Diskurs sind die drei wichtigsten Schlüssel zu Foucaults weit verzweigtem Denkgebäude, denn fast alle seine Bücher werden durch folgende Grundfrage geleitet:

> „Wie ist in den abendländischen Gesellschaften die Produktion von Diskursen, die (zumindest für eine bestimmte Zeit) mit einem Wahrheitswert geladen sind, an die unterschiedlichen Machtmechanismen und -institutionen gebunden" (1989a: 8)?

Wie also hängen Denken-Reden-Schreiben[5] mit Beeinflussung-Verschiebung-Durchsetzung[6] zusammen? Das lässt sich am Beispiel ‚Sexualität' illustrieren: Wie kommen wir dazu, Sexualität als unterdrückt anzusehen, gleichzeitig vielfältig darüber zu reden und genau darin einen Schlüssel zu unseren Persönlichkeiten und

---

[3] Sofern keine anderen Autorennamen genannt werden, beziehen sich die Hinweise auf Werke Foucaults.
[4] Analog soll der *topos* Liebe ein Beispiel sein, um in das Denken der im vorliegenden Band vorgestellten Autoren einzuführen.
[5] *Discours* (frz.) lässt sich vielleicht am treffendsten mit ‚Gerede' übersetzen, womit sowohl wissenschaftliches, als auch alltagssprachliches gemeint ist. Ein *discours* könnte bildlich als etwas beschrieben werden, das zwischen Denken und Sprache hin- und herläuft (kursiert). Dieser Begriff unterscheidet sich fundamental vom deutschen Diskurs-Begriff, wie ihn z. B. Habermas verwendet.
[6] *Puissance* (frz.) wäre besser mit ‚Können' oder ‚Vermögen' zu übersetzen, im Sinne der Möglichkeit, jemanden zu beeinflussen.

Paarbeziehungen zu erkennen? Wodurch problematisieren wir uns als Subjekte unseres Begehrens, als *sujet* im doppelten Wortsinn von Individuum und Untertan?[7]

3.1 Einteilungen

Im Folgenden wird zunächst ein kurzer Überblick über die Foucault'schen Thematisierungen von Liebe und anderen Phänomenen gegeben; anschließend wird seine Arbeitsweise vorgestellt:

Das Denken des französischen Philosophen und Geschichtswissenschaftlers weist zwei stets auffindbare Charakterzüge auf: Zum einen manifestiert es sich in einer merkwürdigen, zugleich beschwingten und undurchsichtigen Schreibe; zum anderen zeichnete es sich durch den Anspruch aus, sowohl den/die Leser(in) als auch den Autor selbst zu einem anderen Denken zu bewegen als vordem gedacht wurde. So strebte Foucault sowohl schreibend und diskutierend als auch anderweitig lebend danach, stets ein anderer werden zu wollen als er vorher war[8] und immer anders zu denken als er vorher gedacht hatte. Denn Philosophie ist nach Foucault die „verändernde Erprobung seiner selber" (1989b: 16).

Trotzdem hat man versucht, das wuchernde Denken Foucaults zu ordnen. Dies geschieht meistens anhand der Einteilung seiner *Dits et Ecrits* (so der Titel der Gesamtausgabe) in drei zeitlich-methodische Phasen, zu denen es entsprechend drei Bezeichnungen gibt:

- Die erste Bezeichnung lautet Archäologie: Darunter werden Werke zusammengefasst, die Foucault über den Umgang mit Wahnsinnigen, über die Etablierung psychiatrischer Kliniken und über die Medizin als Wissenschaft verfasst hat sowie über die generelle Entwicklung und Wirkung verschiedener Denksysteme.[9] Foucault hat in dieser Periode im Stile eines Archäologen nach Textquellen gegraben, um anhand ihrer Thematisierungen gewisse Denkfundamente freizulegen. Diese Phase ist in die Zeit von Mitte der 1950er bis hinein in die späten 1960er Jahre einzuordnen. Liebe wird hier nur am Rande erwähnt (z.B. bei der punktuellen Darstellung des historisch gewandelten Umgangs mit sexuellen Abweichungen).
- Die zweite Phase wird Genealogie genannt: Darin hat Foucault nicht nur wie ein Sozio-Archäologe nach Quellen geforscht, sondern er hat darüber hinaus genealogisch (d.h. entlang der Abstammungslinien) versucht, einzelne Thematisierungsstränge bis in die Gegenwart nachzuzeichnen. Das bekannteste Werk

---

[7] Bezeichnenderweise sagt man *bon sujet* zu einem guten Schüler oder Soldaten.
[8] Wer sich für die Biographie Foucaults interessiert, findet dafür bei Eribon (1993) den besten Zugang; wer sensationslüstern ist, wird bei Macey (1994) fündig.
[9] „Psychologie und Geisteskrankheit" (1954), „Wahnsinn und Gesellschaft" (1961), „Die Geburt der Klinik" (1963), „Die Ordnung der Dinge" (1966).

aus dieser Phase heißt „Überwachen und Strafen" (1975); hierin wird dargelegt, in welcher Weise diejenige Institution entstanden ist, die wir heute als Gefängnis kennen, welche Formen sie zwischenzeitlich angenommen hatte und welche Ideen hinter Bestrebungen stehen, solch geschlossene Unterbringungen zu schaffen, anstatt Abweichler körperlich zu quälen. Geht es in diesem Buch also um das „Recht über den Tod" (1989a: 159), so folgt darauf eines über die „Macht zum Leben" (ebd.). Jenes Buch ist auch für das Thema ‚Liebe' das relevanteste; es trägt den Titel „Der Wille zum Wissen" (1976) und ist der erste Band aus der Reihe *Histoire de la sexualité*, an der Foucault u.a. in den letzten Jahren bis zu seinem – vermutlich durch HIV verursachten – Tod (1984) gearbeitet hat. Darin finden wir auch LiebesErklärungen, genauer: historisch-aktuelle Analysen zum sozialen Phänomen Sexualität.

- Die dritte, nicht leicht von der vorherigen abgrenzbare Phase ist diejenige, die in der heutigen Diskussion um Foucault im Vordergrund steht; sie wird mit Gouvernementalitäts-Studien betitelt. Das Wort ist eine Zusammensetzung aus *gouverner* (regieren und regulieren) und *mentalité* (Wahrnehmungs- und Denkweisen). Damit gemeint sind alle Regierungskünste und das gesamte Regulierungsdenken – einschließlich der Selbstregulierungsweisen von Subjekten –, das Foucault historisch durch die Jahrhunderte bis in die Antike zurückverfolgt. Liebe wird zum Thema, wenn es um Selbsttechniken im Feld der Erotik geht, insbesondere im pädophil-pädagogischen Verhältnis zwischen philosophischem Meister und Schüler.

3.2 Einschränkungen

In weiterer Annäherung an das Thema des Beitrags: Liebe, Sex & Co. in der Disziplinar- und Geständnisgesellschaft, wird nun anhand von fünf Eingrenzungen erläutert, worum es nicht geht, um sich auf diesem negativen Wege anschließend dem nähern zu können, worum es gehen könnte. Diesen Modus – zu benennen, worum es nicht geht – verwendet auch Foucault sehr oft; vielfach schreibt er in negativen Wendungen, z.B.: „Ich wollte nicht die Geschichte der sexuellen Verhaltensweisen in den abendländischen Gesellschaften schreiben, sondern eine viel nüchterne und beschränktere Frage behandeln: wie sind diese Verhaltensweisen zu Wissensobjekten geworden" (1989a: 7)?

1. Deshalb steht den Einschränkungen eine wichtige, gleichwohl umstrittene Erkenntnis voran: Foucault ist kein Theoretiker; er ist Kritiker. Der auszumachende Unterschied ist: Foucault hat keine umfassende Anschauung einer Gesamtgesellschaft vorgelegt, in keiner Weise hat er einen zusammenfassend-erklärenden Anspruch. Den einzigen Zugang, den er als zeitgenössisch ange-

messen ansieht, ist eine – mitunter fragmentarische – Kritik einzelner gesellschaftlicher Phänomene, und zwar mit historiographischen Mitteln: Kritik, indem wir uns genealogisch erklären, warum es zu dem gekommen ist, was heute der Fall ist und welche Potentiale dabei auf der Strecke blieben, welche hingegen betont wurden. Seine archäologischen Probebohrungen gehen tief, bleiben aber notwendig punktuell; seine genealogischen Stammbäume sind sehr verästelt, bilden aber nicht den ganzen Wald ab. Foucault ist so gesehen ein permanenter Kritiker, er übt die „Kunst, nicht dermaßen regiert zu werden" (1992: 12). Daher finden sich oft negative Formulierungen in seinen Schriften: Er wolle weder das Eine noch das Andere ...

2. Die zweite Eingrenzung, die im Kontext des vorliegenden Bandes passend erscheint, lautet: Foucault ist kein Soziologe. Allerdings ist wiederum umgekehrt schwer zu sagen, was er denn ist. Formal gesehen ist er ein Historiker von Denksystemen, allerdings versteht er sich nicht als Historiker im Sinne von Geistesgeschichte – er beforscht z.b. nicht die großen Ideologien oder Philosophien der Weltgeschichte –, auch nicht im Sinne von Wissenschaftsgeschichte, sondern er analysiert die Geschichte der Instrumente und Methoden, um die dahinter liegenden Denksysteme zu dechiffrieren (z.B. im Umgang mit Wahnsinn, Krankheit, Kriminalität). Man könnte daher sagen: Foucault ist ein Historiker der Beschreibungen von Verfahrensweisen und Praktiken (vgl. Veyne 1992).

3. Die dritte Einschränkung erwächst daraus, dass Foucault selten ein Wort über Liebe verliert und Liebe in seinem gesamten Werk von peripherer Bedeutung ist. Allerdings schreibt er ein Buch über „Freundschaft als Lebensweise", das ist eher sein Zugang zu aktuellen zwischenmenschlichen Beziehungen. Das zweite liebesverwandte Thema, mit dem Foucault sich beschäftigt, ist die Erotik als eine Form des Gebrauchs von Lüsten (1989b): konkret als Thema subjektiver Selbstverhältnisse in der Antike (im Verhältnis zur Ehefrau, zu Prostituierten, zu den Knaben). Aber auch diese Themen hat Foucault hauptsächlich im Hinblick auf den Zusammenhang zwischen „Sexualität und Wahrheit" – so die deutsche Übersetzung des Reihentitels *Histoire de la sexualité* – betrachtet (und nicht unter dem Fokus auf Liebesbeziehungen): Wie muss man sich selbst regieren, um andere regieren zu können? Wie kann ein Jüngling vom sexuellen Lustobjekt zum Wahrheit suchenden Subjekt werden?

4. Foucault spricht also kaum von Liebe, sehr wohl aber von Sexualität, Erotik und Freundschaft. Doch auch dieser Erkenntnis folgt unmittelbar eine weitere Eingrenzung. Foucault spricht nicht über sexuelle Praktiken, sondern über das Denken über sexuelle Praktiken. Den Unterschied hieran zu begreifen, mag nicht ganz leicht fallen: Foucault war Historiker des Denkens, kein Historiker der Praxis (er schreibt keine Alltagsgeschichte). Insofern ist für Foucault *sexualité* nicht wichtig unter dem Aspekt, wie die Menschen in welcher Weise, in

welcher Epoche, in welchen Formen miteinander Liebe gemacht haben. Stattdessen fragt er sich, wie die Menschen darüber gedacht, wie sie darüber geschrieben und räsoniert haben. Das Denken über das Tun – nicht das Tun selbst – ist sein Gegenstand.

5. Die letzte Einschränkung ist zugleich eine Erweiterung: Foucault spricht in Bezug auf die Moderne nicht ausschließlich von einer disziplinierenden Gesellschaft. Gleichwohl tat er dies in manchen Phasen seines Schaffens in eher einseitiger Weise: Vor allem in „Überwachen und Strafen" (1975) beschreibt Foucault die Moderne als ein Disziplinarprojekt, als eine Gesellschaft, die darauf aus ist, alle Subjekte zu disziplinieren. Von dieser Figur wendet er sich in *La volonté de savoir* (1976) ab und hebt hervor, dass die moderne Gesellschaft zwar sehr wohl diszipliniere, aber sie mache zudem noch etwas anderes: Sie reize zu Aufmerksamkeiten an, sie ziehe gewisse Dinge ins Gerede, zerre sie ins Licht der Erkenntnis, zwinge zu Geständnissen, d.h. sie bringe Diskurse ins Laufen. Die Moderne unterdrücke nicht nur Praktiken, die thematisiert werden könnten, sondern sie schaffe auch das Produktive: Sie stachele dazu an, über gewisse Dinge zu sprechen und nachzudenken und sie somit in die je eigene Subjektstruktur zu integrieren. Deshalb benenne die „Repressionshypothese" (1989a: 25) nur eine Seite der gegenwärtigen Gesellschaftsmedaille.

3.3 Arbeitsweise

„Der Wille zum Wissen" ist Band 1 einer ursprünglich als vierbändig geplanten Reihe und liest sich wie ein 190 Seiten langes Exposé (vgl. 1989a: 18). Es ist im französischen Original 1976 erschienen (und 1983 erstmals auf Deutsch). Danach hatte Foucault eine Schaffenskrise, in der er fast acht Jahre lang nichts Größeres mehr veröffentlicht hat, wenngleich zahlreiche Interviews und kleinere Aufsätze sowie Vorlesungen, jedoch kein Buch mehr.[10] Die Begleitumstände dieser Krise lassen sich anhand von Punkt 3 des Vorwortes zur deutschen Ausgabe erahnen (welche ja immerhin sieben Jahre später als das Original erschien). Hier widerspricht Foucault einigen Kritikern: Keineswegs habe er behauptet, Sexualität sei nicht unterdrückt worden; sehr wohl sei sie unterdrückt worden, aber Unterdrückung sei Teil eines größeren Ganzen, einer komplexeren und globaleren Strategie, in der Repression zwar eine Variante sei, aber auch andere Machtvarianten vorherrschten. Diese Art von Reaktion ist ein typischer Zug in Foucaults Denken (erkennbar auch

---

[10] In methodischer Hinsicht war Foucaults Arbeitsweise äußerst akribisch: Er zog nahezu sämtliche verfügbaren Textgattungen zu Rate, beispielsweise Lehr- und Kinderbücher, Tagebucheinträge und Protokolle zum Ablauf in Institutionen, Traktate über die Eröffnung von Einrichtungen, Architekturpläne, Hygienebücher, Verhaltensvorschläge aus Dialogen, Briefen u.v.a.m. Zur Methode siehe 1989a: 119-124, und 1989b: 20.

in Punkt 1 des Vorwortes): ständig wachsam und offen für Reaktionen zu sein, die er oft in sein Werk hat einfließen lassen, teils in konstruktiver Weise, teils mit harschen Worten gegen seine Kritiker, wie z.B. ein Jahr später, zu Beginn von Band 2 der besagten Reihe:

> „Was aber die angeht, die meinen, es müsse einer abgedankt haben, der sich Mühe gibt, anfängt und wieder anfängt, versucht, sich täuscht, alles von neuem aufrollt und noch immer auf Schritt und Tritt zaudert, zurückgezogen und unruhig arbeitet: was also die angeht, nun wohl, wir sind ganz offenkundig nicht vom selben Planeten!" (1989b: 14)

Was war passiert? Foucault hat in dieser Zeit sein umfassendes Vorhaben einer mehrbändigen Geschichte der Sexualität in der Moderne – die angekündigt und vertraglich schon beim Verleger gesichert war – grundlegend verändert und zunächst 1984 einen zweiten Band herausgegeben: „Der Gebrauch der Lüste", der mit einem ausführlichen Kapitel über „Modifizierungen" beginnt. Hierin ist das zentrale Thema zwar noch die historische Reflexionsweise über das, was wir heute Sexualität nennen – aber in Bezug auf die griechische Antike (dazu Genaueres weiter unten). Auch Band 3: „Die Sorge um sich" ist noch im selben Jahr erschienen, deutet aber mit seinem Titel zudem eine Verallgemeinerung des Themas an. Die als Band 4 angesehenen „Technologien des Selbst" (Martin/Gutman/Hutton 1993), sind posthum zusammengestellt worden und führen die Verallgemeinerung des Themas weiter.[11] In Band 1 war also etwas angelegt, was Foucault in diese Schaffenskrise geworfen hat, so dass die anderen Bände erst später und anders als geplant erscheinen konnten.

4 Foucaults Analyse begehrender Beziehungen

Was das Problem – aber selbstverständlich auch, was die geniale Idee – in Band 1 „Der Wille zum Wissen" war, wird nun anhand von Textverweisen vorgestellt; anschließend werden die Modifizierungen des Vorhabens aus Band 2 „Der Gebrauch der Lüste" diskutiert. Um Foucaults Zugänge zu Sexualität bzw. Erotik in seinen Grundzügen zu erfassen, reicht es m. E. tatsächlich aus, die beginnenden rund 20 Seiten des ersten und zweiten Bandes zu lesen (zumal diese neugierig auf die Details in den Hauptteilen machen). Dafür wird im Folgenden eine kleine Anleitung geboten.

---

[11] Der Band 4 sollte ursprünglich „Die Geständnisse des Fleisches" heißen und die spätantike und frühmittelalterliche Christenmoral untersuchen.

4.1 Das Begehrenssubjekt in der Moderne

Aus dem Vorwort zur deutschen Ausgabe wurden bereits die entscheidenden Aspekte benannt (Analyse von Wissensobjekten statt von Verhaltensweisen; Betrachtung von Repression als Teil einer komplexeren Machtstrategie; Hintergrundfrage nach Zusammenhängen zwischen Macht und Wissen). In Kapitel 1 „Wir Viktorianer"[12] ist das Grundthema des gesamten Buches angelegt und wird dann ständig variiert; der erste Satz lautet:

> „Lange Zeit hindurch, heißt es, haben wir ein viktorianisches Regime ertragen, und wir leiden immer noch darunter." (1989a: 11)

Hier und im Folgenden wird die Vorstellung von der Repression des Sexuellen zugleich referiert und infrage gestellt. Foucault gibt – mit Einschüben wie: ‚so heißt es', ‚so wird uns erklärt', ‚so sei das' – die verbreitete Ansicht wieder, dass Sexualität seit dem 17. Jahrhundert unterdrückt sei: die so genannte „Repressionshypothese" (ebd.: 19-20). Zum einen belegt Foucault sie historisch, stellt sie aber gleichzeitig immer wieder in Frage.

Anschließend wird kurz resümiert, inwieweit wir uns von dieser jahrhundertelangen Unterdrückung befreit hätten: „So gut wie gar nicht, sagt man uns. Ein wenig vielleicht seit Freud (ebd.: 13)." Tatsächlich heißt es seit Freud allerorten „Der Sex und das Ich",[13] d. h. wir konnotieren unser Persönlichkeitsbild mit Sexualität, sei es der frühkindlichen oder der aktuellen. Einverstanden, sagt deshalb Foucault, seit dem 20. Jahrhundert sind wir möglicherweise ein bisschen befreiter, zumal sich auch politische Freiheitsbewegungen der Sache angenommen haben, denn für die 1970er bemerkt er einen revolutionären Diskurs, „in dem der Sex, die Enthüllung der Wahrheit, die Umkehrung des Weltlaufs, die Ankündigung eines künftigen Tages und das Versprechen einer Glückseeligkeit miteinander liiert sind (17)." Jedoch:

> „Ein mißtrauischer Geist könnte sich allerdings fragen, ob dieser Aufwand an Vorkehrungen, der Geschichte des Sexes eine derart ansehnliche Patenschaft zu verleihen, nicht doch die Spuren alter Schamhaftigkeiten verrät (15)."

Foucault fragt uns, woher es kommt, dass wir so beredt darüber sprechen, dass die Sexualität unterdrückt sei. Er vermutet einen „Gewinn des Sprechers" (15), denn „ein Hauch von Revolte, vom Versprechen der Freiheit und vom nahen Zeitalter eines anderen Gesetzes schwingt mit im Diskurs über die Unterdrückung des Se-

---

[12] Königin Victoria von Großbritannien und Irland (1819-1901) ist die Symbolfigur für eine äußerst prüde Sexualmoral.
[13] So der Titel des SPIEGEL, Heft 18/2006.

xes" (16). Nach einem weiteren frechen Seitenhieb auf die Therapie-Industrie (vgl. 16-17) kommt Foucault dann zum Kern seines Vorhabens:

> „Alles in allem geht es darum, den Fall einer Gesellschaft zu prüfen, die seit mehr als einem Jahrhundert (also seit der zweiten Hälfte des 19. Jahrhunderts, T.C.) lautstark ihre Heuchelei geißelt, redselig von ihrem Schweigen spricht und leidenschaftlich und detailliert beschreibt, was sie nicht sagt, die genau die Mächte denunziert, die sie ausübt, und von den Grenzen zu befreien verspricht, denen sie ihr Funktionieren verdankt" (18).

In Frageform: „Auf welchen Wegen sind wir dahin gekommen, eine reichlich sonderbare Zivilisation zu sein, die sich sagt, sie habe lange Zeit hindurch und bis auf den heutigen Tag durch Machtmißbrauch gegen den Sex ‚gesündigt'" (19)?

Drei Einwände erhebt Foucault bereits in dieser Einleitung gegen die allseits akzeptierte Repressionshypothese (vgl. 20): 1. Ist sie wirklich historisch evident? 2. Ist die vorherrschende Machtvariante in unserer Gesellschaft die der Unterdrückung? 3. Gehört der Befreiungsdiskurs nicht „demselben historischen Netz" (20) an wie das, was er anklagt? In allgemeiner Form ausgedrückt will Foucault untersuchen, „durch welche Kanäle und entlang welcher Diskurse die Macht es schafft, bis in die winzigsten und individuellsten Verhaltensweisen vorzudringen, (...) und auf welche Weise sie die alltägliche Lust durchdringt und kontrolliert" (21).

Er fasst zusammen: „Schon die allererste Übersicht von diesem Gesichtspunkt her scheint darauf hinzuweisen, daß seit Ende des 16. Jahrhunderts die ‚Diskursivierung' des Sexes nicht einem Restriktionsprozeß, sondern im Gegenteil einem Mechanismus zunehmenden Anreizes unterworfen gewesen ist; daß die auf den Sex wirkenden Machttechniken nicht einem Prinzip strenger Selektion, sondern einem Prinzip der Ausstreuung und der Einpflanzung polymorpher Sexualitäten gehorcht haben und daß der Wille zum Wissen nicht vor einem unaufhebbaren Tabu haltgemacht, sondern sich vielmehr eifrigst bemüht hat – sei es auch durch viele Irrtümer hindurch – eine Wissenschaft von der Sexualität zu konstituieren" (23).

Angesichts dieser akribischen *Scientia sexualis*, die auf den Seiten 67-93 beschrieben wird und nach einem rund 30 Seiten langen methodologischen Kapitel über die typisch moderne Machtvariante, das Leben der Subjekte zu formen (159-190), beendet Foucault den Band mit einem hoffnungsvollen Ausblick auf eine unbestimmte Zukunft:

> „Und träumen müssen wir davon, dass man vielleicht eines Tages, in einer anderen Ökonomie der Körper und der Lüste, nicht mehr recht verstehen wird, wie es den Hinterhältigkeiten der Sexualität und der ihr Dispositiv stützenden Macht gelingen konnte, uns dieser kargen Alleinherrschaft des Sexes zu unterwerfen (...)" (ebd.: 190).

Jedoch findet er einen alternativen Umgang mit Körper und Lüsten unverhofft in der Vergangenheit ...

4.2 Die Existenzkünste in der Antike

„Diese Untersuchungen erscheinen später als vorgesehen und in einer ganz andern Form" (1989b: 9), so beginnt Band 2 der Reihe „Sexualität und Wahrheit". Zunächst fasst Foucault darin zusammen, was er zu Beginn seiner Untersuchungen – acht Jahre zuvor – beabsichtigt hatte: die „Erfahrung" von Sexualität als einer Korrelation zwischen Wissen, Normativität und Subjektivierung zu rekonstruieren (10). Dann räumt er – eingebettet in ein Resümee seines gesamten Werkes seit den 1950er Jahren (11-13) – ein:

„Jedenfalls schien es schwierig, die Bildung und Entwicklung der Erfahrung der Sexualität vom 18. Jahrhundert an zu analysieren, ohne eine historische und kritische Arbeit über das Begehren und das begehrende Subjekt zu leisten. Also: ohne eine Genealogie in Angriff zu nehmen" (11).

Die Empfindung des ‚Begehrens' bietet sich als neues zentrales Stichwort an, um das herum die weiteren Studien angesiedelt werden könnten, denn „um zu verstehen, wie das moderne Individuum die Erfahrung seiner selber als Subjekt einer ‚Sexualität' machen konnte, war es unumgänglich, zuvor die Art und Weise herauszuschälen, in der der abendländische Mensch sich jahrhundertelang als Begehrenssubjekt zu erkennen hatte" (12). Die sich aufdrängende Frage lautete: Auf welche historisch wandelbaren Weisen versucht der Mensch sich selbst im Lichte seines Begehrens zu verstehen (z.B. anhand des modernen *topos* ‚Sexualität')?

„Ich mußte wählen: entweder den vorgefaßten Plan beibehalten und eine rasche historische Prüfung des Themas des Begehrens anfügen. Oder die ganze Untersuchung um die langsame Formierung einer Selbsthermeneutik in der Antike neu anzusetzen" (13).

Foucault gab seinen Plan auf und stieg „von der Moderne durch das Christentum hindurch bis zur Antike" zurück (17), vor allem um seiner alten Grundfrage näher zu kommen: „Anhand welcher Wahrheitsspiele hat sich das Menschenwesen als Begehrensmensch erkannt und anerkannt" (13)? Welche Machtvarianten übt der Mensch auf sich und seinesgleichen aus, um damit einer Wahrheit nahe zu kommen?

Dann folgt die oben zitierte harsche Replik auf Kritiker (14), übergangslos gefolgt von einer Reihe von Danksagungen (14-15) und einigen selbstkritischen Bemerkungen (15), die schließlich in einer wunderbaren Definition von Philosophie enden: „die verändernde Erprobung seiner selber" (16), welche anhand der Arbeit an Band 2 konkretisiert wird.

Gegenstand und Methode werden präzisiert: Warum und wie ist – oft unabhängig von Verboten – die sexuelle Aktivität als Bereich moralischer Problematisierung konstituiert worden (17)? Foucault entdeckt, dass solche Problematisierungen in der Antike mit einer Reihe von Praktiken einhergehen, mit denen die Menschen sich transformieren, modifizieren und „aus ihrem Leben ein Werk machen, das gewisse ästhetische Werte trägt und gewissen Stilkriterien entspricht" (18). In der Konsequenz legt er Band 2 der *Histoire de la sexualité* entgegen dem Reihentitel als erstes Kapitel einer allgemeinen Geschichte solcher „Selbsttechniken" an (19). Foucault verschiebt die Anlage seiner Untersuchungen: Nach wie vor geht es ihm nicht um Verhalten, Ideen oder Gesellschaften, nunmehr aber auch nicht länger um die Verbote und das Hervorzerren des Sexuellen, sondern um Problematisierungen und Praktiken (19). Der Abschnitt „Modifizierungen" endet mit einem chronologischen Überblick über die (damals geplanten) weiteren Bände sowie mit einem Hinweis auf die herangezogenen Textgattungen (20).

Der zweite Abschnitt der Einleitung bietet einen ersten Überblick über „Formen der Problematisierung" (22-35). Hier kann Foucault zeigen, dass viele moralische Beunruhigungen zwar die christlichen und modernen europäischen Gesellschaften geprägt haben, aber bereits im Zentrum des antiken Denkens präsent waren (23), z.B. die Angst vor Samenverschwendung, das Gebot der Treue zur Ehegattin, das Negativbild des verweiblichten Mannes, das hohe Ansehen von Enthaltsamkeit (23-31). Um das moderne Dispositv der Sexualität zu verstehen, reicht es also nicht in der christlich-aufklärerischen Neuzeit anzusetzen, man muss zurück zu den Alten. Folglich werden dann im Hauptteil des Bandes die Existenzkünste der klassischen griechischen Antike (5. bis 3. Jahrhundert v. Chr.[14]) in Bezug auf Gesundheit (II), Haushalt (III) und vor allem die Knabenliebe (IV-V) rekonstruiert.[15]

Die Aktualisierung der antiken Existenzkünste (siehe z.B. Schmid 1991) ist möglicherweise ein Ausweg für Paare wie Andrea und Stefan im anfangs skizzierten Beispiel, um sich sowohl von den (elterlichen) Disziplinarzwängen als auch aus den (eigens kreierten) Geständniszwängen zu befreien.

5 Zusammenfassung

Resümierend erscheinen m.E. vor allem drei Aspekte bedeutsam:

1. Der erste Aspekt ist schon fast selbstverständlich: die Historisierung der Sexualität. Sexualität ist nichts Naturhaftes, sondern stellt ein gesellschaftlich-historisches Phänomen dar. Nicht die Verhaltensweisen, die es immer gegeben haben mag, sondern das Reden darüber, ist für die historische Analyse von Relevanz. Diese Diskurse sind einem immerwährenden Wandel unterzogen, ebenso wandeln sich auch die Formen der Aufmerksamkeiten auf das Thema. Insofern ist Foucault seinem Motto treu geblieben: unter den eigenen Füßen

---

[14] Siehe dazu den Beitrag von Niko Strobach im vorliegenden Band.
[15] Zum philosophisch-pädagogischen Problem der körperlichen Liebe zwischen einem Lehrmeister und einem ‚Schüler' siehe Coelen (1996: 89-99 und 2006).

zu graben, d.h. eine Genealogie (Abstammungslehre) der Gegenwart zu schreiben, eine Entstehungsgeschichte dessen, was aktuell der Fall ist.
2. Als zweiter Aspekt ist deutlich geworden: die Kritik an der Repressionshypothese. Unterdrückung von Sexualität ist, so Foucault, Teil eines größeren Ganzen: Teil einer Macht zum Leben, einer „Bio-Macht" (1989a: 167), die im Wesentlichen – und das ist erneut höchst aktuell – mit dem Aufkommen des demographischen Denkens im 18. und des Kapitalismus' im 19. Jahrhundert entstanden ist (vgl. ebd.: 166-168). Seitdem lassen sich zahl- und formenreiche Anreizungen zu Diskursen über das Gebären und Aufziehen von Kindern bzw. die Produktion von Arbeitskräften nachzeichnen.
3. Unter einem dritten Aspekt ist Foucaults Beitrag zu sehen: die Analyse der Konstituierung des modernen Menschen als eines Begehrenssubjekts. Der moderne Mensch fasst sich selbst als ein *sujet* seines Begehrens (oder eben als ein Sublimierer dieses Begehrens) auf. Wir alle sind geneigt, in unserer Sexualität – ob in der aktuellen oder der kindlichen –, einen Schlüssel zu unserer Persönlichkeit zu sehen. Das wiederum ist historisch neu und deshalb auch wandelbar (vgl. Aspekt 1).

Welchen Beitrag leistet Foucault nun zu einer Soziologie der Liebe? Dies ist zweifellos eine schwierige Frage, zugleich kann man es sich mit ihrer Beantwortung ganz einfach machen: Foucault leiste gar keinen Beitrag zur Soziologie der Liebe, denn er spreche kaum über Liebe und er arbeite nicht mit soziologischen Forschungsmethoden. Doch wenn man der Sexualität eine entscheidende Mittlerfunktion zwischen Liebe und sonstigem Sozialleben in aktuellen Gesellschaften zuschreibt, kann man sich die Foucault'sche Grundfrage wie folgt zurechtlegen: Durch welche Kanäle und entlang welcher Diskurse, schafft es die Macht, bis in unsere winzigsten und individuellsten Verhaltensweisen vorzudringen (1989a: 21)? Wie ist mein Denken und Reden über Körper und Lüste eingeschränkt, und wodurch ist es ‚herausgefordert'?

Dabei ist zu bedenken, dass die Soziologie ihrerseits ebenfalls in einer Tradition der Verbalisierung steht: Seit den ersten christlichen Jahrhunderten kommt der „Technik der Selbstenthüllung" (*exagoreusis*) (1993: 56-61) gegenüber der „Technik der Buße" (*exologesis*) (ebd.: 52-56) das größere Gewicht zu. In der Folge sind – so Foucault – seit dem 18. Jahrhundert die Techniken der Verbalisierung von den „Sozialwissenschaften in einen anderen Kontext transformiert worden, wo sie instrumentell der Herausbildung eines neuen Selbst dienstbar gemacht werden" (ebd.: 62). Auch die gegenwärtigen Sozialwissenschaften geraten somit in den Verdacht, verborgene Wahrheiten der Subjekte aufdecken zu sollen, Wissen über Forschungsobjekte anzuhäufen und dieses Wissen (implizit) zur Norm zu erheben.[16]

---

[16] Zu Foucaults Blick auf Pädagogik, als Beispiel einer „Geständnis-Wissenschaft" (1989a: 83) siehe Coelen (1996).

Deshalb würde vermutlich Foucault selbst, wenn er einen Beitrag für den vorliegenden Band geschrieben hätte, Folgendes gemacht haben: Er hätte nicht ausschließlich über das Thema ‚Liebe' geschrieben, zudem hätte er wohl die Verwissenschaftlichung, die ‚Seriösmachung' des Themas in Form eines soziologischen Sammelbandes analysiert. Und er hätte über die Frage reflektiert: Warum erlangt dieses Thema so große, ernste, wissenschaftliche Aufmerksamkeit? Mit welchen Mechanismen der Macht ist die soziologische Wissensproduktion über Liebe verknüpft? Weniger also der Gegenstand, als die Diskursivierung dieses Gegenstands wäre vermutlich für ihn bemerkenswert und Objekt der Analyse gewesen.

Literatur

Coelen, Thomas (1996): Pädagogik als „Geständniswissenschaft"? Zum Ort der Erziehung bei Foucault, Frankfurt a. M. u. a.: Lang.
Coelen, Thomas (2006): Pädagogik und Selbstsorge im antiken Meister-Schüler-Verhältnis. Ausweg aus Disziplinierungstechnik und Geständniszwang. In: Susanne Maurer/Susanne Weber (Hg.): Gouvernementalität und Erziehungswissenschaft. Wissen-Macht-Transformation: VS, Wiesbaden: 253-264.
Eribon, Didier (1993): Michel Foucault. Eine Biographie. Frankfurt a. M.: Suhrkamp.
Foucault, Michel (1978): Dispositive der Macht. Über Sexualität, Wissen und Wahrheit, Berlin: Merve.
Foucault, Michel (1989a): Der Wille zum Wissen. Sexualität und Wahrheit 1. Frankfurt a. M.: Suhrkamp (Histoire de la sexualité. Vol. 1. La volonté de savoir. Paris 1976).
Foucault, Michel (1989b): Der Gebrauch der Lüste. Sexualität und Wahrheit 2. Frankfurt a. M.: Suhrkamp (Histoire de la sexualité. Vol. 2. L'usage des plaisirs. Paris 1984).
Foucault, Michel (1992): Was ist Kritik? Berlin: Merve.
Martin, Luther H./Gutman, Huck/Hutton, Patrick H. (1993): Technologien des Selbst. Frankfurt a. M.: Suhrkamp.
Macey, David (1994): The Lives of Michel Foucault. New York: Pantheon.
Schmid, Wilhelm (1991): Auf der Suche nach einer neuen Lebenskunst. Die Frage nach dem Grund und die Neubegründung der Ethik bei Foucault. Frankfurt a. M.: Suhrkamp.
Veyne, Paul (1992): Foucault: Die Revolutionierung der Geschichte, Frankfurt a. M.: Suhrkamp.

LiebesErklärungen
soziologischer Theorien

Ulrike Marz

Auch Automaten haben Gefühle.
Kritische Theorie über Liebe und Pseudoliebe in der kapitalistischen Gesellschaft

1 Einleitung

Dieser Beitrag nähert sich dem Phänomen Liebe aus Perspektive der Kritischen Theorie. Neben den Hauptvertretern der Kritischen Theorie, Max Horkheimer (1885-1973) und Theodor W. Adorno (1903-1969), sind es vor allem Herbert Marcuse (1898-1979) und der frühe Erich Fromm (1900-1980), die das Bild der Kritischen Theorie geprägt haben. Alle stützen sich in ihren Arbeiten nicht nur auf Marxsche Erkenntnisse, sondern versuchen, das Individuum unter Rückgriff auf die Einsichten der Psychoanalyse Freuds zu bestimmen.

Besondere Aufmerksamkeit wird in diesem Beitrag den Arbeiten von Erich Fromm und Herbert Marcuse zuteil, aber auch einige Gedanken von Adorno sollen hier aufgegriffen werden. Außer Fromm, der sich mit seiner Schrift „Die Kunst des Liebens" explizit dem Thema Liebe zuwandte, erfordern vor allem die Arbeiten von Marcuse in dieser Hinsicht interpretative Verfahren. Die Differenzen zwischen Marcuse und Adorno auf der einen Seite und Fromm auf der anderen werden besonders an der Freudrezeption deutlich. Fromm schied bereits 1939 aus dem Institut für Sozialforschung aus. Zu groß wurden die Kontroversen zwischen Fromm, der mit viel Optimismus Gesellschaftskritik betrieb, und vor allem Max Horkheimer und Theodor W. Adorno, als Repräsentanten einer unversöhnlichen Gesellschaftstheorie. Gemeinsam ist ihnen jedoch, dass für sie an die Beschreibung der Gesellschaft immer eine Kritik des Bestehenden geknüpft ist.

Die hier genannten Theoretiker interessieren sich bei all ihren Untersuchungen vor allem für zwei Fragestellungen: Wie ist die Gesellschaft zu analysieren und wie wirken sich diese gesellschaftlichen Verhältnisse auf die Entwicklung des Menschen aus? Dabei orientieren sie sich vor allem an den Arbeiten von Karl Marx (1818-1883) und Sigmund Freud (1856-1939). Die Freudsche Psychoanalyse und Marxsche Gesellschaftskritik werden bei der Kritischen Theorie deshalb zusammenhängend betrachtet, weil das Individuum nicht losgelöst von der Gesellschaft bestimmt werden kann. Adorno schreibt dazu, dass das Individuum nicht einfach nur „Sub-

strat der Psychologie" sei, sondern „Träger der gesellschaftlichen Bestimmungen [...], die es prägen" (Adorno 1972 b: 49f).
Diese zwei Fragestellungen sind auch für die Untersuchung des Themas Liebe sehr wichtig. Denn Fromm spricht beispielsweise davon, dass die Liebe zwischen Menschen in der kapitalistischen Gesellschaft die *Liebe von Automaten* ist und die Menschen unfähig zum Lieben sind. Der Zusammenhang zwischen den gesellschaftlichen Verhältnissen und der Art und Weise, wie Menschen in der Lage sind, ihre Beziehungen zueinander zu gestalten, schimmert bereits bei Marx durch:

> „Es ist nicht das Bewußtsein der Menschen, das ihr Sein, sondern umgekehrt ihr gesellschaftliches Sein, das ihr Bewußtsein bestimmt" (MEW Bd.13: 8f.).

Marx und Freud eint ein gemeinsamer Ansatzpunkt: Sie sind davon überzeugt, dass der Mensch sich hinsichtlich dessen irrt, was er über die Verfasstheit der Gesellschaft, über sich selbst und andere denkt. Während Marx den Fokus seiner Betrachtungen auf die Produktionsweise richtet, nimmt Freud die psychische Organisation des Menschen in den Blick. Beide Aspekte bestimmen die Wirklichkeitswahrnehmung des Individuums. Kritische Theorie möchte, so Fromm hier zusammenfassend, „[...] die Triebstruktur, die libidinöse, zum großen Teil unbewusste Haltung einer Gruppe aus ihrer sozialökonomischen Struktur heraus [...] verstehen" (Fromm 1932: 34).

Auch die Thematik der Liebe muss unter Berücksichtigung gesamtgesellschaftlicher Verhältnisse behandelt werden. Das wechselseitige Verhältnis von Sein und Bewusstsein prägt die „Fähigkeit zum Lieben", oder anders gesprochen: Der Mensch ist auch in der Liebe historisches Resultat der ökonomischen Verhältnisse.

Mit Hilfe des folgenden frei erdachten Beispiels soll zu dieser Deutungsperspektive hingeführt werden.

> A und B sind auf dem Weg in ihren gemeinsamen Garten. Von ihrer Wohnung sind es etwa 30 Minuten Fußweg. Ihr Weg führt sie dabei an dem Café vorbei, in dem sie sich kennen gelernt haben. Auf einer Bank vor dem Café sitzt ein verliebtes Pärchen. Sie küssen sich und versinken immer weiter in Zärtlichkeiten. Liebe beginnt mit Leidenschaft, denkt sich A, als klar wird, wie sehr die eigenen Blicke bei dem Pärchen bleiben. A fragt B: „Liebst du mich noch?". B wirkt irritiert und antwortet „Natürlich lieb ich dich". A, dem jungen Glück sehnsuchtsvoll nachschauend: „Warum liebst du mich?" Nachdenklichkeit schwingt in Bs Stimme bei der Antwort: „Weiß nicht, ich lieb dich eben. Wäre ich sonst mit dir zusammen?"

Welche Gedanken durch diese Frage bei B losgetreten werden und wie man theoretisch Bs Überlegungen interpretieren kann, wird hier Thema sein. Doch zunächst soll die Leserschaft in die Zusammenhänge zwischen Subjektwerdung und gesellschaftliche Verhältnisse eingeführt werden.

2 Kritische Theorie der Liebe

Freud legt in seinem Buch „Das Unbehagen in der Kultur" dar, dass die Kulturentwicklung Veränderungen an den menschlichen Triebanlagen vornimmt. Diese Veränderungen drücken sich durch Sublimierung aus, d.h. Triebe werden durch „höhere psychische Tätigkeiten", sprich sozial anerkannte Verhaltensweisen, ersetzt (vgl. Freud 1976: 456f). Marcuse greift in „Triebstruktur und Gesellschaft" den Freudschen Gedanken von einer „Vor-Formung" der Persönlichkeit durch die Kulturentwicklung auf. Diese „Vor-Formung" ist vom Stadium der Zivilisation abhängig. Danach entsprechen individuelle Unterschiede und der Grad von erreichter Selbstbestimmung zwischen den einzelnen Menschen einem Grundmuster, das mit den „sozial erwünschten Grundformen des Verhaltens" einer Gesellschaft korrespondiert. Von diesen Prozessen mangelnder Individualitätsformung sind ebenfalls zwischenmenschliche Beziehungen betroffen, da sich diese nur nach den Vorgaben allgemeiner gesellschaftlicher Bindungen gestalten lassen (vgl. Marcuse 1970: 248f.).

2.1 Von der Gesellschaft zum Individuum und zurück

Es wurde bereits angesprochen, dass weder Adorno, Marcuse noch Fromm über ein gemeinsames Denken verfügen. Während Adorno und Marcuse eine relativ freudnahe Rezeption betreiben, wandte sich Fromm in entscheidenden Punkten von Freuds Analysen ab.

Ausgangspunkt der Psychoanalyse ist die Unterscheidung in Bewusstes und Unbewusstes. Freud entwickelte die Vorstellung vom psychischen Apparat des Menschen als Kampfplatz verschiedener Instanzen (ES, ICH und ÜBER-ICH)[1]. Der psychische Apparat ist einerseits durch die kulturelle Situierung des Menschen

---

[1] Leseempfehlung: Zur Einführung in die Struktur und Funktion von ES, ICH und ÜBER-ICH seien hier Sigmund Freuds Aufsätze „Das Ich und das Es". In: Gesammelte Werke, Bd. XIII, S. 246-256 sowie „Das Ich und das Über-Ich (ICHIDEAL)". In: Gesammelte Werke, Bd. XIII. S. 257-268 empfohlen. Das psychoanalytische Innerpsychische Drei-Instanzen-Modell spiegelt die Persönlichkeitsentwicklung des Einzelnen wieder. Dabei geht die Psychoanalyse von drei Instanzen in der Psyche des Menschen aus. Zunächst entsteht das ES, der Triebpol der Persönlichkeit. Dieser Teil ist ererbt bzw. konstitutionell festgelegt. Aus dem ES entwickelt sich das Ich. Das ICH wird auch als der Mittler der Interessen der Person verstanden. Von ihm gehen die Verdrängungsleistungen aus. Das ÜBER-ICH ist der Zensor des ICH. Es ist zuständig für das Gewissen, die Selbstbeobachtung und die Idealbildung (vgl. Freud, Sigmund (1983 [1920]): Abriß der Psychoanalyse. In: Gesammelte Werke, Bd. XVII. S. 63-141, insbesondere das erste Kapitel „Der Psychische Apparat").

vorgeprägt, verändert sich aber durch lebensgeschichtliche Ereignisse des Einzelnen. Dabei geht Freud von angeborenen Faktoren, wie den Trieben aus, die den Einzelnen vorzeichnen. Zugleich zeigen sich deutlich soziologische Motive, da er ebenso die Bedeutung von äußeren Einflüssen anerkennt. Der Zusammenhang von gesellschaftlichen Einflüssen, den angelegten Trieben und die Bedeutung von Trieben für die Subjektbildung ist ein kontrovers behandelter Aspekt der Freudrezeption.

Adorno verteidigt Freuds Libidotheorie und die Rolle von Kindheitserinnerungen für die Entwicklung des Menschen (vgl. Adorno 1972a: 23). Die Psychoanalyse Freuds begreift die Libido (Energie der Sexualtriebe) als ein vorgesellschaftliches Faktum. Werden bestimmte (sexuelle) Triebe durch die Kultur nicht zugelassen, wird der Einzelne beschädigt. Die gesellschaftliche Triebunterdrückung, die nach Freud die Bedingung aller Kultur ist (Freud 1976: 457), fällt dabei mit der individuellen zusammen. Der Mensch muss somit eine Verzichtsleistung erbringen, um Gesellschaftlichkeit zu ermöglichen.

Fromm führt Charakter und menschliches Verhalten im Gegensatz zu Freud grundsätzlich auf konkrete menschliche Beziehungen und Milieufaktoren zurück. Auch Adorno und Marcuse heben den Einfluss äußerer Faktoren auf das Individuum hervor. Sie betonen aber eine Vorbildung im Individuum, die die Auswirkungen sozialer Mechanismen verstärkt bzw. enthüllt (vgl. Adorno 1972a: 27 und Marcuse 1970: 15). Tendenziell deckt sich dadurch das Persönliche mit einer auf alle Menschen anwendbaren Maske der jeweiligen Kultur. Dabei nähern sich gesellschaftliche Anforderung und individuelle Anpassung immer weiter an. Insofern ist die Ausprägung einer als individuell erlebten Ausbildung von Persönlichkeit identisch mit einer gelungenen Anpassung an das sozial erwartete Verhalten, Fühlen und Denken.

> „Die traumatische Verwandlung des Organismus in ein Instrument entfremdeter Arbeit ist nicht die psychische Bedingung der Kultur als solcher, sondern der Kultur als Herrschaft, das heißt einer spezifischen Form von Kultur" (Marcuse 1968: 27).

Auch Adorno beschreibt Individualität und Subjektivität in der kapitalistischen Gesellschaft als illusionär. Das Gefühl von Subjektivität im Menschen stellt er als Trugschluss dar. In der „Dialektik der Aufklärung" gebrauchen er und Horkheimer mehrmals den Begriff der „Pseudoindividualität", die dem Einzelnen die Besonderheit des eigenen Selbst vortäuschen soll". Individuen seien nur „bloße Verkehrsknotenpunkte der Tendenzen des Allgemeinen" (vgl. Horkheimer/Adorno 1981: 177f).

Folglich muss eine spezifische Variante von Kultur mit einer auf sie zugeschnittenen Form des Triebverzichts zusammenfallen. Marcuse verweist auf zwei Arten des Triebverzichts: die notwendige und die zusätzliche Triebunterdrückung. Während die notwendige Triebunterdrückung zur Entwicklung einer Kultur vorausgesetzt wird, erschließt sich ein zusätzlicher Verzicht auf die Trieberfüllung nur mit Blick auf ihre Funktion zur Herrschaftssicherung (Marcuse 1970: 40).

Auch die Liebe, so kann Marcuse in „Trieblehre und Freiheit" gelesen werden, fügt sich den Anforderungen der Kultur. Sexualität wie Liebe werden kultiviert und dem Realitätsprinzip angepasst. Das Realitätsprinzip steht in der psychoanalytischen Theorie dem Lustprinzip gegenüber. Es erbringt eine an der Realität orientierte Veränderung von Lust, die entweder aufgeschoben oder auf die gänzlich verzichtet werden muss. Besonders der Desexualisierungsprozess ist notwendig zur „Entsinnlichung der Sexualität und des Sexualobjektes in der ‚Liebe' – die ethische Bewältigung und Eindämmung des Eros" (Marcuse 1968: 14). Die monogame Familie ist die Grundbedingung für die Kulturgesellschaft. Freud liefert zu dieser Überlegung die Vorlage, wenn er „jene Liebe, welche die Familie gründete" von einer zielgehemmten Zärtlichkeit bestimmt sieht (vgl. Freud 1976: 461). Auch für Fromm ist die Liebesfähigkeit eines Menschen abhängig davon, inwieweit sich Kultur auf die Charakterbildung des Einzelnen auswirkt (Fromm 1980: 95).

Aus einer anderen theoretische Perspektive lassen sich die bisherigen, auf Freud basierenden Überlegungen, stützen. Freud spricht von bestimmten angelegten Trieben im Menschen und beschreibt den Einzelnen zugleich als ein Substrat der Kultur, die ihn prägt. Nach einem ähnlichen Muster argumentiert Marx, wenn er von Wesensmerkmalen bzw. einer Natur des Menschen ausgeht. Diese ‚Natur' ist geschichtlich bestimmt, d.h. sie kann sich wandeln, enthält jedoch ebenso eine konstante Bedürfnisstruktur. Auf diesen Annahmen basiert die Vorstellung einer Entfremdung des Menschen. Diese Entfremdung vor allem sich selbst, seinen Mitmenschen und der Gesellschaft gegenüber ist nach Marx durch die warenförmige Organisation der Gesellschaft mit ihrer spezifischen Eigentumsverteilung bedingt. Der wichtigste Grund für die Entfremdung wird von Marx in der Arbeitsteilung ausgemacht. Diese bestimmt die Verhältnisse der Individuen zueinander in Bezug auf das Material, Instrument und Produkt der Arbeit (vgl. MEW Bd. 3: 31 und 46). Weil die Warenform der Dinge als natürlich erscheint, werden die ökonomischen Verhältnisse selbstverständlich, so dass allen Dingen, selbst dem Menschen als Ware Arbeitskraft, ein Wert zugeschrieben wird. Dieser Wert wirkt als eine der Ware innewohnende Eigenschaft, die Marx den Fetischcharakter der Ware nennt (vgl. MEW, Bd. 23: 86f).

Diese Denkbewegung greift Fromm auf und hebt weitere Einflüsse hervor. Charakteristisch für die moderne kapitalistische Gesellschaft ist, dass alle Aktivitäten, die sonst vom Einzelnen ausgehen, auf die Bürokratie übergegangen sind. Einhergehend mit der Arbeitsteilung verlieren so die Menschen ihre Unabhängigkeit. Der Kapitalismus, so Fromm, braucht Menschen, die still funktionieren, deren Wünsche und Bedürfnisse standardisiert und berechenbar sind. Ohne sich ihrer Konformität bewusst zu sein, sollen sich die Menschen individuell und autonom fühlen. Sie sollen willens sein, sich in die „Gesellschaftsmaschinerie" einzuordnen und danach streben, den Erwartungen zu entsprechen. Die Konsequenz ist, dass sie sich selbst und ihren Mitmenschen entfremdet werden (vgl. Fromm 1980: 97).

2.2 Auch Automaten haben Gefühle

Aus dem vorherigen Abschnitt lassen sich drei Merkmale zusammenfassen, die in der kapitalistischen Gesellschaft ausgeprägt sind.

- Gesellschaftlichkeit ist mit Triebverzicht verbunden
- Verhaltensweisen, Gefühle und Bedürfnisse werden im Kapitalismus standardisiert
- der Einzelne ist von der Gesellschaft geprägt und wird seiner Individualität beraubt

In den Einschätzungen von Adorno, Marcuse und Fromm ist dieselbe Vorstellung aufgehoben: Liebesbeziehungen stehen nicht abseits der oben benannten Prozesse. Die Warenförmigkeit, mit der sich Menschen gegenübertreten, führt zu einer Austauschbarkeit des Einzelnen. Wenn das Individuelle aus dem Menschen annulliert wird und persönliche Züge durch allgemeine standardisierte Verhaltensweisen einer Kultur ersetzt werden, wird auch die Entäußerung von Liebe automatisiert.

Dieser Charakteristik nachgehend erklärt Fromm, dass das Problem der Liebe für die meisten Menschen nicht in ihrer Unfähigkeit zum Lieben besteht, sondern in der Frage, ob *sie* geliebt würden (vgl. Fromm 2004: 57 und Ders. 1980: 11). Adorno führt dies auf eine allgemeine Liebesunfähigkeit zurück – ein Mangel der auf alle Menschen zutrifft, „so wie sie heute existieren" (vgl. Adorno 1977: 687). Menschen beurteilen sich selbst und untereinander nach den Eigenschaften, die sie liebenswert, d.h. funktional oder verwertbar für andere machen.

Der Zusammenhang zwischen Ausdrucksformen allgemeiner menschlicher Beziehungen und denen von Liebesbeziehungen einer Gesellschaftsordnung wird bei Fromm bereits in seinem Werk „Man for Himself" ausgesprochen (vgl. Fromm 2004: 61). Menschliche Beziehungen sind entfremdet und Menschen verhalten sich wie Waren zueinander. Die Charakterorientierung, dass „man selbst eine Ware ist und einen Tauschwert hat", nennt er „Marketing-Orientierung" (ebenda: 61). Diesen Gedanken weitet er in „Die Kunst des Liebens" aus und charakterisiert die menschlichen Beziehungen im Wesentlichen als „die zwischen entfremdeten Automaten". Das veranlasst ihn, Liebe in der kapitalistischen Gesellschaft als Automatenliebe wahrzunehmen. Doch „Automaten können nicht lieben" und so werden lediglich persönliche Vorzüge in Erwartung eines fairen Geschäfts getauscht (Ders. 1980: 98f.). Ähnlich wie in der „rational-choice-theory"[2] konfrontieren uns die

---

[2] Zur Rational-Choice-Theorie schreiben Johannes Kopp und Paul B. Hill in diesem Buch.

Kritischen Theoretiker mit einem Blick auf Liebesbeziehungen, der an den Einkauf von Waren des täglichen Bedarfs erinnert. Mit kapitalistischen Verwertungskategorien weiter operierend, erklärt Fromm die verbreitete Idee des Teams in der Ehe. Es geht nicht um eine leidenschaftliche Liebe, sondern um die Vorstellung eines Liebespaars als Menschen, die sich gut behandeln, versuchen sich gegenseitig behilflich zu sein, um nicht allein zu sein, sich jedoch auf Lebenszeit fremd bleiben und nie zu einer „Beziehung von Personenmitte zu Personenmitte" gelangen (ebenda: 100). Was hier etwas esoterisch anmutet, ist der Versuch, die gesellschaftlich nicht abgenutzte Liebe von einer durch die Gesellschaft geprägten Liebesfähigkeit abzugrenzen.

2.3 Erich Fromm: Alles Pseudoliebe?

Erinnern wir uns an den vorangestellten Dialog eines Paares. Es ging um die scheinbar einfache Antwort auf die Frage: „Liebst du mich noch?". Nach diesem Gespräch beginnt B über die Beziehung mit A nachzudenken.

> A und B sind seit 20 Jahren ein Paar. Die Frage, ob eine Liebe das Verbindende zwischen ihnen ist, hat sich B schon lange nicht mehr gestellt. Sie sind immerhin schon so lange zusammen, haben so viel zusammen durchgemacht, sind gemeinsam durch gute und schlechte Zeiten gegangen. Sie wissen, wenn sie nach Hause kommen, ist der andere da. Gewiss, sie haben dieses Kribbeln im Bauch schon lange nicht mehr. Vieles ist Routine zwischen ihnen, Routine die zwar sehr langweilig, aber sehr konstant ist. Dass kaum etwas am anderen überrascht, empfinden beide als beruhigend. Über eine Trennung nachzudenken, nur weil es nicht so wie in den Hollywoodfilmen ist? Wie absurd! Wie einsam wären sie schließlich ohne den anderen. Sicher, jeder hat seine Abstriche für den anderen gemacht, sich verändert. Aber das tut man ja so. Sie haben sich gut aufeinander eingespielt. Ihr Zusammensein ist nicht heiß und leidenschaftlich, aber welche Beziehung ist das schon noch nach so langer Zeit. Der Sex, der am Anfang ihrer Beziehung sehr bedeutungsvoll war, hat sich verändert. Er ist viel seltener geworden, aber dafür streicheln sie sich zärtlich über die Hand und umarmen sich, wenn sie länger voneinander getrennt sein müssen. Am Anfang haben sie viel geredet, sich viel über sich erzählt, um sich kennen zu lernen eben. Inzwischen verbringen sie viel Zeit vor dem Fernseher und jeder geht seinen Hobbys nach. Die Aufgaben des Alltags haben sie sich aufgeteilt und so hilft jeder dem anderen. Ihre Beziehung scheint für sie und alle anderen „vernünftig".

Dieses Beispiel repräsentiert ein gewisses Muster von Liebesbeziehungen unserer Zeit, das nach Fromm aus einem Verfall der Liebe resultiert (vgl. Fromm 1980: 95). Die Menschen können Liebe nicht erfahren. Sie verbringen ihre Zeit miteinander, weil sie es so gewohnt sind. Es ist aber mehr als Bequemlichkeit, es ist die Unfähigkeit zu lieben, die durch die sie umgebenden gesellschaftlichen Verhältnisse hervorgerufen wird. Fromm gibt in „Die Kunst des Liebens" verschiedene „Verfallsformen" an, die durch die Prägungen der kapitalistischen Gesellschaft bedingt sind. Dabei gliedert er diese in normale, also der Vergesellschaftung geschuldeten Verfallsformen, und die pathologischen Formen der Liebe auf. Als *normale Verfallsformen der Liebe*, wie sie sich auch in dem Beispiel finden, benennt Fromm zunächst Liebe als „gegenseitige sexuelle Befriedigung und Liebe als Teamwork" sowie die Liebe als „schützender Hafen vor Einsamkeit" (ebenda: 106). In dieser Beschreibung deutet sich sein Argwohn gegenüber den funktionalen Momenten vieler (Liebes-)Beziehungen an, wie sie sich ebenfalls in dem beschriebenen Beispiel zeigen. Die Idee des Teams in der Ehe bedeutet vor allem, die Erwartungen des anderen zu erfüllen, sich selbst zurückzunehmen. Es geht dabei in erster Linie um Höflichkeit und die Aussicht, nicht alleine sein zu müssen. Dabei wird die Sehnsucht nach Zweisamkeit in einer engen Beziehung mit Liebe verwechselt (ebenda: 100f.).

Typische Grundorientierungen der kapitalistischen Gesellschaft sind beispielsweise Praktikabilität, Effizienz und Rationalität. Von diesen Grundorientierungen, so lässt sich Fromm hier weiter denken, sei auch der Umgang Liebender miteinander berührt. Diese streben in ihrem Miteinander nach routinierten und kalkulierbaren Abläufen. Diese Verhaltensmuster nehmen jedoch den Liebenden die durch das sich Fremdsein bedingte Aufmerksamkeit. Im Zustand des sich nicht Kennens versuchen Liebende häufig noch, sich mit Vorsicht und Respekt dem anderen zu nähern. Fromm würde nicht das Vertrauen beanstanden, das die Fremdheit verdrängt, sondern die Routine, die die gegenseitige Neugier auf das Wesen des anderen ersetzt. Und so verhöhnt der Kapitalismus die Menschen sogar in der Liebe.

Fromm unterscheidet von den oben aufgeführten normalen Verfallsformen der Liebe die *Formen pathologischer Liebe*. Den Formen pathologischer Liebe ist gemein, dass einer der beiden Liebenden noch an einen Elternteil gebunden ist und dementsprechende Erwartungen, Ängste und Forderungen auf der geliebten Person abbildet. Für ein gescheitertes Verlassen der Kinderrolle sind die Formen der Liebe typisch, in denen sich Männer nach mütterlichem Schutz sehnen oder eine überstarke Vaterbindung aufweisen und sich daher selbst als Erwachsener übermäßig bemühen, den Erwartungen des Vaters zu entsprechen. Fromm benutzt den Begriff der „Pseudoliebe" auch in Bezug auf Liebesbeziehungen, in denen eine geliebte Person extrem vergöttert wird, so dass sie zwangsläufig den liebenden Partner enttäuschen muss. Diesem Typus gibt er den Namen „abgöttische Liebe". Wird in einer Liebe nur auf die Fehler und Schwächen des anderen geschaut und werden sogar die eigenen Unzulänglichkeiten an der angeblich geliebten Person erkannt, so handelt es sich nach Fromm um die so genannte „projektive Liebe". Anders als bei den bisher beschriebenen Formen der Pseudoliebe fehlt bei der „sentimentalen Liebe" ein lebendiger Liebespartner gänzlich. Die Liebe wird über den Konsum von beispielsweise Liebesfilmen stellvertretend erlebt. Häufig gelingt es diesem Typus nicht, Liebe im Jetzt zu fühlen, da diese Menschen entweder nachträglich eine vergangene Liebe herbeihalluzinieren oder von einer zukünftigen Liebe phantasieren. Weit verbreitet ist eine Liebesform, bei der alle Wünsche und eigenen Ziele auf die Kinder übertragen werden. Diese Liebe hat eine sinnstiftende Funktion, die meist schon bei der Entscheidung, ein Kind zu bekommen, beginnt (ebenda: 106-115).

Im Gegensatz dazu ist wirkliche Liebe bei Fromm eine „ständige Herausforderung; sie ist kein Ruheplatz, [..] [sie] heißt sich zu bewegen, zu wachsen" (ebenda: 115) oder, anders formuliert, Liebe bedeutet „Tätigsein" (Ders. 2004: 83). Sie wird von Fromm als eine Randerscheinung in den westlichen Gesellschaften charakterisiert. Bei der Beschreibung dessen, was Fromm als wirkliche Liebe bezeichnet, lassen sich problematische Punkte markieren, die zu Beginn des nächsten Abschnittes diskutiert werden sollen.

2.4 Herbert Marcuse: Von der Sexualität zum Eros

Marcuses Kritik an Fromm ist eingebettet in ein eigenes Modell zwischenmenschlicher Beziehungen[3]. Zunächst soll auf die von Marcuse formulierte Kritik an Fromm eingegangen werden.

Reife Liebe ist nach Fromm die „Fähigkeit eines reifen, produktiven Charakters" (Ders: 1980: 4), der sich als Handelnder wahrnimmt. Sie beinhaltet bestimmte Grundelemente wie Fürsorge, Verantwortungsgefühl gegenüber den seelischen Bedürfnissen des anderen, Achtung vor dem anderen und Erkenntnis (ebenda: 83, 92, 104). Dabei werden diese Attribute so benannt, als seien diese Charakterzüge ohne weiteres unter den beschriebenen gesellschaftlichen Umständen umsetzbar.

Produktivität gilt im Allgemeinen als eine kapitalistische Werteorientierung, die im Kontext einer Analyse, die die Prägung von Liebesbeziehungen im Kapitalismus aufzeigen soll, unmittelbar die Adaption zu kritisierender Kategorien vollzieht. Marcuse sieht in Fromms Übernahme des ‚kapitalistischen' Vokabulars die Übernahme „der herrschenden Ideologie" selbst (Marcuse 1970: 246). Was bei der Verwendung einer bestimmten Terminologie beginnt, zieht sich nach Marcuses Auffassung gleichsam durch Fromms Denken. Marcuse delegitimiert Fromms Analysen und beanstandet die Unbedarftheit, mit der Fromm einerseits von der anzustrebenden Art der Liebe spricht und gleichzeitig die Individuen als entfremdet und die Gesellschaft als vom Markt beherrscht sieht. Daraus zieht er die Schlussfolgerung, dass Fromm sich nur an „Oberflächenerscheinungen" (ebenda: 256) abarbeitet und es daher mit seiner Kritik nicht ernst meinen kann. Der Kern der Kritik besteht darin,

---

[3] Marcuse stützt seine Einwände und Vorwürfe gegen Fromm auf ältere Texte, z.B. „Man for Himself", wobei sich viele der kritisierten Ansichten in „Die Kunst des Liebens" wiederfinden.

dass Fromm nicht die gesamte Gesellschaft in ihrer Erscheinung in Frage stellt und daher als unveränderlich akzeptiert. Dies bedeutet notwendig die Anpassung an die bestehenden Verhältnisse.

Dem gegenüber steht Marcuses Modell, das mit Freuds Theorie die Vision einer befreiten Gesellschaft, eines „befreiten Eros" entwickelt. Das Ergebnis wäre eine repressionsfreie Gesellschaft. Liebe widersetzt sich den Interessen der Kultur, genauso wie die Kultur die Liebe mit Einschränkungen überzieht, schrieb Freud in „Das Unbehagen in der Kultur" (Freud 1976: 462). Die Notwendigkeit der Auflösung des herrschenden Realitätsprinzips war Marcuses treibendes Motiv.

Nach Marcuse hat die heutige Gesellschaft einen Punkt erreicht, an dem sie problemlos ihr Glücksversprechen an die Menschen einlösen könnte. Doch je näher die Erfüllung des Glückes zu kommen scheint, desto größer wird die Notwendigkeit einer stärkeren Beherrschung und Kontrolle, weil die „Versuchung, die wachsende Produktivität in Freiheit und Glück zu genießen, immer stärker wird [...]" (Marcuse 1968: 24). Auf der Höhe der Zivilisation soll mit reifem Bewusstsein und unter der Leitung einer neuen Vernunft das herrschende Realitätsprinzip durch ein neues Realitätsprinzip ersetzt werden. Dieses neue Realitätsprinzip braucht keine zusätzliche Unterdrückung und entledigt sich der repressiven Sublimierung – die libidinöse Aktivitäten in kulturelle Leistungen verwandelt –, da sich die „Triebe auf freie und existentielle Beziehungen" richten können. Der Prozess der nicht-repressiven Sublimierung führt zu einem Abbau der Institutionen des Leistungsprinzips. Die Sexualität tendiert dazu, so Marcuse, sich zum Eros zu entwickeln, „das heißt zur Selbstsublimierung in dauerhafte und erweiterte Beziehungen (einschließlich von Arbeitsbeziehungen), die dazu dienen, die Triebbefriedigung zu intensivieren und zu vergrößern". Es kommt zu einem ausgeglichenen Verhältnis zwischen Triebfreiheit und Ordnung. Sexualität müsste dann nicht an Liebe gekoppelt sein und die Arbeitsteilung wäre an der „Befriedigung frei sich entwickelnder und individueller Bedürfnisse" orientiert. Die Libido, der Marcuse diese Veränderungen zutraut, wäre jedoch nur als eine transformierte Libido, die eine Erotisierung der Gesamtpersönlichkeit umfassen würde, zu denken (Ders. 1970: 196-199). Allerdings wird in Marcuses utopischer Vorstellung von einer Triebbefreiung nicht ausreichend bestimmt, wie es zur Entfesselung der Libido und ihrer Transformation kommen soll.

3 Mit der Liebe in eine andere Gesellschaft?

Fromm und Marcuse zeigen zwei unterschiedliche Zugänge, wie mit der Liebe in der kapitalistischen Gesellschaft zu verfahren sei. Ihr gemeinsamer Ausgangspunkt ist die Kritik des Bestehenden, sie kommen aber zu unterschiedlichen Ergebnissen.

Fromm stilisiert in seiner Schrift „Die Kunst des Liebens" die Möglichkeit der Entwicklung wahrer Liebe zu einer Hoffnungsinsel. Liebe könnte der Ort sein, an dem kapitalistische Verwertungsmechanismen ausgeschlossen, gar aufgehoben werden. Eine Vorstellung, die jedoch angesichts der vorangegangenen Darstellung der Verfasstheit von Gesellschaft und ihrer die Persönlichkeit prägenden Erscheinungen Zweifel an ihrer Umsetzbarkeit zurücklässt. Der dadurch entstehenden Ambivalenz ist sich Fromm bewusst. Dennoch gilt ihm die Liebe als „einzig vernünftige und befriedigende Lösung des Problems menschlicher Existenz". Folglich müsste eine Gesellschaft, die Liebe verunmöglicht, notwendig an ihrer Ignoranz der „Bedürfnisse der menschlichen Natur" zerbrechen (ebenda: 145). Das Aufzeigen der Abwesenheit von Liebe in den westlichen Gesellschaften ist Fromms Weg einer Kritik der Gesellschaft.

Von der Annahme, dass Liebe eine Empfindung sei, zu der alle Menschen auch unter den gegenwärtigen Bedingungen in der Lage seien, geht Fromm offenbar aus. Dies weist er allerdings weder empirisch noch theoretisch nach. Würde man diese Annahme akzeptieren, könnte man für die Liebe in Anknüpfung an Marx Ähnliches konstatieren. Das Wesen des Menschen sieht Marx als geschichtlich bestimmt, von dem der Mensch relational immer mehr entfremdet wird. Die gesellschaftlich unbefleckte Liebe ist jedoch nicht fassbar, weil der Mensch immer einer „seinsbedingten Bewusstseinsbildung" unterliegt, wie Alfred Sohn-Rethel schreibt (Sohn-Rethel 1970: 204). Was uns gegenübertritt, ist immer eine spezifische Variation menschlicher Natur in einer bestimmten Kultur. So könnte man höchstens zugeben, dass der Mensch möglicherweise mit dem Potential zum Lieben auf die Welt kommt, dieses aber mit zunehmendem Kulturkontakt zerstört wird.

Fromms Glaube an gewisse Spielräume in einer verwalteten Welt wird diesbezüglich von Marcuses stringentem Pessimismus kontrastiert. Eine Versöhnung mit der Brutalität, die der Kapitalismus den Menschen auch durch die Liebe hindurch aufzwingt, möchte er ausschließen. Denn nur die unsublimierte, nicht-repressive Auslebung der Triebwünsche könnte zur umfassenden Glücklichkeit führen. Wer Liebe erlebt, weiß um ihr Potential zum Glücklichsein. Das konstatiert Freud recht klar mit den Worten: „daß die geschlechtliche (genitale) Liebe […] eigentlich das Vorbild für alles Glück gebe" (Freud 1976: 460). Doch wird dieses Glück durch das Realitätsprinzip in Grenzen gezwungen. Der Sehnsucht nach unvergänglicher Liebe kann, wer funktionieren muss, nicht nachgeben. Liebe muss, so Marcuse, „halb sublimierte und gehemmte Libido sein und mit den sanktionierten Bedingungen, die der Sexualität auferlegt sind" synchron laufen (vgl. Marcuse 1970: 255).

Marcuse hebt im Unterschied zu Fromm neben der Umgestaltung der Gesellschaft explizit auf einen weniger stark ausgeprägten Zustand der Triebunterdrückung ab. In der Veränderung der Gesellschaft sieht Marcuse die Bedingung für eine Veränderung der Triebunterdrückung und damit eine Veränderung von Liebesbeziehungen. Marcuse macht, in direktem Rekurs auf Freud, Zivilisation als irreversibel aus. Liebe wird von Marcuse unter den herrschenden gesellschaftlichen Bedingungen als Mittel zum Zweck bestimmt. Sie gilt ihm als Mittel, um in einem gesellschaftlich geordneten Rahmen Sexualität praktizieren zu können. Die domestizierte Sexualität ist unter dem Mantel der Moral zur Liebe sublimiert worden (ebenda: 198).

Marcuse rückt also Paarbeziehungen respektive Liebe aus dem Grund nicht dezidiert in den Fokus seiner Analysen, weil beide Erscheinungen immer auf Sublimierung basieren und nur jenseits des Realitätsprinzips die Kategorien, die Fromm als Kennzeichen der Liebe benennt, eingelöst werden können. Der Versuch, Glück und Liebe zu bestimmen, wird zwangsläufig den Grundprämissen des aktuellen Gesellschaftszusammenhangs verhaftet bleiben. In einem späten Werk „Konterrevolution und Revolte" stellt Marcuse indes die Forderung auf, dass sich die Ansprüche einer künftig freien Gesellschaft schon in den persönlichen Beziehungen der Menschen in der unfreien Gesellschaft ausdrücken müssten, und geht damit wieder einen Schritt auf die ‚falsche' Gesellschaft zu. „Kein radikaler gesellschaftlicher Wandel ohne radikalen Wandel der Individuen, die seine Träger sind." Gleichzeitig: „keine Befreiung des Individuums ohne die der Gesellschaft. Das ist die Dialektik der Befreiung" (Marcuse 1973: 61).

4 Zusammenfassung

Während sich viele soziologische Theorieansätze auf die Liebenden selbst und ihr Verhalten konzentrieren, analysiert die Kritische Theorie Liebesbeziehungen als Resultat des gesellschaftlichen Ganzen. Liebe wird nicht als ein außergesellschaftliches Faktum ausgemacht. Kritische Theorie bleibt dabei der Struktur der Gesellschaft wie auch der Triebdynamik des Individuums auf der Spur und betrachtet diese hinsichtlich ihrer Auswirkungen auf das Denken, Fühlen und Handeln der Liebenden.

Zweifellos kann die Kritische Theorie keine einheitliche Position zum Thema Liebe anbieten. Fromm und Marcuse treffen ähnliche Diagnosen über die Verfasstheit von Gesellschaft und die damit verbundenen Folgen für das Individuum. Die warenproduzierende Gesellschaft liquidiert das Besondere, führt zur Entfremdung des Menschen sich selbst und anderen gegenüber, bereitet die tendenzielle Ersetzbarkeit des Einzelnen und mechanisiert Verhaltensweisen. Während Fromm jedoch nach Nischen im bestehenden Falschen sucht, entwickelt Marcuse eine radikalere Vision einer Befreiung der Gesellschaft. Bei ihm soll der Eros zum Widersacher einer unnötig repressiven Gesellschaft werden. Beide Modelle sind hinsichtlich ihrer Konsistenz bzw. Umsetzbarkeit diskutierbar.

Worin sich jedoch beide Positionen einig sind, ist die Tatsache, dass die kapitalistische Gesellschaft den Menschen beeinflusst und an ihm Veränderungen vornimmt. Das betrifft natürlich auch die Gefühle, die er in Liebesbeziehungen entwickeln kann. Unter gesellschaftlichen Bedingungen, die unterdrücken und Erwartungen an den Einzelnen richten, die unerfüllbar sind, werden auch Gefühle ähnlich der gesellschaftlichen Standards geformt. Das bedeutet: Die Fähigkeit zum Lieben entwickelt sich analog den alltäglichen Beschädigungen, die dem Subjekt unter kapitalistischen Bedingungen zugefügt werden.

Literatur

Adorno, Theodor W. (1972a) [1952]: Die revidierte Psychoanalyse. In: Ders. Gesammelte Schriften, Bd. 8. Frankfurt am Main: Suhrkamp Verlag. S. 20-42.

Adorno, Theodor W. (1972b) [1955]: Zum Verhältnis von Soziologie und Psychologie. In: Ders. Gesammelte Schriften, Bd. 8. S. 42-86.

Adorno, Theodor W. (1977) [1966]: Erziehung nach Auschwitz. In: Ders. Gesammelte Schriften, Bd. 8. Frankfurt am Main: Suhrkamp Verlag. S. 674-691.

Freud, Sigmund (1976) [1930]. Das Unbehagen in der Kultur. Gesammelte Werke, Bd. XIV. Frankfurt am Main/Hamburg: Fischer Bücherei.

Fromm, Erich (1932): Über Methode und Aufgabe einer analytischen Sozialpsychologie. In: Zeitschrift für Sozialforschung. JG I. Leipzig: Verlag von C.L. Hirschfeld. S. 28-55.

Fromm, Erich (2004) [1947]: Den Menschen verstehen. Psychoanalyse und Ethik. München: Deutscher Taschenbuch Verlag.

Fromm, Erich (1980) [1956]. Die Kunst des Liebens. Frankfurt am Main/Berlin/Wien: Ullstein Materialien.

Horkheimer, Max/Adorno, Theodor W. (1981 [1947]): Dialektik der Aufklärung. In: Adorno, Theodor W.: Gesammelte Schriften, Bd. 3. Frankfurt am Main: Suhrkamp Verlag.

Marcuse, Herbert (1970) [1955]: Triebstruktur und Gesellschaft. Frankfurt am Main: Suhrkamp Verlag.

Marcuse, Herbert (1968): Trieblehre und Freiheit. In: Ders. Psychoanalyse und Politik. Herausgegeben von Karl- Heinz Haag u.a.. Frankfurt am Main: Europäische Verlagsanstalt. S. 5-35.

Marcuse, Herbert (1973): Konterrevolution und Revolte. Frankfurt am Main. Suhrkamp Verlag.

Marx, Karl/Engels, Friedrich (1972) [1846]: Die deutsche Ideologie. MEW Bd. 3. Dietz Verlag. S. 3-530.

Marx, Karl (1961) [1886]: Zur Kritik der politischen Ökonomie. MEW, Bd. 13. Berlin: Dietz Verlag. S. 3- 161.

Marx, Karl (1962) [1867]: Das Kapital Erster Band. MEW, Bd. 23. Berlin: Dietz Verlag. S. 11-927.

Sohn-Rethel, Alfred (1970): Geistige und körperliche Arbeit. Zur Theorie der gesellschaftlichen Synthesis. Frankfurt am Main. Suhrkamp Verlag.

Matthias Junge

Liebeloser Frauentausch.
Elemente der strukturalistischen Analyse von Verwandtschaftsbeziehungen

Der kulturanthropologische Strukturalismus setzt mit der Übertragung des sprachwissenschaftlichen Strukturalismus auf die Untersuchung sozialer und kultureller Strukturen und Bedeutungen ein. Der Ethnologe und Kulturanthropologe Claude Lévi-Strauss (geb. 1908) entwickelte in dem für den französischen Strukturalismus Bahn brechenden Werk „Die elementaren Strukturen der Verwandtschaft" 1949 die Grundlagen für einen verallgemeinerten, nicht mehr nur sprachwissenschaftlichen Strukturalismus. Lévi-Strauss analysierte anhand ethnologischen Materials über Familienstrukturen die Bedeutung von Verwandtschaftssystemen. Er ging dabei von der Annahme aus, dass Verwandtschaftssysteme trotz ihrer individuellen Unterschiedlichkeit einer gleichförmigen Gesetzmäßigkeit unterliegen.

Hier geht es offensichtlich noch nicht um Liebe, sondern zuerst um die Strukturen von Beziehungen, von Verwandtschaftsbeziehungen. Ob Liebe dazugehört, das ist hier noch offen. Was werden wir finden? Der Suchweg steht fest, es ist der Vergleich. Um die invariante Struktur von Verwandtschaftsverhältnissen zu begreifen, stellt er eine Vielzahl verschiedener Verwandtschaftssysteme gegenüber. Denn durch die Herausarbeitung von Gemeinsamkeiten und Unterschieden sozialer Erscheinungen lässt sich etwas über die Struktur eines sozialen Phänomens lernen. Und um diese Struktur, die Struktur von Verwandtschaftssystemen, geht es Lévi-Strauss.

Die gemeinsame Struktur verschiedener Verwandtschaftssysteme wird bestimmt durch das Inzestverbot. Es regelt, allgemein formuliert, soziale und sexuelle Beziehungen zwischen nahen Verwandten und schließt diese kategorisch aus. Wir finden dieses Verbot nicht nur in traditionellen oder archaischen Gesellschaften, sondern auch heute noch ist dieses Verbot ein Strukturelement von Gesellschaft. In fast allen Ländern gibt es Gesetze, die sexuelle Beziehungen zwischen Blutsverwandten regeln. So ist etwa in der BRD in § 173 des StGB festgelegt, ab welchem Grad der Blutsverwandtschaft eine Heirat erlaubt, d.h. die Aufnahme sexueller Beziehungen legitim ist.

Thema ist also das Inzestverbot als Grundlage für Beziehungen zwischen Verwandtschaftssystemen. Das Verbot ist die gesuchte Antwort auf die Frage nach den invarianten Strukturen von Verwandtschaftsstrukturen. Das Inzestverbot eröffnet und erzwingt Beziehungen zwischen verschiedenen Verwandtschaftssystemen. Denn das Inzestverbot zwingt zur Verbindung mit Frauen außerhalb des eigenen verwandtschaftlichen Kreises durch Heirat in andere.

Anschließend an diese Feststellung können zwei Fragen aufgeworfen werden. Zuerst: Warum geht die Analyse davon aus, dass Frauen, nicht aber Männer getauscht werden? Zweitens: Welche sozialen Folgen hat der Austausch von Frauen im Gefolge des Inzestverbots? Die erstgenannte Frage lässt sich nur in Form einer Spekulation beantworten und führt zu einer theoretischen Überlegung, die die Logik der Analyse von Verwandtschaftsbeziehungen weiter erhellt. Für Lévi-Strauss stand der Frauentausch im Mittelpunkt, weil das überlieferte ethnologische und sozialanthropologische Material überwiegend Gesellschaften mit einer patriarchalen Struktur beschrieb, Gesellschaften, in denen Männer sozial, politisch, ökonomisch und kulturell dominierten. Zwar gab es eine ausführliche sozialanthropologische Diskussion um einen möglichen historischen Primat des Matriarchats, jedoch führte die Kontroverse nicht zu einem unumstrittenen eindeutigen Ergebnis, so dass die unbefragte Annahme von Lévi-Strauss als plausibel eingeschätzt werden kann. Anzumerken ist jedoch auch, dass der Gedanke, dass der Frauentausch zu einer Erweiterung des sozialen Verkehrskreises von Männern durch den Zugewinn eines Schwagers führt, auch in der Perspektive eines hypothetisch angenommenen Männertauschs formuliert werden kann und sich dadurch nur die Beschreibung der familiären Abstammungsfolgen verändert. Ausgehend vom hypothetischen Männertausch wäre dann der Zugewinn der Frau die Schwägerin, und bezüglich der Rekonstruktion von Abstammungsfolgen wären in den Analysen nur jeweils die Silben „matri" und „patri" durch das jeweilige Gegenstück zu ersetzen. Identisch bliebe aber auch bei einem solchen „Umschreiben" die Struktur der Beziehungen gekennzeichnet vor allem als Tausch.

Die zweite Frage findet nachfolgende Antwort. Das Inzestverbot führt dazu, dass Frauen an andere Verwandtschaftssysteme angebunden werden, weil die Anbindung innerhalb des eigenen Verwandtschaftssystems untersagt ist. Diese Anbindung von Frauen an andere Verwandtschaftssysteme etabliert eine Form des Tausches, eine Form der Austauschbeziehungen zwischen verschiedenen Verwandtschaftssystemen. Auf lange Sicht wird so die Integration, der innere Zusammenhang zwischen verschiedenen Verwandtschaftssystemen stabilisiert.

Frauen fungieren als Zeichen des Austausches, weil sie Tauschwert, d.h. Wert für die Erweiterung des Verwandtschaftssystems, haben. Die Analyse dreht sich um den Charakter dieses Tausches. Was jenseits dieses Tausches in den gestifteten Beziehungen geschieht, wird nicht angesprochen. Die Perspektive richtet sich auf die durch den Tausch etablierten verwandtschaftlichen Beziehungen.

Die Einführung einer Frauentauschregel durch das Inzestverbot bedeutet, und hier schließt Lévi-Strauss direkt an den Sprachwissenschaftler Ferdinand de Saussure an, dass die Frauen als ein Zeichen behandelt werden. Die Frau als Zeichen erhält durch ihre Anbindung an ein anderes Verwandtschaftssystem ihre Bedeutung. Das Zeichen „Frau" kommuniziert, dass Frauentausch, dass Tausch allgemein ein Ordnungsprinzip der sozialen Beziehungen zwischen Verwandtschaftssystemen ist. Die Frau bezeichnet das Ordnungsprinzip Tausch: „Was bedeutet das anderes, als dass die Frauen selbst als Zeichen behandelt werden, die man missbraucht, wenn man nicht den Gebrauch von ihnen macht, der den Zeichen zukommt und der darin besteht, kommuniziert zu werden?" (1949: 662) Mit dieser Formulierung wird die Rekonstruktion von sozialer Integration und ihrer Bedeutung an das strukturalistische Paradigma zurückgebunden. Soziale Integration durch den Frauentausch wird als ein Austausch von Zeichen verstanden. Sie ergibt sich aus der Beziehung zwischen den getauschten Frauen verstanden als getauschten Zeichen.

In dieser Schilderung werden Frauen als ein Zeichen betrachtet, welches durch die Anbindung an ein anderes Verwandtschaftssystem kommuniziert wird. Das folgende Beispiel wird dies verdeutlichen, um daran anschließend die kritische Auseinandersetzung mit dieser Analyse auszuführen.

„Die Theorie der Eingeborenen bestätigt unsere Auffassung noch unmittelbarer. Den Arapesh-Informanten von Margaret Mead fiel es zuerst schwer, ihre Fragen über die möglichen Übertretungen der Heiratsverbote zu beantworten. Doch wenn sie zuweilen einen Kommentar formulierten, enthüllte sich deutlich der Ursprung des Mißverständnisses: Sie begreifen das Verbot nicht als solches, d.h. in seinem negativen Aspekt; es ist lediglich die Kehrseite oder das Gegenstück einer positiven Verpflichtung, die als einzige in ihrem Bewußtsein gegenwärtig und lebendig ist. Kommt es vor, daß ein Mann mit seiner Schwester schläft? Die Frage ist absurd. Ganz gewiß nicht, antworten sie: ‚Nein, wir schlafen nicht mit unseren Schwestern. Wir geben unsere Schwestern an andere Männer und bekommen dafür ihre Schwestern.' Die Ethnographin insistiert: Falls diese Möglichkeit trotz allem doch einmal einträte, was würdet ihr davon halten? – Daß einer von uns mit seiner Schwester schläft? Was für eine Frage! – Aber nehmt einmal an, daß so etwas passiert ... Schließlich erhält sie von einem Informanten, dem es schwer fällt, sich in die ihm kaum vorstellbare Situation zu versetzen, in der er mit einer des Inzest schuldigen Gefährtin diskutieren müßte, folgende Antwort in dem imaginären Dialog: ‚Was, du möchtest deine Schwester heiraten? Bist du denn nicht ganz richtig im Kopf? Möchtest du denn keinen Schwager? Siehst du denn nicht ein, daß du wenigstens zwei Schwager bekommst, wenn du die Schwester eines anderen Mannes heiratest und ein anderer Mann deine eigene Schwester bekommt? Mit wem willst du denn auf die Jagd oder in den Garten ziehen, und wen willst du besuchen?'" (Lévi-Strauss, 1981: 647)

Damit ist im Prinzip alles gesagt. Frauen fungieren auf der Basis von Heiratsregeln als Tauschgegenstand der kommunikativen Banden zwischen Männern aus verschiedenen Familiensystemen. Durch diese kommunikativen Banden werden die sozialen Verkehrskreise in zweierlei Form erweitert, in einer disharmonischen und in einer harmonischen Form (vgl. Lévi-Strauss 1981: 311).

Die harmonische Form, die Wohnsitzregel und die Deszendenzregel sind gleich (etwa: matrilinear und matrilokal), etabliert den eingeschränkten Tausch, sein Merkmal ist die direkte Realisierung der Reziprozität. Die Erwiderung der Gabe durch die Gegengabe erfolgt auf gleicher Ebene, in gleicher Münze. Die Ereigniskette zwischen Gabe und Gegengabe ist kurz und verbleibt begrenzt auf das bereits etablierte System der Gruppen. Die disharmonische Form, Wohnsitzregel und Abstammungsregel sind verschieden (etwa: patrilinear und matrilokal), hingegen etabliert den verallgemeinerten Tausch. Die Ereigniskette zwischen Gabe und Gegengabe ist lang, sie ist nun vermittelt über viele Tauschakte. Nicht mehr gilt das Oszillieren von Frauen zwischen zwei Verwandtschaftsgruppen, vielmehr rotieren diese nur durch mehrere Verwandtschaftssysteme hindurch, bevor Reziprozität hergestellt ist. Nur die disharmonische Form legt den Grundstein für den verallgemeinerten Tausch, während die harmonische Form einen eingeschränkten Tausch zwischen einer festgelegten binären Anordnung von Familiensystemen ermöglicht.

In dieser Diskussion geht es immer und vor allem darum, dass durch das Inzestverbot die Norm der Reziprozität realisiert wird. Was gegeben wurde, das muss – ungefähr äquivalent – zurückgegeben werden. Dieses Prinzip von Gabe und Gegengabe findet sich familiensoziologisch gesprochen wieder in einer klaren Klassifikation von Heiratsregeln. Wer darf wen wann heiraten und wer muss dann im Gegenzug wen heiraten?

Entscheidend an dieser gesamten Überlegung ist, dass bislang nur über Tausch Verkehrskreise, Verwandtschaftsbeziehungen, Familienbeziehungen, Heiratsregeln gesprochen wurde. Ein Wort wurde bewusst vermieden, deshalb auch die Wahl des Titels: Liebe kommt hier nicht vor. Liebe ist kein Gegenstand der frühen Arbeit über die elementaren Verwandtschaftsstrukturen, vielmehr ist Liebe ein Neben- oder Ausfallprodukt der Etablierung von Tauschbeziehungen. Alles was man im weitesten Sinne über Liebe ohne eine Spezifizierung dieses nicht unproblematisch zu beschreibenden Gegenstandes sagen könnte, ist mit Lévi-Strauss: „In der Gesamtheit der Leistungen, zu denen auch eine Frau gehört, gibt es eine Kategorie, deren Erfüllung in erster Linie von ihrem guten Willen abhängt: Nämlich die persönlichen Dienstleistungen, seien sie nun sexueller oder häuslicher Art." (Lévi-Strauss, 1981: 190)

Die Rede ist von Tausch, ökonomischen Beziehungen und sozialer Integration, gefasst als „totale soziale Phänomene" im Rückgriff auf Marcel Mauss (1990: 17). Im Strukturalismus Lévi-Strauss'scher Prägung geht es um liebelosen Frauentausch, weil nur eine Dimension – der Zeichenwert von Frauen als Tauschgegenstand – in den Mittelpunkt rückt.

Einerseits ist das Ganze vor dem Hintergrund eines Interesses an einer umfassenden Analyse des Phänomens der Liebe unbefriedigend. Andererseits ist jedoch die Analyse von Lévi-Strauss wegweisend, weil er seine Analyse konsequent in die Perspektive des „totalen sozialen Phänomens" stellt. Die Beschreibung eines Sachverhaltes als totales soziales Phänomen versucht einerseits, alle damit in Zusammenhang stehenden Einflussfaktoren zu benennen und zu analysieren, und sie zielt andererseits darauf, den in Rede stehenden Sachverhalt als vollständig sozial determinierten zu kennzeichnen.

Aspekte einer kritischen Gesamtwürdigung sind die folgenden: Erstens fehlt den Analysen eine reflexive Wendung der strukturalistischen Perspektive auf die innere Struktur von Paarbeziehungen. Die Analyse betrachtet das „Liebes"paar konsequent im Hinblick auf Beziehungen zur Umwelt, anderen Familiensystemen. Eine Analyse der internen Beziehungsstrukturen unterbleibt. Dadurch entgeht Lévi-Strauss sein Patriarchalismus (vgl. Schugens/Sommerburg 1989: 19), denn alle Beschreibungen gehen vom Referenzpunkt des Mannes als Träger der Definition der Position in einem Verwandtschaftssystem aus. Zudem unterstellt seine Analyse durch die vorausgesetzte Konstanz der Zeichenbedeutung der Frau, dass diese selbst keine Zeichen produziert, und vor allem nicht zur Veränderung ihres Zeichenwertes beitragen kann (vgl. Schugens/Sommerburg 1989: 29; im allgemeinen etwa Blumer 1973). Kurz: Der Gedanke der Autonomie der Zeichenträgerin kann nicht gedacht werden. So hält auch de Jong in einer der ersten umfassenden Analyse der Arbeit von Lévi-Strauss fest: „women lose their identity" (1970: 57). Dies liegt an der konsequent durchgehaltenen reduktionistischen Analysestrategie, die am Zeichencharakter des Tausches von Frauen festhält. Es geht um den Tausch von Zeichen, den Tauschwert der Frauen, nicht hingegen um Interaktionen und die Strukturen in Beziehungen zwischen Lebenspartnern (vgl. Leach 1978 [1976]: 14). Hier liegt ein Forschungsdefizit dieser Tradition des französischen Strukturalismus in soziologischer und ethnographischer Perspektive vor, die bislang nicht befriedigend geschlossen ist.

Zweitens: Es findet eine durchgängige Ökonomisierung sozialer Sachverhalte statt, indem vor allem das Zeichen als Sinnbild für Tauschvorgänge, als Ermöglichungsbedingung von Tauschvorgängen betrachtet und damit gleichgültig wird, was der „Zeichenträger" ist. Es können dies Frauen, Kinder, Tiere, Wäschestücke, Nahrungsmittel, Zelte usw. sein. Dass es die Frau traf in den Analysen von Lévi-Strauss, ist dem historischen Umstand des Interesses an Familienstrukturen geschuldet. Es fehlt eine gesonderte Begründung für die Annahme der Frau als Zeichen. Der Grund hierfür liegt in der – eine der bleibenden Leistungen von Lévi-Strauss – direkten Anwendung des sprachwissenschaftlichen Strukturalismus auf die Analyse von Verwandtschaftsbeziehungen, die jedoch in die „fetishization of structure" (Rochberg-Halton 1982: 468) mündet. Konsequent beschreibt er daher Frauen als Zeichen in einem System des Zeichenaustausches.

Drittens: Der Liebe als Phänomen wird im Strukturalismus damit vor allem eins abgesprochen: erlebte Sinnhaftigkeit aus der Binnenperspektive Liebender.[1] Liebe als Abfallprodukt ökonomischer und sozialer Beziehungen hat keine darüber hinaus weisende Bedeutung, nichts, was über die schlicht ökonomisch-soziale Beziehungsdimension hinausgeht. Alles andere, was geschieht in Beziehungen, die auf der Basis von Heiratsregeln etabliert sind, sind Extraleistungen. Und auch hier ist bezeichnend, dass Lévi-Strauss von Extraleistungen spricht, also auch in der Analyse dieser Extraleistungen wird noch einmal die Analyseperspektive der als grundlegend vorausgesetzten Reziprozität eingenommen. Für die „Dienstleistung" der Frau dem Mann gegenüber ist dieser ihr wiederum zu einer erwidernden Gegenleistung verpflichtet, außer – diese Deutung ist theoretisch möglich – dass bereits der primäre Tausch die Leistung des Mannes als dauerhafte Gegenleistung etabliert hat. Denn es wird ja nicht nur der Verwandtschafts- und Bekanntschaftskreis des Mannes erweitert, sondern es wird ja zugleich auch der Verwandtschafts- und Bekanntschaftskreis der Frau vergrößert.

Viertens: Die bisherigen Überlegungen leiten über zu einer weiteren kritischen Anmerkung, die jedoch positiv genutzt werden kann. Den Analysen von Lévi-Strauss fehlt jede Art einer Diskussion, wie sie später unter dem Etikett „Die Einbettung der Ökonomie" ausgehend von Polanyi (vgl. 1979) geführt wird. Ökonomie, ökonomisches Handeln ist eingebettet in eine soziale Struktur. Dieses Merkmal nutzt Lévi-Strauss implizit und diskutiert es in der Perspektive der Mauss'schen Konzeption des „totalen sozialen Phänomens" (vgl. Ekeh 1974: 200). Für Lévi-Strauss reguliert die soziale Struktur die ökonomische Struktur.

Insofern ist gerade diese Analyse als eine Vorarbeit für die sich später entwickelnde Diskussion um die Moralökonomie von Gesellschaften maßgeblich. Das bedeutet, aus den Analysen von Lévi-Strauss kann trotz aller berechtigter und weiterhin aufrecht zu erhaltender Kritik etwas Positives abgeleitet werden: Die Einsicht in die starke soziale Bestimmtheit fast aller Verhältnisse in gesellschaftlichen Kontexten. Ökonomisches ist nicht ohne die soziale Regulation ökonomischer Zusammenhänge zu denken. Persönliche Beziehungen sind nicht ohne die soziale Regulation genau dieser Beziehungen zu denken. Liebe ist – auch wenn Lévi-Strauss dies nicht ausbuchstabiert – nicht ohne soziale Regulation zu denken. Das bedeutet: Mit den Analysen von Lévi-Strauss wird der absolute Primat des Sozialen vor allen

---

[1] Der aus der strukturalistischen Tradition stammende und diese später zur Semiologie hin überschreitende Roland Barthes hat mit „Fragmente einer Sprache der Liebe" (1988) eine solche phänomenologische und sprachtheoretisch inspirierte Darstellung unternommen. Das Buch umschreibt durch die Analyse nur alphabetisch gereihter (und damit die Idee einer übergeordneten Struktur abweisend) Stichworte im Kontext der Liebe diese als vielfältiges und vielschichtiges Phänomen, Geschehen und Praxis, ohne eine Ordnung oder Struktur anzunehmen. Durch die beliebige, dem Leser überlassene Abfolge der Wahl einzelner Stichworte entsteht jeweils ein anderes „Universum der Liebe", ohne dass eines davon das ganze Universum von Liebe darstellen und zu erfassen beanspruchen kann.

anderen regulierenden Instanzen und Beziehungen behauptet. Das ist eine bis heute bestehende Leistung. Hieran anschließend und über Lévi-Strauss hinausgehend wäre dann zu fragen nach den sich aus der sozialen Bestimmung ergebenden Strukturen in einer Partnerschaft, nach den Strukturen von Liebesbeziehungen, nach ihrer Dynamik, die auf dem Fundament der Strukturen aufruht. Solche weiterführenden Fragen würden aus der „Enge" einer reinen Analyse von Verwandtschaftssystemen herausführen und die strukturalistische Perspektive öffnen, etwa für den mit der Emanzipation der Frau einhergehenden Wandel von Beziehungsstrukturen hin zu etwas mehr Egalität zwischen den Partnern.

Hinzu kommt, fünftens, noch etwas: Bislang wurde eher allgemein davon gesprochen, dass es um die Analyse von Tauschbeziehungen geht. Es geht aber genau genommen um zwei Typen von Tauschbeziehungen. Es gibt einen eingeschränkten Tausch und einen allgemeinen Tausch. Der eingeschränkte Tausch führt zu einer statischen Tauschstruktur. Sie trägt nicht zu einer dauerhaften Erweiterung von Verkehrskreisen bei, sondern etabliert einen bestimmten Verkehrskreis mit definitiven Grenzen, innerhalb dessen der Tauschverkehr verbleibt.

Der interessantere und auf die Expansionsdynamik abhebende Typ hingegen ist der verallgemeinerte Tausch. Er impliziert eine beständige Erweiterung der Verwandtschaftsbeziehungen zu neuen Verwandtschaften. Das bedeutet, erst der verallgemeinerte Tausch setzt die Dynamik eines ökonomischen Handlungssystems frei. Solange der Tausch eingeschränkter Tausch ist, kann sich wirtschaftliche Expansion und Dynamik nicht etablieren. Der verallgemeinerte Tausch ist Dreh- und Angelpunkt jeder gesellschaftlichen Entwicklungsdynamik. Erst mit der Etablierung kann sich die Dynamik ökonomischer Beziehungen, die Dynamik ökonomischen Handelns entfalten.

Sechstens, das von Lévi-Strauss formulierte und in seinen sozialen Konsequenzen durchdeklinierte Inzestverbot hat auch heute noch die von ihm vermutete Bedeutung, es wird in allen Gegenden der Welt überwiegend eingehalten. Gelegentliche Ausnahmen fallen gerade deshalb ins Gewicht, weil sie daran erinnern, dass dieses Verbot weiterhin in Kraft ist und auf seine soziale Einhaltung, wenngleich in unterschiedlicher kultureller Definitionsweise, in allen Gesellschaften gedrängt wird (vgl. Wicker 2005). Insofern ist hier ein Grundsachverhalt getroffen, der für die Etablierung gesellschaftlicher Zusammenhänge unverzichtbar zu sein scheint.

Eine Entwicklung hingegen hat Lévi-Strauss nicht geahnt, weil sie außerhalb seiner Forschungsperspektive lag. Er hat sich nicht gefragt, ob die von ihm theoretisch begründete Perspektive auf den Tausch möglicherweise auch einen sozialen Trend der Ökonomisierung von Beziehungen und Liebesbeziehungen darstellt. Ihm ging es um die Formulierung eines allgemeinen zeitunabhängigen invarianten Gesetzes, in dem Liebe nur ein Ausfallprodukt in der Erzeugung sozialer Beziehungen ist. Nicht gedacht werden kann natürlich auf dieser Basis, dass eine einmal in Gang gesetzte Ökonomisierung der Liebe auch zu einer Transformation der Beziehungsstrukturen führt. Eine Ökonomisierung der Liebe hat eingesetzt, Liebe ist ein Gegenstand, der nicht nur käuflich erworben werden kann, sondern Liebe ist auch ein Gegenstand, der selber unter der Perspektive einer Investition betrachtet wird. Lieben bedeutet, Kosten einzusetzen, um einen – wie auch immer gearteten – Nutzen zu erlangen. Liebe ist ein Bestandteil eines ökonomischen Kalküls, das heißt aber auch, wenn sich das Kalkül nicht mehr lohnt, kann die Investition in die Liebe als Verlust abgeschrieben und die Liebe beendet werden. Liebesbeziehungen sind Elemente einer allgemeinen ökonomischen Handlungslogik geworden. Eva Ilouz etwa argumentiert, dass eine Ökonomisierung der Liebe eingesetzt hat und diese damit zu einer Ware wird, deren universale Tauschbarkeit möglich ist.

Diese Ökonomisierung treibt zugleich die Simulation von Liebe voran. Nicht nur in Form der käuflichen Liebe (vgl. Schuldt 2004: 136-154; Baumann 2005), sondern vor allem in der allgemeinen Simulation der Präsenz von Liebe. Liebe als das Erstrebte wird simuliert und zum Gegenstand von Strategien der Darstellung von Liebe (vgl. Meißner 2005). Zuletzt bleiben Simulationen von Liebe ohne Liebe, weil Liebe durch ihre Simulation hindurch nicht erreicht werden kann. Solche Tendenzen wiederum verstärken die Ökonomisierung der Liebe und ein verhängnisvoller sich selbst verstärkender Kreislauf ist in Gang gesetzt.

All das sind – zieht man die Betrachtungen zusammen – schlechte Aussichten für die Erfahrung und Entfaltung von Liebe als einem Phänomen, das alltagsweltlich betrachtet, vor allem ein Merkmal aufweist: Sie ist nicht kalkulierbar.

Literatur

Barthes, Roland (1988) [1977]: Fragmente einer Sprache der Liebe. Frankfurt am Main: Suhrkamp.
Baumann, Sabine (2005): Prostitution. Die Illusion der käuflichen Liebe. In: Peter Kemper/ Ulrich Sonnenschein (Hrsg.): Liebe – zwischen Sehnsucht und Simulation. Frankfurt am Main: Suhrkamp, S. 163-171.
Blumer, Herbert (1973): Der methodologische Standort des symbolischen Interaktionismus. In: AG Bielefelder Soziologen (Hrsg.): Alltagswissen, Interaktion und gesellschaftliche Wirklichkeit. Opladen: Westdeutscher Verlag, S. 80-101.
De Josselin de Jong, J.P.B. (1970) [1952]: Lévi-Strauss' Theory of Kinship and Marriage. Leiden: Rijksmuseum voor Volkenkunde.
Ekeh, Peter (1974): Social Exchange Theory. The two Traditions. Cambridge, Mass.: Harvard University Press.
Illouz, Eva (2007): Gefühle in Zeiten des Kapitalismus. Frankfurter Adorno-Vorlesungen 2004. Frankfurt am Main: Suhrkamp.
Leach, Edmund (1978) [1976]: Kultur und Kommunikation: Zur Logik symbolischer Zusammenhänge. (Übersetzt von Eberhard Bubser). Frankfurt am Main: Suhrkamp.

Lévi-Strauss, Claude (1981) [1949]: Die elementaren Strukturen der Verwandtschaft. Frankfurt am Main: Suhrkamp.

Mauss, Marcel (1990) [1925]: Die Gabe. Form und Funktion des Austauschs in archaischen Gesellschaften. Frankfurt am Main: Suhrkamp.

Meißner, Joachim (2005): Ich liebe es! Liebe als Verkaufsstrategie. In: Peter Kemper/Ulrich Sonnenschein (Hrsg.): Liebe – zwischen Sehnsucht und Simulation. Frankfurt am Main: Suhrkamp, S. 202-212.

Polanyi, Karl (1979): Ökonomie und Gesellschaft. Frankfurt am Main: Suhrkamp.

Rochberg-Halton, Eugene (1982): Situation, Structure, and the Context of Meaning. In: Sociological Quarterly 23, S. 455-476.

Schugens, Ramona/Sommerburg, Bettina (1989): Patriarchatsmagie. Zum Sexismus in der Theorie von Claude Lévi-Strauss. In: Brigitte Kossek/Dorothea Langer/Gerti Seiser (Hrsg.): Verkehren der Geschlechter. Reflexionen und Analysen von Ethnologinnen. Wien: Wiener Frauenverlag, S. 14-35.

Schuldt, Christian (2004): Der Code des Herzens. Liebe und Sex in den Zeiten maximaler Möglichkeiten. Frankfurt am Main: Eichborn.

Wicker, Hans-Rudolf (2005) Manuskript zur Vorlesung „Leitfaden für die Einführungsvorlesung in Sozialanthropologie" an der Universität Bern.

Paul B. Hill und Johannes Kopp

Liebe als Tauschmedium.
Intimbeziehungen aus der Sicht von Austauschtheorie und Rational-Choice-Ansatz

1 Vorbemerkung

In diesem Beitrag soll gezeigt werden, wie aus der Sicht einer mikrosoziologisch fundierten erklärenden Soziologie und dabei vor allem aus der Sicht der Austauschtheorie und des Rational-Choice-Ansatzes das Phänomen der Liebe und im Besonderen die Entwicklung von Liebesbeziehungen analysiert und erklärt werden kann. Dabei werden zunächst Liebe definitorisch verortet und soziale Regelmäßigkeiten benannt, die bei der Entstehung von Liebesbeziehungen beobachtet werden können. Dies betrifft die interne Dynamik von Beziehungen und ihre externe soziale Strukturierung. Darauf aufbauend sollen die wichtigsten Erklärungsargumente aus der Sicht der Nutzentheorie für die Stabilisierung und Destabilisierung von intimen Sozialbeziehungen vorgestellt werden. Hier erweist sich das Konzept der Investitionen beziehungsweise des Commitments von besonderer Bedeutung. In einer kurzen abschließenden Betrachtung sollen kurz generell die Ziele, aber auch die Grenzen eines entsprechenden Erklärungsansatzes skizziert werden.

Die Relevanz des Themas bedarf sicher keiner besonderen Hervorhebung: Liebe ist ganz ohne Zweifel eine der Emotionen, denen Menschen wohl mit die höchste Bedeutung beimessen. Unser privates Glück, unsere Gesundheit und Wohlbefinden, Lebensplanung und Lebensgestaltung werden von Liebesbeziehungen ganz wesentlich (mit-)bestimmt; Liebesbeziehungen haben nahezu selbstverständlich Einfluss auf wichtige biographische Passagen und Entscheidungen wie Partnersuche und -wahl, Eheschließung und Familiengründung, familiale Kontakte und Unterstützung – und das im gesamten Lebensverlauf.

2 Liebe: eine Emotion

„Liebe lässt dich Tag behaupten
mitten in der Nacht.
Liebe macht aus Schreckgestalten
Wesen voller Pracht.
Wehe allen, die der Liebe glaubten.
Eigentlich kaum auszuhalten,
was die dumme Liebe aus uns macht ...
Liebe lässt dich Wunder sehen,
wo sich gar nichts regt.
Liebe hält grad den zum Narren,
der sich zu ihr legt.
Niemals ist die Liebe zu verstehen.
Liebe spannt dich vor den Karren,
der sich keinen Fingerbreit bewegt"
(Heinz Rudolf Kunze nach William Shakespeare „Ein Sommernachtstraum")

Wissenschaft und Alltag, aber auch klassische Dichtung und moderne Populärmusik stimmen in der Eingruppierung der Liebe als eine der wichtigsten Emotionen überein. Für die Emotionspsychologie gehört sie neben Trauer, Glück, Hass und Angst zu den menschlichen Gefühlsregungen, die sich evolutionär entwickelt haben (Ortony/Turner 1990). Wie die anderen ‚großen' Gefühle ist sie für die menschliche Spezies überlebenswichtig (Oatley 1990; Frank 1992) und nicht etwa – wie noch Charles Darwin meinte – ein nicht-rationales und nicht-verstehbares Verhaltensrudiment.

Allerdings ist der Begriff ‚Liebe' sehr unscharf, und bereits im Alltag lassen sich verschiedene Bedeutungen feststellen; entsprechend groß ist die Anzahl der gängigen Spezifikationen: romantische Liebe, wahre Liebe, leidenschaftliche Liebe, alte Liebe und so weiter. Eine besonders populäre Dichotomie unterscheidet zwischen ‚love' und ‚like' beziehungsweise zwischen ‚romantischer Liebe' oder ‚passionate love' und ‚kameradschaftlicher Liebe'. Sternberg (1986) hat die verschiedenen Bedeutungen systematisch analysiert und eine Typologie der Liebe beziehungsweise eine Klassifikation von Liebesstilen vorgeschlagen. Er differenziert zwischen drei Dimensionen: Leidenschaft, Vertrautheit und Bindung beziehungsweise ‚commitment'. Je nach Performanz der Komponenten lassen sich dann bestimmte Typen charakterisieren, die Sternberg (1986) mit den Begriffen Vernarrtheit, romantische, verblendete, vollendete oder kameradschaftliche Liebe und ähnlichem beschreibt. Im Anschluss an diese Überlegungen wurden Skalen zur Messung von Liebe und ihrer verschiedenen Dimensionen entwickelt und in der Forschung eingesetzt (vgl. etwa Amelang 1991).

Diese wichtigen Beiträge liefern aber noch keine Erklärung für die Entstehung von Liebe, insbesondere der leidenschaftlichen Liebe. In der Emotionspsychologie wird hierzu im Wesentlichen immer noch an der – gänzlich profanen – Fehlattribuierungstheorie beziehungsweise Erregungstransfertheorie festgehalten. Wenn Menschen sich im Zustand physiologischer Erregung befinden – etwa weil sie an einem sportlichen Wettkampf teilnehmen oder eine wackelige hohe Brücke überqueren, die sie ängstlich macht – dann neigen sie dazu, diese Erregung auf andere Personen als Liebesobjekte zu projizieren. Berscheid und Walster (1974: 360) bringen es auf den Punkt: „Individuals will experience passionate love whenever two conditions coexist: 1. They are intensely aroused physiologically; 2. situational cues indicate that ‚passionate love' is the appropriate label for their intense feelings". Trotz einiger Untersuchungen, die diese These stützen (Dutton/Aron 1974; White/Kight 1984) scheint die Erklärung bestenfalls unvollständig und empirisch werden die wenigsten Liebesbeziehungen auf Hängebrücken ihren Ursprung haben. In der Zwischenzeit sind die Prozesse im Moment des Verliebens, die entsprechenden Gesten und die Körpersprache zwar gut untersucht (vgl. beispielhaft Doermer-Tramitz 1990), eine genaue Erklärung, warum diese Prozesse jedoch gerade mit diesem oder jener ablaufen, fehlt aber unseres Erachtens.

Das Phänomen der leidenschaftlichen und romantischen Liebe ist wohl leider in den meisten Fällen nicht dauerhaft, sondern es variiert über die Beziehungsdauer. Typischerweise wird die exponierte Form der romantischen Liebe in ‚ruhigere Bahnen' transformiert. Mit zunehmender Beziehungsdauer verliert sich der ‚emotionale Ausnahmezustand' mit all seinen typischen Erscheinungen wie besonders intensiven Glücksgefühlen, physiologische Erregung, Nervosität, deutlicher Verlustangst und Eifersucht. Diese Veränderung von ‚passionate love' zu ‚conjugal love' ist durchgängig zu beobachten und lässt sich skripttheoretisch gut erklären (Hill 1992). Die Konsequenzen des Prozesses sind unterschiedlich und erklärungsbedürftig: Einige Beziehungen werden mit der spezifischen Emotionalitätsreduktion fragil, anderen gelingt eine Stabilisierung und Intensivierung der Bindung.

3 Liebe und Opportunitäten

„Liebe liegt nicht in der Luft, Liebe kommt von ganz allein. Liebe ist eher ein Versuch. Aber sie verändert einen" *(Herbert Grönemeyer)*

Obwohl die meisten Menschen nicht glauben, dass ihre Liebe einer anderen Person als dem oder der ‚Auserwählten' gelten könne, zeigen vielfältige Studien, dass Liebesbeziehungen eben durchaus nicht zufälligen Launen – „wo die Liebe hinfällt" – folgen, sondern in bestimmten Dimensionen sozial bestimmt sind. Die empirischen Fakten sprechen hier eine klare Sprache: Intime Beziehungen sind sozial strukturiert, wir verlieben uns nicht ‚zufällig' in irgendeine Person und bauen mit ihr eine Beziehung auf, sondern bestimmte Personen haben offensichtlich eine deutlich höhere Chance, ‚Objekt' unserer Emotionen zu werden als andere. Personen, die eine Verbindung eingehen, sind sich hinsichtlich der Schichtzugehörigkeit, Religion, Alter, Bildung, Ethnie und anderer sozialer Merkmale eindeutig überzufällig ähnlich; es gibt also eine klare Tendenz zur Homogamie (vgl. für vielfältige Literaturhinweise Hill/Kopp 2006). Man verliebt, verlobt und verheiratet sich tendenziell innerhalb gleicher Sozialkategorien – und daran hat trotz modischer Zeitdiagnosen die Globalisierung und Modernisierung der Gesellschaft nichts oder nur wenig geändert (Mare 1991). Man darf heute zwar über Standesgrenzen hinweg Verbindungen eingehen, aber es geschieht einfach außerhalb von Hollywood-Filmen und Seifenopern nur sehr selten. Diese Homogamie lässt sich als eine Folge der sozialstrukturellen Determination unserer sozialen Lebensräume betrachten. Feld (1981) hat mit seiner Fokustheorie hierfür eine plausible Erklärung vorgeschlagen. Er geht davon aus, dass unser Handeln in verschiedenen so genannten Foki gebündelt ist. Nachbarschaften, Freundeskreise, Vereine und Clubs, Schule und Arbeitsplatz sind solche Gebilde, innerhalb derer Akteure interagieren. Viele solcher Foki binden Akteure, die gewisse Ähnlichkeiten hinsichtlich ihrer sozialen Lage, ihrer Präferenzen und Einstellungen aufweisen. Personen, die häufig in Golf- oder Segelclubs agieren oder ihre Freizeit in Universitätsbibliotheken verbringen, treffen dort eben mit hoher Wahrscheinlichkeit auf ‚ähnliche' Menschen. Unser Kontaktfeld (‚field of eligibles') beziehungsweise unsere Gelegenheits- oder Opportunitätenstruktur zum Kennenlernen und eben auch zum Verlieben ist somit klar vorstrukturiert. Dass sich ähnliche Personen affilieren, muss nicht – oder darf sogar nicht – als Konsequenz einer bestimmten Präferenzstruktur bei der Partnerwahl gesehen werden, sondern es ist Ausdruck der sozialen Strukturiertheit. Nur an dieser Stelle muss also Herbert Grönemeyer widersprochen werden: Liebe kommt eben doch nicht von ganz allein.

Bemerkenswert ist allerdings, dass die Gestaltbarkeit von Liebesbeziehungen in historischer Perspektive deutlich zugenommen hat. Noch in den 1950er Jahren war der Verlauf von Partnerschaften strikt sozial normiert, so hatte das entsprechende Dating-System in den Vereinigten Staaten bis vor nicht allzulanger Zeit nahezu verbindlichen Charakter. Es gab eine klare Abfolge von legitimen Handlungen, und alles, was nicht mit diesem Modell in Einklang stand, konnte nur außerhalb der öffentlichen Wahrnehmung stattfinden. In diesem Bereich lässt sich zweifellos eine gewisse – auch sexuelle – Liberalisierung feststellen. Ferner haben die Entwicklungen im Erwerbs- und Beschäftigungsbereich deutliche Auswirkungen auf die privaten Lebensarrangements. Prekäre Arbeits- und Beschäftigungsverhältnisse, die zunehmende Ausbildungsdauer – insbesondere bei Frauen – und die hohen Flexibilitäts- und Mobilitätserwartungen führten zu einer Erosion der traditionellen Partnerschaftsmuster. Vermutlich sind diese Auswirkungen deutlich gravierender als die in diesem Zusammenhang so häufig bemühte Wertekrise. Menschen müssen ihre privaten Beziehungen in Abhängigkeit von ihrer ökonomischen Existenz gestalten.

4 Verläufe

Wie bereits angedeutet, haben Soziologie und Sozialpsychologie versucht, den Verlauf von Liebesbeziehungen modellhaft zu beschreiben. Dabei war man sich immer der großen historischen und kulturellen Variabilität des Verhaltens bewusst und hat deshalb Modelle mit einer ‚mittleren Reichweite' angestrebt. Eines der bekanntesten Modelle, das Stimulus-Value-Role-Modell (Murstein 1976; 1977), orientiert sich an den empirischen Gegebenheiten in den Vereinigten Staaten. Es geht davon aus, dass sich in der Entwicklung von Partnerschaften drei Stadien unterscheiden lassen, bei denen jeweils andere Orientierungen die Interaktion dominieren. Im ersten Stadium, das man noch als Suchverhalten, Kontaktaufnahme und anfängliche Verstetigungsbemühung kennzeichnen kann, steht vor allem die Attraktivität des (potentiellen) Partners im Vordergrund. Diese verliert mit der Zeit – zumeist in den ersten Monaten – deutlich an Relevanz für das Paar. Stattdessen werden Werthaltungen, Lebensorientierungen und Lebensplanung bedeutsamer. Konkret erfolgt ein ‚Abgleich' über die zentralen beruflichen, familialen, religiösen, politischen und den Lebensstil betreffenden Präferenzen und Ziele. Kann hier ein Konsens oder zumindest eine ‚Konsensfiktion' (Hahn 1983) in den zentralen Dimensionen erreicht werden, greift das Rollenstadium Raum. Dabei steht dann die Kompatibilität von sehr konkreten Verhaltensweisen im Vordergrund. Man muss in ganz praktischen Dingen der Lebensführung – etwa hinsichtlich der Zuverlässigkeit, des Ordnungssinns, des Konsumverhaltens und ähnlichem – zu tragfähigen Lösungen gelangen (vgl. hier beispielsweise die Studie von Kaufmann 1994 über den Umgang mit schmutziger Wäsche). Nach Murstein ist innerhalb dieses Verlaufsmusters jederzeit ein Ausstieg beziehungsweise Beziehungsabbruch möglich. Das entscheidende Kriterium dafür sind die bisherigen Erfahrungen und die darauf aufbauenden Erwartungen für die Zukunft. In einem anderen Modell (Levinger 1983) werden die Stadien des Kennenlernens, des Beziehungsaufbaus, der Konsolidierung sowie Beziehungskrisen – auch aufgrund der nachlassenden Attraktion und der rückläufigen romantischen Liebe – und eventuell die Auflösung der Beziehung unterschieden.

In weiteren Modellen werden andere Aspekte in das Zentrum der Verlaufsanalyse gestellt. Beispielsweise wurden die Selbstoffenbarung, die Entwicklung des Vertrauens, die zunehmende Abgrenzung der Dyade nach außen oder die Partnerschafts- beziehungsweise Ehezufriedenheit in Abhängigkeit von der Affilationsdauer untersucht (vgl. Hill/Kopp 2006). Karney und Bradbury (1995) kommen zu dem Schluss, dass Paare im Beziehungsverlauf vor allem Adaptionsfähigkeit entwickeln müssen, mit deren Hilfe persönliche Spannungen zwischen den Partnern und extern induzierte Belastungen verarbeitet werden können, nur so ist eine gelingende, zufriedenstellende Beziehung denkbar. Alle diese Analysen zeigen, dass intime Beziehungen Transformationen unterliegen, die erklärungsbedürftig sind. Entsprechende Erklärungen selbst finden sich aber höchst selten.

5 Tausch und Wahl als Basiselemente der Erklärung

Zweifellos die wichtigste Theorietradition in der erklärenden Familiensoziologie basiert auf der Austauschtheorie, die in wichtigen Teilen bereits in den 1950er Jahren formuliert wurde (Thibaut/Kelley 1959; vgl. die Übersicht bei Hill/Kopp 2006). Soziales Handeln wird in dieser theoretischen Perspektive als Austausch von Ressourcen und Gütern verstanden. Die Begriffe beinhalten alle immateriellen und materiellen Merkmale und Fähigkeiten, aber auch Macht beziehungsweise Kontrolle über Ereignisse beziehungsweise Verhaltensweisen. Nach James Coleman (1991: 34) umfasst ein minimales soziales Tauschsystem „zwei Arten von Elementen und zwei Arten, wie sie miteinander in Beziehung stehen. Die Elemente sind Akteure und Dinge, über die sie Kontrolle ausüben und an denen sie irgendein Interesse haben. Ich nenne diese Dinge, je nach ihrem Wesen, Ressourcen oder Ereignisse. Die Beziehungen zwischen Akteuren und Ressourcen sind (...) Kontrolle und Interesse". Mit diesem Modell lassen sich Liebesbeziehungen beziehungsweise Partnerschaften sehr gut erfassen. Das wechselseitige ‚Geben' und ‚Nehmen' betrifft hierbei selbstverständlich nicht primär ökonomische Güter, sondern vor allem soziale Phänomene: Anerkennung und Wertschätzung, Zuwendung, Unterstützung, Schutz oder generell eben auch Liebe und Affekt. Es zeigt sich dabei, dass selbstverständlich nicht alle ‚Güterklassen' gleich gut gegeneinander tauschbar sind (vgl. Foa/Foa 1980). Liebe gegen Geld ist sozial meist nicht akzeptiert, Liebe gegen Status oder Dienstleistungen schon eher. Coleman betont, dass der Tausch eben auch ‚Kontrollrechte' einschließt. Typischerweise „macht man etwas für den anderen", was sich als Austausch von Kontrollrechten konzeptualisieren lässt: Akteure können ihre eigenen Handlungen kontrollieren, und wenn die Akteure gewisse Attribute wie Fertigkeiten oder Schönheit besitzen, an denen andere interessiert sind, können sie das Recht auf Kontrolle über einige ihrer eigenen Handlungen aufgeben (Coleman 1991: 41).

Die zentralen Prämissen und Hypothesen der Austauchtheorie lassen sich in fünf Punkten zusammenfassen: (1) Akteure verfügen in unterschiedlichem Maße über Ressourcen, Güter und Kontrolle. (2) Durch den Austausch von Gütern, Ressourcen und Kontrollrechten versuchen die Akteure ihre aktuellen Bedürfnisse zu befriedigen beziehungsweise ihren Nutzen zu maximieren, wobei aufgrund der dabei entstehenden Transaktionskosten auch nicht-maximale Ergebnisse akzeptiert werden (‚satisfycing'). (3) Ein Tausch wird dann vollzogen, wenn sich zwei (oder mehrere) Akteure dadurch einen Vorteil (beziehungsweise ein höheres) Nutzenniveau versprechen. (4) Die Entscheidung für oder gegen eine Tauschhandlung ist von den vermutlich verfügbaren Alternativen und deren Bewertung abhängig. (5) Akteure entscheiden sich für die Handlungs- beziehungsweise Tauschalternative, die ihnen den höchsten Nutzen verspricht.

Nach den Überlegungen von Thibaut und Kelley (1959: 21) sind für die Bewertung des Nutzens von Handlungsalternativen zwei Größen wichtig. Einmal gibt es einen erfahrungsbasierten Erwartungswert (comparison level) und zum anderen einen Wert, welcher der besten alternativen Handlungsoption (comparison level of alternative) entspricht. Der erste Wert repräsentiert etwa das, was ein Akteur in einer gegebenen konkreten Beziehungssituation für (durchschnittlich) erwartbar hält. In gut funktionierenden Beziehungen ist dieser Wert tendenziell hoch, in weniger guten Beziehungen ist er eher niedrig. Dieser Vergleich zwischen dem aktuellen Nutzenniveau in einer Beziehung mit dem Nutzenniveau der Alternativen ist vor allem zur Erklärung der Beziehungsstabilität herangezogen worden. Diese austauschtheoretische Argumentation wird auch als Interdependenztheorie bezeichnet. Diese Umschreibung kennzeichnet das Anliegen der Überlegungen sehr genau, da sich die Argumente vor allen auf die wechselseitige Abhängigkeit von Akteuren in engen Sozialbeziehungen fokussieren. Mit einem klaren und einfachen analytischen Instrumentarium, das im Wesentlichen auf den genannten Annahmen beruht und zusätzlich Auszahlungsmatrizen nutzt, können wichtige Prozesse wie beispielsweise Konflikte und Konfliktlösung, Anpassungsprozesse und Normentstehung erklärt werden.

Eine Variante der austauschtheoretischen Interpretation stellt die Equity- oder Gerechtigkeitstheorie dar (Walster/Walster/Berscheid 1978; Walster/Utne/Traupman 1977), die erklärt, unter welchen Bedingungen Unzufriedenheit aus ungerechten beziehungsweise unfairen Tauschrelationen resultiert. Unzufriedenheit entsteht demnach, wenn sich die Aufwand-Gewinn-Relation für die beiden Partner deutlich unterscheidet. Zieht beispielsweise einer der Partner einen hohen Nutzen mit geringem Aufwand und der andere einen hohen Nutzen mit wesentlich höherem Aufwand aus der Beziehung, dann liegt ein ungerechtes Tauschverhältnis vor, das entweder korrigiert wird oder aber zu einer dauerhaften Belastung oder gar zum Abbruch der Beziehung führt.

Aus den skizzierten theoretischen Argumenten lassen sich nun im Hinblick auf den Beziehungsverlauf einige Schlüsse ziehen. Wie schon bei Murstein (1976) angedeutet, ist der ‚Belohnungswert', der sich aus dem Verhalten des Partners für einen Akteur ergibt, das entscheidende Kriterium für das Fortführen oder Beenden der Beziehung. Solange das Handeln beziehungsweise Verhalten von Alter für Ego die beste Alternative ist, also im Vergleich mit den anderen Handlungsoptionen den größten Nettonutzen verspricht, stehen beide zu dieser Beziehung. Wird die Beziehung beziehungsweise der Nutzen von Alter und Ego deutlich unterschiedlich bewertet, muss es nicht unbedingt sofort zu einem Abbruch kommen. Solche Krisen münden meist in Verhandlungen, in denen dann über Modifikationen der Beziehung diskutiert wird, die die Ertragssituation (eines Partners) verändern beziehungsweise verbessern. Ein rationaler Akteur hat unter dieser Bedingung keinen Anreiz, die Verbindung zu beenden. Zudem lässt sich eine Intensivierung der Interaktion beziehungsweise eine Verfestigung der Beziehung erwarten, wie dies in den gängigen Verlaufsmodellen der Partnerschaft skizziert wird. Wenn die Interaktion in einem Feld gewinnbringend ist, baut man sie auf andere Felder aus. Aus ‚spezialisierten' Liebesbeziehungen werden Lebensgemeinschaften, in denen man einen großen Teil der (Lebens-)Zeit gemeinsam verbringt. Die für den Beziehungsbeginn in modernen Gesellschaften typische romantische Liebe wirkt anfänglich zusätzlich wie ein Magnet, da unter diesen emotionalen Umständen Alter für Ego von fast unschätzbarem Wert ist. Man verzeiht unter Umständen auch Kränkungen und unergiebige Interaktionen, da bereits die pure Nähe des anderen einen Belohnungswert hat – wie schon Shakespeare beschrieb. Diese Bindkraft der romantischen Liebe lässt aber – wenn auch individuell nach sehr unterschiedlicher Beziehungsdauer – nach, und dadurch gewinnen dann Alternativen an Bedeutung und Wert (Hill 1992).

Obwohl eine Vielzahl von empirischen Studien diese Sichtweise unterstützt, wird aber auch ein Erklärungsproblem erkennbar: Viele Beziehungen überleben die Anfangsphase und bleiben für lange Zeit stabil. Und: Auch wenn das Nutzenniveau absinkt, werden Beziehungen nicht umgehend beendet, sondern sie können kürzere oder längere Zeit trotz wahrgenommener besserer Alternativen überleben. Wenn man lediglich die Kosten-Nutzen-Relation, den der Alternativen und den Gerechtigkeitsaspekt betrachtet, kann die Langfristigkeit von Beziehungen kaum angemessen erklärt werden. Insbesondere in modernen Gesellschaften mit vergleichsweise deregulierten Heiratsmärkten und einer Vielzahl von verfügbaren Alternativen müsste die Instabilität von Beziehung noch deutlich ausgeprägter sein.

6 Investitionen und Commitment

Es ist im Wesentlichen ein Argument, das für die Erklärung der Stabilität von Beziehungen zusätzlich herangezogen werden kann, das aber scheinbar unabhängig voneinander in zwei sehr unterschiedlichen Theorietraditionen entwickelt wurde, wobei beiden aber letztlich die gleiche nutzentheoretische Argumentation zugrunde liegt. Die erste, wirtschaftswissenschaftliche Tradition wurde von dem Ökonom Gary S. Becker begründet und betont die Bedeutung der Investitionen für die Stabilität von Beziehungen (vgl. einführend und für entsprechende Literaturhinweise Hill/Kopp 2006). Nach ihm lassen sich Familien und Beziehungen in Analogie zu ‚kleinen Firmen' betrachten, die bestimmte ‚Güter' produzieren, etwa Liebe, Zuneigung, Wohlergehen, Kinder und ähnliches. Man kann nun zeigen, dass diese Produktion unter bestimmten Bedingungen besonders gut beziehungsweise schlecht funktioniert. Beispielsweise sind bestimmte Eigenschaftskombinationen besonders günstig für das Zusammenleben und den Aufbau einer Familie. Die ökonomische Familientheorie hat auch Ehescheidungen und damit das Stabilitätsproblem näher analysiert. Im Hinblick auf die Nutzenabwägung wird hier darauf verwiesen, dass in der Bilanz der Akteure neben der aktuellen Kosten-Nutzen-Struktur auch die vormals vollzogenen Investitionen berücksichtigt werden müssen. Im Verlauf von Partnerschaften wird immer auch ein Investment getätigt. Paare passen sich wechselseitig – manchmal in mühevollen Prozessen – an, bauen ein gemeinsames soziales Umfeld auf, bekommen Kinder, mieten oder kaufen Wohnungen und statten diese im Hinblick auf ihre spezifischen Bedürfnisse aus. Bei einer Trennung oder Scheidung verliert dieses partnerschaftsspezifische Kapital beziehungsweise diese paarspezifische Investition an Wert. Und dieser Verlust muss bei der Nutzenabwägung über eine Partnerschaft mitbedacht werden. Die Investitionen kovariieren dabei in der Regel mit der Beziehungsdauer. Anfänglich ist ein rationaler Akteur eher risikoscheu, aber mit zunehmendem Nutzenfluss wird die Interaktion intensiviert und die Investitionsbereitschaft steigt. Deshalb wird das Scheidungsrisiko nach einem anfänglichen Anstieg bis etwa ins ‚verflixte siebte Ehejahr' mit zunehmender weiterer Ehedauer immer geringer.

Das Commitment-Modell (Rusbult 1980; 1983; Rusbult/Martz/Agnew 1998) argumentiert ähnlich. Unter Commitment versteht man hier die empfundene Einbindung in eine Beziehung beziehungsweise Verpflichtung gegenüber dieser Beziehung. Je stärker das Commitment, desto ausgeprägter ist die Stabilität einer Beziehung, so lautet die Kernthese. Neben den gängigen Kosten-Nutzen-Argumenten werden intrinsische und extrinsische Investitionen in das konventionelle austauschtheoretische Modell eingeführt. Erstere sind direkt mit der Beziehung verbundene Erinnerungen, Zeit, Mühen und ähnliches. Zur zweiten Gruppe gehören Dinge, die mit der Auflösung der Beziehung deutlich an Wert oder Nützlichkeit verlieren würden, etwa ein gemeinsames Haus, Freunde und so weiter. Als Kausalmodell gedacht, wirken neben der Zufriedenheit und den Alternativen die Investitionen als dritter Faktor auf das Commitment, das seinerseits die Beziehungsstabilität bedingt. Beide Ansätze postulieren somit den gleichen Sachverhalt als bedeutsam für die Entwicklung von Beziehungen und deren Stabilität. Mit dem Investitionsmodell wird die austauschtheoretische Erklärung an einer wichtigen Stelle ergänzt. Insgesamt ergibt sich damit ein wirklich kohärentes Erklärungsmodell für die Entwicklung von Liebesbeziehungen, Partnerschaften und Ehen.

7 Schlussbemerkung

„Es ist Magie" (Meg Ryan in „Sleepless in Seattle")

Die Ausführungen verdeutlichen, dass sich mit den hier vorgestellten Überlegungen – aber auch mit anderen rein soziologischen Perspektiven – individuelle Liebesbiographien nicht im Detail erklären lassen – dies ist und war aber auch nie die Aufgabe der Soziologie. Sie ist vielmehr an sozialen Mustern und allgemeinen Entwicklungsprozessen interessiert und diese lassen sich – wie gezeigt wurde – sehr gut mit Hilfe einfacher handlungstheoretischer Argumente nachvollziehen und erklären. Die generelle Entstehung und Funktion der Liebe als Emotion lassen sich evolutionstheoretisch verstehen (vgl. hierzu noch einmal Frank 1992): Es lohnt sich zu lieben! Warum aber in bestimmten Settings gerade zwei bestimmte Individuen zueinander finden, ist für die Soziologie auch nicht weiter interessant (vgl. aber Doemer-Tramitz 1990), und vielleicht sollte man diese Magie auch nicht weiter hinterfragen. Vielmehr soll abschließend ein anderer Punkt erwähnt werden: Leicht entsteht in der öffentlichen Diskussion der Eindruck, dass eine soziologische Beschäftigung mit dem Thema Liebe zwar interessant sei, dass hier aber vor allem ein eher voyeuristisches Interesse befriedigt wird. Diesem Bild soll hier deutlich widersprochen werden: Liebe ist eine wichtige Emotion, über die soziale Beziehungen initialisiert und stabilisiert werden. Dies ist aber auch über die Gestaltung individueller Lebensverläufe wichtig, denn – wie hier skizziert wurde – derartige Entwicklungen sind nicht zufällig, sondern in der Regel sozial strukturiert. Dies hat aber – wie vielfach gezeigt wurde (Rytina/Blau/Blum/Schwartz 1988) – wiederum Folgen für die Struktur sozialer Ungleichheit in einer Gesellschaft und die Chancen sozialer Mobilität. Darüber hinaus ist das Phänomen für die allgemeine Theorieentwicklung in der Soziologie von Bedeutung. Während die Nachbardisziplinen Psychologie und Biologie zunehmend Emotionen in ihre Analysen integrieren, tut sich die Soziologie noch sehr schwer damit. Es scheint uns aber nicht angemessen, die Bedeutung von Emotionen für das menschliche Handeln (weiterhin) wie ein irrelevantes Epiphänomen zu behandeln. Gerade bei der zu beobachtenden stärkeren Orientierung an Rational-Choice-Theorien sollten Emotionen als zentrale Handlungsorientierung nicht aus dem Auge verloren werden.

Literatur

Amelang, Manfred (1991): Einstellungen zu Liebe und Partnerschaft: Konzepte, Skalen und Korrelate. S. 153-196 in: Manfred Amelang, Hans-Joachim Ahrens, Hans Werner Bierhoff (Hg.): Attraktion und Liebe. Formen und Grundlagen partnerschaftlicher Beziehungen. Göttingen: Hogrefe.

Berscheid, Ellen, Walster, Elaine (1974): A Little Bit about Love. S. 355-381 in: Ted L. Huston (ed.): Foundations of Interpersonal Attraction. New York/London: Academic Press.

Coleman, James S. (1991): Grundlagen der Sozialtheorie. Band 1: Handlungen und Handlungssysteme. München: Oldenbourg.

Doermer-Tramitz, Christiane, 1990: ...Auf den ersten Blick. Über die ersten dreißig Sekunden einer Begegnung zwischen Mann und Frau. Opladen: Westdeutscher Verlag.

Dutton, Donald G., Aron, Arthur P. (1974): Some Evidence for Heightened Sexual Attraction Under Conditions of High Anxiety. Journal of Personality and Social Psychology 30: 510-517.
Feld, Scott L. (1981): The Focused Organization of Social Ties. American Journal of Sociology 86: 1015-1035.
Foa, Edna B., Foa, Uriel G. (1980): Resource Theory. S. 77-101 in: Kenneth J. Gergen, Martin S. Greenberg, Richard H. Willis (eds.): Social Exchange. Advances in Theory and Research. New York/London: Plenum.
Frank, Robert (1992): Die Strategie der Emotionen. München: Oldenburg.
Hahn, Alois (1983): Konsensfiktionen in Kleingruppen. S. 210-232 in: Friedhelm Neidhardt (Hg.): Gruppensoziologie. Sonderheft 25 der Kölner Zeitschrift für Soziologie und Sozialpsychologie. Opladen: Westdeutscher Verlag.
Hill, Paul B. (1992): Emotionen in engen Beziehungen: Zum Verhältnis von „Commitment", „Liebe" und „Rational-Choice". Zeitschrift für Familienforschung 4: 125-146.
Hill, Paul B., Kopp, Johannes (2006): Familiensoziologie. Grundlagen und theoretische Perspektiven. Wiesbaden: VS Verlag.
Kaufmann, Jean-Claude (1994): Schmutzige Wäsche. Zur ehelichen Konstruktion von Alltag. Konstanz: UVK
Karney, B. R, Bradbury, T. N. (1995): The longitudinal course of marital quality and stability: A Review of theory, method, and research. Psychological Bulletin 118: 3-34.
Levinger, George (1983): Development and Change. S. 315-59 in: Harold Kelley et al.: Close Relationships. New York: Freeman.
Mare, Robert D. (1991): Five Decades of Educational Assortative Mating. American Sociological Review 56: 15-32.
Murstein, Bernard I. (1976): Who Will Marry Whom? Theories and Research in Marital Choice. New York: Springer.
Murstein, Bernard I. (1977): Die Stimulus-Werthaltungs-Rollentheorie der Ehepartnerwahl. 166-193 in: Gerold Mikula, Wolfgang Stroebe (Hg.): Sympathie, Freundschaft und Ehe. Bern/Stuttgart/Wien: Huber.
Oatley, Keith (1990): Wozu brauchen wir Gefühle? Psychologie heute 17: 30-35.
Ortony, Andrew, Turner, Terence (1990): What's basic about basic emotions? Psychological Review 97: 315-331.
Rusbult, Caryl E. (1980): Commitment and Satisfaction in Romantic Associations: A Test of the Investment Model. Journal of Experimental Social Psychology 16: 172-186.
Rusbult, Caryl E. (1987): Responses to dissatisfaction in close relationships: The exit-voice-loyalty-neglect model. S. 209-237 in: Daniel Perlman, Steve Duck (eds.): Intimate relationships: Development, dynamics, and deterioration. Newbury Park: Sage.
Rusbult, Caryl E., Martz, John M., Agnew, Christopher R. (1998): The Investment Model Scale: Measuring commitment level, satisfaction level, quality of alternatives, and investment size. Personal Relationships 5: 357-391.
Rytina, Steven, Blau, Peter M., Blum, Terry, Schwartz, Joseph (1988): Inequality and Intermarriage: A Paradox of Motive and Constraint. Social Forces 66: 645-675.
Sternberg, Robert J. (1986): A Triangular Theory of Love. Psychological Review 93: 119-135.
Thibaut, John W., Kelley, Harold H. (1959): The Social Psychology of Groups. New York: Wiley.

Walster, Elaine, Walster, G. William, Berscheid, Ellen (1978): Equity: Theory and research. Boston: Allyn and Bacon.
Walster, Elaine, Utne, Marie K., Traupman, Jane (1977): Equity-Theorie und intime Sozialbeziehungen. S.193-221 in: Gerold Mikula, Wolfgang Stroebe (Hg.): Sympathie, Freundschaft und Ehe. Bern/Stuttgart/Wien: Huber.
White, Gregory L., Kight, Thomas D. (1984): Misattribution of Arousal and Attraction: Effects of Salience of Explanations for Arousal. Journal of Experimental Social Psychology 20: 55-64.

Yvonne Niekrenz

Liebe als Verhandlungssache.
Intimbeziehungen aus der Sicht des Symbolischen Interaktionismus

Die erfolgreiche New Yorkerin Kate investiert ihre Kraft nicht in amouröse Geschichten und tränenreiche Romanzen, sondern in das Erklimmen der Karriereleiter. Leopold, ein Kavalier alter, sehr alter Schule, verkörpert ein männliches Rollenbild, das in seinem Nonkonformismus nicht in das 21. Jahrhundert zu passen scheint. Kate und Leopold sind die Protagonisten einer US-amerikanischen Liebeskomödie („Kate & Leopold") aus dem Jahr 2001. Kate (gespielt von Meg Ryan) ist im 20. Jahrhundert geboren und aufgewachsen, Leopold (Hugh Jackman) ist dritter Herzog von Albany, sein Geburtsjahr: 1845. Durch einen Riss im Zeitgefüge begegnen sich die beiden in Kates Gegenwart, wo die Marktforscherin dem Charme sowie den tadellosen und damit befremdlichen Umgangsformen Leopolds erliegt und sich eine romantische Beziehung zwischen den beiden entwickelt. Das New York im 21. Jahrhundert ist für Leopold ein anderes, und er muss die Geheimnisse der Stadt und das ihrer Bewohner erst erkunden. „Die Frauen haben sich seit Ihrer Zeit verändert, Leopold. Sie sind gefährlich geworden", warnt Stuart, der Ex-Freund von Kate und Entdecker des Portals zwischen den Zeiten. Wegen seiner völlig anderen Verhaltensweisen wird Leopold beständig für einen Schauspieler gehalten, der für eine Rolle übt. „Sind Sie wirklich echt?", fragt Kate. „Ich wurde als Herzog geboren, aber ich habe mich nie so gefühlt", antwortet Leopold. Letztlich besinnen sich beide auf die Liebe, die sich zwischen ihnen entwickelt und entscheiden sich für ein Leben im 19. Jahrhundert. Soziologisch gedacht sind ihre Leben und Sozialisationen absolut verschieden. Sie sprechen beinahe verschiedene Sprachen, weil die Symbole, mit denen sie interagieren, oft nicht die gleiche Bedeutung haben. Soziales Handeln wird für sie zur Herausforderung. Wie sich soziales Interagieren an Bedeutungen und Deutungen von Dingen und Symbolen orientiert und wie Symbolgebrauch soziale Phänomene, wie zum Beispiel Liebesbeziehungen, erzeugt, möchten der Symbolische Interaktionismus und dieser Beitrag erklären.

1 Wurzeln des Symbolischen Interaktionismus

Die Theorierichtung Symbolischer Interaktionismus zählt zu den interpretativen Ansätzen und wird häufig im Zusammenhang mit der so genannten *Chicago School* aufgeführt, weil die Forschungspraxis dieser Schule großen Anteil an ihrer Grundlegung hat. Gemeint ist hier die soziologische Forschungsrichtung, die sich an der dortigen Universität gebildet und frischen Wind in die Wissenschaftslandschaft geweht hat. Robert Ezra Park (1864-1944) gilt als Begründer der Chicagoer Schule und steht neben anderen Forschern dieser Tradition für die soziologische Beschäftigung mit der Stadt und das Programm der klassischen Sozialökologie. Die Interessen in Chicago waren Probleme, die quasi vor der Tür zu beobachten waren: Kriminalität, unmenschliche Arbeits- und Lebensbedingungen auf der einen, zunehmender Wohlstand auf der anderen Seite; soziale und ökonomische Konflikte mit vielerlei Ursachen. Dort entstand mit den Arbeiten von Robert E. Park, Ernest W. Burgess, Roderick D. McKenzie und anderen ein neuer Forschungsstil, der unter anderem geprägt war durch Feldforschung und Ethnologie und der das Fundament der Sozialökologie bildet (vgl. Friedrichs 1981: 29). Wie der Symbolische Interaktionismus auch, stellt die Chicagoer Stadtsoziologie das Individuum in den Mittelpunkt und entwickelt eine Forschungstradition, die nicht nur am Schreibtisch stattfindet, sondern bei der sich die Wissenschaftler „im Feld die Hände schmutzig machen".

2 Liebe – durch Symbolgebrauch konstruiert

Die zentralen Annahmen des Symbolischen Interaktionismus entstehen Anfang der 1950er Jahre, als Herbert Blumer, Everett Hughes und andere Vertreter der zweiten Generation der Chicagoer Schule den pragmatisch inspirierten Ansatz neu mit Leben füllen. Sie sind am menschlichen Subjekt und seinen Interaktionen interessiert, weil sie die Gesellschaft als einen Zusammenhang von Personen betrachten, die am Leben teilnehmen (vgl. Blumer 1981: 101). Das Besondere ist die interpretative Herangehensweise, also die Grundauffassung, dass Interaktion immer Interpretation ist. Kate und Leopold haben Probleme, einen Konsens in der Interpretation und Definition von Situationen zu finden. Sie zeigen einander an, was sie tun sollen und interpretieren selbst das von dem anderen Angezeigte. Der Symbolische Interaktionismus sieht beide als handelnde Organismen und nicht als bloß reagierende Subjekte. Er geht davon aus, dass Gesellschaften und ihre sozialen Phänomene – darunter auch Liebe – durch soziale Interaktionen der Individuen konstruiert werden und steht damit im Gegensatz zum Strukturfunktionalismus, der Gesellschaft als soziales System mit übergeordneten Strukturen und Regelmäßigkeiten betrachtet, denen Individuen sich lediglich anpassen. Aus Sicht des Symbolischen Interaktionismus konstruieren die Akteure jedoch aktiv ihre soziale Realität, indem sie aufeinander bezogen handeln und den Dingen Bedeutung verleihen. Gesellschaft und Individuum sind voneinander untrennbar: die Individuen sind die Gesellschaft und die Gesellschaft sind die Individuen. Das Hauptproblem, das es zu lösen gilt, ist die Frage: Wie funktioniert soziale Interaktion?

3 Liebe – eine Verhandlungssache

Partnerschaftliche Liebesbeziehungen gehören zu den engsten Beziehungen, die Menschen eingehen. In alltäglichen Gesprächen wird oftmals deutlich, dass der Partner eine Situation ganz anders deutet als man selbst. Waren die Glückwünsche von Tante Irmgard zum Hochzeitstag etwa nicht freundlich, sondern ironisch bis hinterhältig gemeint? Oder: Sie sagt, dass die Milch aufgebraucht ist und meint, dass er eine neue Flasche kaufen soll. Er denkt, der Satz soll ihn nur darüber in Kenntnis setzen, dass die Flasche Milch leer ist. Die Alltagserfahrungen der Akteure haben wesentlichen Einfluss darauf, warum Individuen bestimmte Situationen auf eine ganz bestimmte Weise deuten und daraufhin handeln. Bei Kate und Leopold wird dies besonders deutlich, weil sich ihre Alltagserfahrungen aus verschiedenen Epochen ergeben. „Für den Symbolischen Interaktionismus gibt es keine Welt an sich, sondern nur Welten, wie Menschen sie sich füreinander konstruieren" (Abels 2002: 169). Das heißt, die Realität ist stets eine situativ konstruierte und definierte. Und an diesen von ihnen festgelegten Definitionen richten die Akteure ihr Handeln aus. Wann immer Menschen miteinander agieren, treffen im wahrsten Sinne Welten aufeinander. So ist das so genannte Thomas-Theorem (vgl. Thomas/Thomas 1928), zu verstehen: *»If men define situations as real, they are real in their consequences«* (»Wenn die Menschen Situationen als wirklich definieren, dann sind sie in ihren Auswirkungen wirklich.«); die Menschen, die sich in einer bestimmten Situation befinden, stellen also fest, was die richtige Definition für diese Situation sein sollte, und richten danach ihr Verhalten aus. Erving Goffmans (1922-1982) Überlegungen in der „Rahmen-Analyse" (1977, *Frame Analysis* 1974) haben die Frage nach der Situationsdefinition als Mittelpunkt und entwickeln damit Thomas' Ideen weiter. Goffman „geh[t] davon aus, daß Menschen, die sich gerade in einer Situation befinden, vor der Frage stehen: Was geht hier eigentlich vor? Ob sie nun ausdrücklich gestellt wird, wenn Verwirrung und Zweifel herrschen, oder stillschweigend, wenn normale Gewißheit besteht – die Frage wird gestellt und die Antwort ergibt sich daraus, wie die Menschen weiter in der Sache vorgehen" (Goffman 1980: 16). Unter der Fragestellung ‚Was geht hier eigentlich vor?' erfassen die Akteure die sie umgebenden Bedingungen und verleihen ihnen Bedeutung. Von diesen Bedeutungen leitet sich die Situationsdefinition ab, woraus sich das weitere Handeln mit allen realen Konsequenzen ergibt. Indem Menschen handeln, weil sie den Bedingungen eine Bedeutung geben, schaffen sie die Bedingungen selbst. Für Leopold sind viele Dinge im gegenwärtigen New York überaus seltsam, und auch er wirkt auf seine Gegenüber in seinem Verhalten bizarr. Ihre Handlungen bewirken dennoch reale Konsequenzen, wenn die Situation von den Akteuren im Film als wirklich definiert wird. So wie Situationsdefinitionen abgestimmt werden müssen, gilt es auch, komplexere Zusammenhänge mit den Interaktionspartnern zu debattieren. Was unter ‚Liebe' zu verstehen ist, wird zur Verhandlungssache. Grundlage dieser Verhandlungen sind Alltagserfahrungen, die niemals – und im Fall von Kate und Leopold noch weniger – identisch sein können. Was jemand unter Liebe versteht und wie er seine Liebe leben möchte, hängt davon ab, welche Erfahrungen von Liebe er bisher gesammelt hat – unmittelbar durch eigene Partnerschaften sowie mittelbar durch Partnerschaften im sozialen Umfeld, in Filmen, Romanen, Songtexten, Ratgeberliteratur usw. Auch wenn bei Kate und Leopold ganz verschiedene Ausgangssituationen gegeben sind, ist ihr romantisches Ideal von Liebe ähnlich, weil sich dieses seit dem 18. Jahrhundert beständig hält (vgl. Mahlmann 2003: 64). Beide erleben mit diesem Liebesideal ihre Misserfolge: Leopold, als er aus finanziellen Gründen eine Frau heiraten soll, für die er nichts empfindet; Kate, als sie ihrer Enttäuschung in Liebesdingen Ausdruck verleiht mit dem Satz: „Vielleicht ist das mit der Liebe auch nur die Erwachsenenversion vom Weihnachtsmann."

4 Symbolgebrauch erzeugt soziale Phänomene

In seinem zentralen Aufsatz „Der methodologische Standort des Symbolischen Interaktionismus" formuliert Herbert Blumer (1900-1987) im Jahr 1969 die *drei Prämissen des Symbolischen Interaktionismus,* unter denen Gesellschaft aus dessen Sicht betrachtet wird.

1. Menschen handeln Dingen gegenüber aufgrund der Bedeutung, die diese Dinge für sie besitzen.
2. Die Bedeutung dieser Dinge ergibt sich aus der sozialen Interaktion, die man mit seinen Mitmenschen eingeht.
3. Die Bedeutungen werden in einem interpretativen Prozess benutzt, gehandhabt und abgeändert.

Die *erste Prämisse* unterstreicht die Wichtigkeit von Bedeutungen für das Verstehen und Erklären menschlichen Verhaltens. Unter einem ‚Ding' sei vieles zu verstehen – so auch die Liebe (vgl. Blumer 1981: 81):

- physische Gegenstände (Autos, Blumen)
- andere Menschen (Mutter, Bankangestellte)

- Kategorien von Menschen (Freunde, Feinde)
- Institutionen (Schule, Verein)
- Leitideale (Freiheit, Unabhängigkeit)
- Handlungen anderer Personen (Aufforderungen, Wünsche)
- Situationen, die dem Individuum täglich begegnen.

Die *zweite Prämisse* beantwortet die Frage, wo diese Bedeutungen herkommen, nämlich aus der sozialen Interaktion. Der Symbolische Interaktionismus geht davon aus, dass sich die Bedeutung eines Dinges für eine Person daraus ergibt, wie andere Personen in Bezug auf dieses Ding handeln. Ihre Handlungen sind wichtige Indizien, die zur Definition des Dinges führen, und können deshalb als definierende Aktivitäten gesehen werden. Leopold beobachtet beispielsweise andere bei der Benutzung elektrischer Geräte, woraus sich seine Definition für das ‚Ding' und sein Umgang damit ergeben.

Die *dritte Prämisse* besagt, dass die Benutzung der aus sozialen Interaktionen gewonnenen Bedeutungen keine bloße Anwendung ist. Vielmehr erfolgt der Gebrauch von Bedeutungen in einem Interpretationsprozess, der in zwei Schritten erfolgt. Im ersten Schritt zeigt der Akteur sich selbst die Gegenstände an, auf die er sein Handeln ausrichtet. Dabei tritt er mit sich selbst in einen inneren Kommunikationsprozess. In einem Folgeschritt ergibt sich aus dieser „Interaktion" die Frage: Wie handhabt der Akteur die Bedeutungen des Gegenstands? Abhängig von der Situation und der Ausrichtung der Handlung wählt er mögliche Bedeutungen aus, prüft sie, ordnet sie neu und formt sie um. Interpretation ist also kein automatischer, sondern ein formender Prozess, in dessen Verlauf Bedeutungen gebraucht und abgeändert werden können. Kate und Leopold lernen schrittweise, sich zu verstehen, weil sie sich gegenseitig die Bedeutung der Dinge anzeigen (vgl. Blumer 1981: 81).

Liebe wird symbolisch vermittelt. Sie ist einem Aushandlungsprozess unterworfen, indem die Partner einer Intimbeziehung miteinander abstimmen, was sie voneinander und von der Partnerschaft erwarten. Ihre sozialen Handlungen sind als Symbole aufzufassen, und durch ihren Gebrauch werden soziale Phänomene erst konstruiert. Auf welchen Konsens Kate und Leopold sich einigen, lässt der Film im Unklaren. Grundlage dürfte aber ein romantisches Liebesideal sein, denn Kate ist nicht nur von Leopolds Höflichkeit angetan, sondern auch von dem Charme des Bilds der Zeit, aus der der Herzog stammt. Ein romantisches Abendessen auf dem Dach des Mietshauses und das rasante Verfolgen und Stellen eines Handtaschendiebs im Hyde Park, wofür Leopold kurzerhand einem Touristenkutscher sein weißes Pferd ausspannt, stehen als Symbole für ein romantisch-verzaubertes Muster von Liebe, an das Kate und Leopold gern glauben wollen.

5 Symbolgebrauch erlernen

Um Muster zu erkennen und vor allem den Dingen Bedeutungen zuweisen zu können, muss das Individuum Zugriff auf Erfahrungswissen haben, das ihm ein Repertoire an möglichen Bedeutungen zur Verfügung stellt. Dieses Erfahrungswissen lernt es im Alltag im Prozess der Sozialisation, der es und seine Definition von Welt unverwechselbar macht. Es ist ihm nicht angeboren, sondern wird permanent erlernt. Ein Streit zwischen Kate und Leopold gipfelt in dem Vorwurf: „Du hast keine Ahnung, was ich in meinem Leben getan hab." – „Und du hast keine Ahnung, was ich in meinem Leben getan hab." Wie sollten sie auch? Selbst Menschen aus derselben Epoche haben nie dieselbe Sozialisation, weil ihre Umwelt (und deren Deutung) nicht identisch gewesen sein kann und ist. Das Erlernen symbolischen Handelns und den Einfluss der Umwelt auf die Ausbildung eines sozialen Selbst beschreibt George Herbert Mead (1863-1931) in seinem als Sozialbehaviorismus bezeichneten Ansatz. Grundlegend für seinen Ansatz sind die Konzepte Haltung, Geste, Symbol, Sprache, I, Me und Self sowie play und game.

Das soziale Selbst und eine *Identität (engl. self)* bildet ein Individuum in einem evolutionären Prozess von sozialen Interaktionen aus. Es fängt an für sich selbst Objekt zu werden, indem es mit sich selbst in Interaktion tritt, zum Beispiel indem es sich in seiner Phantasie einen eigenen Kameraden schafft, mit dem es spielt. Mit dem konstruierten Gegenüber beginnt es, seine Erfahrungen im Spiel zu kontrollieren. Die Identität ist eine gesellschaftliche Struktur, die sich, wenn sie sich einmal entwickelt hat, ihre gesellschaftlichen Erfahrungen selbst schafft.

6 Haltung, Geste, Symbol und Sprache

Das Konzept der *Haltung* entwickelt Mead, um die Geste einzuführen. Mit der Haltung meint er die innere Position oder Einstellung des Individuums zu einer Sache oder Handlung. Sie ist zugleich nach außen hin das Anfangsstadium einer Handlung. Gut zu beobachten ist dieses Anfangsstadium einer Handlung bei Athleten, die zum Beispiel zum Sprint ansetzen. Sie sammeln ihre Kraft und spannen die Muskeln ihres Körpers an; sie wissen genau, was zu tun ist, wollen gewinnen und sind ganz darauf konzentriert, in den nächsten Augenblicken kraftvoll zu starten. Mit dem Konzept der Haltung gelingt Mead aus der externen Perspektive ein Zugang zum Psychischen, obwohl er, wie die Behavioristen auch, die Introspektion ablehnt. Mit Hilfe des Begriffs der Haltung kann Mead eine Vorstellung von Verhalten entwickeln, das sich nicht mehr nach einem Reiz-Reaktions-Schema genauso auf physikalische Gegenstände beziehen lässt, sondern das ausschließlich auf Handlungen durch Individuen anwendbar ist. Liebe – kann auch eine Haltung sein.

Das Konzept der *Geste* baut auf dem der Haltung auf, weil die Geste das Sichtbarmachen von Haltungen ist. „Die Geste ist jene Phase der individuellen Handlung, der sich andere innerhalb des gesellschaftlichen Verhaltensprozesses befindliche Wesen anpassen." (Mead 1993: 85) Wenn sich also Kate und Leopold gegenüberstehen und Kate zu einer auffordernden Bitte an Leopold ansetzt, und ihre freundliche Haltung deutlich wird, kann Leopold reagieren und seine Reaktion darauf abstimmen. Dieses Abstimmen kann für Kate wiederum stimulierend und verändernd wirken und so weiter. Haltungen, die zu ihren Handlungsanfängen eine gegenseitige Verhaltensanpassung zulassen, nennt Mead Gesten bzw. Gebärden. Wenn die Reaktion auf eine Geste wiederum eine Geste ist, so kommt es zum Austausch von Gesten. Gesten können auf einer höheren Entwicklungsstufe zu *signifikanten Gesten* werden. Das passiert dann, wenn eine Geste in der Person A, die diese Geste an die Person B richtet, die gleiche oder eine ähnliche Reaktion oder Handlungseinstellung bewirkt wie in B. Werden signifikante Gesten ausgetauscht, kann man von Kommunikation sprechen. Diese ist nur dadurch möglich, dass die Interaktionspartner in der Lage sind, wechselseitig die Haltung des jeweils anderen einzunehmen. Wenn die Person A eine signifikante Geste an Person B richtet, dann versucht A, sich selbst mit den Augen von B zu sehen und vorauszusehen, wie B reagiert. Die Bedeutung der Geste hat nach Mead einen triadischen Charakter: 1. Sie zeigt an, was die Person, an die sie gerichtet ist, tun soll (Aufforderung). 2. Sie zeigt an, was die Person, die sie setzt, zu tun beabsichtigt (Absicht). 3. Sie zeigt die gemeinsame Handlung an, die aus der Verbindung beider Bedeutungen der Gesten hervorgehen soll (zukünftige gemeinsame Handlung). Sobald es an einer dieser drei Linien der Bedeutung ein Missverständnis gibt, können Kommunikation und Interaktion nicht erfolgreich stattfinden.

Wenn sich Gesten davon entfernen, Anfangsphasen von Handlungen zu sein, sind sie auf dem Weg, sich zu *Symbolen* zu entwickeln. Konventionalisierte Gesten, wie zum Beispiel das Händeschütteln zur Begrüßung oder die rote Rose als Geschenk und Zeichen der Wertschätzung und Zuneigung unter Liebenden, sind Symbole, die sogar so stabil sind, dass sie für Kate und Leopold die gleiche Bedeutung haben. Mead führt den Begriff der *signifikanten Symbole* ein, der sich auf die Beschaffenheit von Symbolen in Interaktionen bezieht. Ein signifikantes Symbol hat für die Interaktionspartner die gleiche Bedeutung, ist also allgemein anerkannt und vertraut (vgl. Mead 1993: 86). Symbole machen nicht nur symbolische Interaktion erst möglich, sondern sie formen auch das Bewusstsein des Menschen, weil sie Grundvoraussetzung für sprachliche Kommunikation sind.

Sprachliche Kommunikation besteht für Mead aus vokalen signifikanten Gesten. Das Konzept der *vokalen Geste* oder Lautgebärde ist Voraussetzung für Meads Konzeption der Entstehung von Sprache. Die vokale Geste ist ein Geräusch, das die Einstellung und die Idee einer Person deutlich macht. „Die vokale Geste ist also wichtiger als alle anderen Gesten" (Mead 1993: 105), weil wir uns selbst beim Reden hören und somit sehr gut kontrollieren können. Bei Babys und Kleinkindern kann man häufig beobachten und hören, wie sie ihre Stimme und die „Sprechwerkzeuge" lautstark ausprobieren. Schritt für Schritt lernen sie, Wörter zu formen und eignen sich somit ein Inventar an signifikanten Symbolen an. Der Sinn des Gesagten ist die Tendenz, darauf zu reagieren. „Die Reaktion auf die vokale Geste liegt in einer bestimmten Handlung, und man löst die gleiche Tendenz auch in sich selbst aus." (Mead 1993: 106) Wenn der eine Partner einer Beziehung den anderen auffordert, zum Hochzeitstag einen Tisch in einem Restaurant zu reservieren, sein Gegenüber jedoch zu lange braucht, um der Aufforderung nachzukommen, reserviert man die Plätze eben selbst, weil man die gleiche Tendenz auch in sich vorfindet. Kommunikation ist möglich, wenn man die Rolle des Gegenübers einnehmen kann, man also die Tendenz entwickeln kann, ebenso wie die andere Person zu handeln. Man nimmt an der Kommunikation teil, indem man gemeinsam auf Reize reagiert und das Reagieren wiederum zum Reiz wird. Eine Lautgebärde kann dann als Sprache bezeichnet werden, wenn derjenige, der sie ausstößt, sie selbst versteht und sich selbst dadurch genauso beeinflusst wie andere. Das Wort „Geschirrspüler" ist für Leopold vorerst keine vokale Geste, weil er weder das technische Gerät noch die Bedeutung des Wortes kennt.

Eine bedeutende Rolle bei der Entwicklung von Identität kommt dem Spielen zu, weil das Individuum dabei lernt, sich in sein Gegenüber hineinzuversetzen. Im Spiel (zum Beispiel „Mutter und Kind") lernt es, mögliche Reaktionen zu einem Ganzen zu organisieren und sich selbst gegenüber ein anderer zu sein. Es sagt etwas in einer Eigenschaft und reagiert in einer anderen. Dies ist keine gleichzeitige Übernahme von mehreren Rollen, sondern passiert in einer strikt reihenförmigen Abfolge. Dieses Stadium in der Entwicklung von Kindern nennt George H. Mead *play stage (dt. Spiel)*. Im *play* entwickelt sich die Fähigkeit, sich in einen anderen (zum Beispiel die Mutter als wichtige Bezugsperson und damit *signifikante andere*) hineinzuversetzen (vgl. Mead 1993: 195).

Ab einer höheren Entwicklungsstufe ist das Individuum in der Lage, verschiedene Rollen in systematischer Verknüpfung miteinander wahrzunehmen und seinen Beitrag, den es in einer bestimmten Rolle erbringt, gleichzeitig auf die Handlungsperspektive mehrerer anderer Rollenspieler abzustimmen. Dies ist zum Beispiel bei Wettspielen der Fall, in denen es bereit sein muss, die Haltung aller an dem Spiel beteiligten Kinder zu übernehmen. Dieses Stadium nennt Mead *game stage (dt. Wettkampf)*. Das *game* ist ein organisiertes Spiel, wie zum Beispiel Fußball, Versteckspiele usw. Das Kind muss für ein erfolgreiches Spiel alle Rollen seiner Mitspieler einnehmen können und zu bestimmten Situationen mehrere Spieler gleichzeitig präsent haben und als *generalisierte andere* wahrnehmen (vgl. Mead 1993: 196). Der generalisierte andere ist die Summe aller Perspektiven in einem bestimmten Handlungszusammenhang. Er ist das generelle Prinzip des Handelns aller Beteiligten, das im *game* erlernt wird und erfasst werden muss, und zugleich die organisierte Gemeinschaft oder gesellschaftliche Gruppe und deren Haltung, die dem Einzelnen seine einheitliche Identität gibt (vgl. Mead 1993: 196). In der Form des generalisierten anderen übt eine Gemeinschaft Kontrolle über das Verhalten ihrer einzelnen Mitglieder aus, weil diese es ermöglicht, dass die Gemeinschaft als bestimmender Faktor in das Denken des Individuums eingeht. Im generalisierten anderen organisieren sich die Haltungen einer Gruppe, die der Einzelne beim abstrakten Denken sich selbst gegenüber einnimmt. Dadurch ist das Denken – als nach innen verlegte Übermittlung von Gesten – erst möglich.

In einem über Jahre dauernden und in Phasen gegliederten Prozess bilden Individuen eine Identität aus (siehe Abb., vgl. Macionis/Plummer 2005: 165).

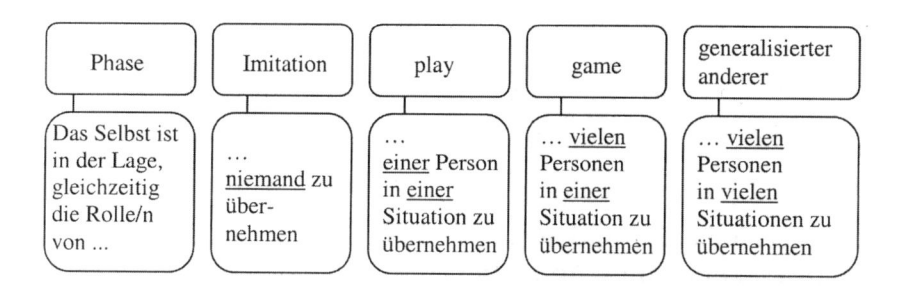

Phase	Imitation	play	game	generalisierter anderer
Das Selbst ist in der Lage, gleichzeitig die Rolle/n von ...	... niemand zu übernehmen	... einer Person in einer Situation zu übernehmen	... vielen Personen in einer Situation zu übernehmen	... vielen Personen in vielen Situationen zu übernehmen

Individuen interagieren erfolgreich in sozialen Situationen, weil sie gelernt haben, sich mit den Augen anderer Menschen zu sehen. Sie erfahren, wie andere Menschen sie sehen, weil sie sie wie einen Spiegel wahrnehmen können. Meads Kollege Charles Horton Cooley (1864-1929) hat den Begriff *looking-glass self* geprägt, um damit das Selbstbild zu bezeichnen, das Menschen von sich auf der Grundlage dessen entwickeln, wie sie glauben, dass andere sie wahrnehmen (vgl. Cooley 1971). Die Art und Weise wie wir uns selbst sehen, hängt in hohem Maße davon ab, wie andere uns sehen. In Partnerschaften wird der geliebte Partner der wichtigste Spiegel; er ist Projektionsfläche, die so sehr zum Selbstbild beiträgt, dass sich Individuen oftmals nach Trennungen neu definieren und zu sich finden müssen.

Mead unterscheidet als die beiden Teile der Identität das *I* und das *Me*. Das *I* ist das Selbst als Subjekt. Hier ist auch die spontane, impulsive Seite eines Individuums eingeschlossen. Das *I* ist das handelnde, personale Selbst, während das *Me* als soziales Selbst reagiert (vgl. Mead 1993: 216ff.). Das *Me* ist das Selbst als Objekt, die gesellschaftliche Seite des Individuums, die aus den Reaktionen und Haltungen der anderen Interaktionsteilnehmer, zum Beispiel des Partners, entsteht. Das *Me* wird bestimmt durch die anderen und verlangt nach einer bestimmten Reaktion. Die anderen können je nach Interaktionszusammenhang verschiedene Haltungen gegenüber dem Individuum einnehmen, so dass es verschiedene Arten von *Me* gibt.

Das *I* und das *Me* sind nicht identisch, weil das *I* niemals ganz berechenbar ist und immer ein wenig verschieden von dem, was die Situation selbst verlangt. Das *I* und das *Me* bilden zusammen die Identität, das *Self*, das in der gesellschaftlichen Erfahrung erscheint. Die beiden Teile müssen miteinander in Einklang gebracht werden, damit konsistentes Verhalten möglich wird. Das *Self* besteht als individuelle Persönlichkeit aus den beiden Phasen, die dafür verantwortlich sind, dass es bewusste Verantwortung und neue Erfahrungen gibt. Weil es viele reflektierte Ichs, also Formen von *Me* gibt, kommt es auch zu einer Vielzahl von synthetisierten *Selfs*. Kate ist in der Agentur eine andere als bei Stuart, ihrem Ex-Freund, und wiederum anders als bei Leopold, der ihr Herz gestohlen hat usw.

$$I + Me(s) = Self(s)$$

7 Was ist das Besondere an der Sicht des Symbolischen Interaktionismus auf Liebe?

Einen entscheidenden Einfluss auf die Definition einer Situation haben die Gefühle der beteiligten Akteure. Jemand, der eine Person liebt, wird deren Gesten andere Bedeutung beimessen als jemand, der emotional unbeteiligt ist. Die rosarote Brille, durch die ein Liebender seine Welt betrachtet, bedeutet im Grunde, dass die Person emotional so beeinflusst ist, dass sie die Umwelt anders definiert. Somit haben Gefühle Einfluss auf die soziale Interaktion, und umgekehrt können soziale Interaktionen Gefühle lenken. Einige Vertreter des Symbolischen Interaktionismus ignorieren Gefühle nicht, wie es in den Sozialwissenschaften häufig getan wird. In Meads Konzept der Haltung sind sie inbegriffen und gehen in sein Erklärungsmodell mit ein, während Goffman beispielsweise zu den Gefühlen des Selbst, das hinter den Masken steckt, die Menschen sich in Interaktionen zeigen, keine Aussagen trifft. Sowohl Interaktionen als auch Gefühle lassen sich nicht einfach in Kategorien ordnen. Gefühle bilden eine komplexe Sprache, die nur in ihrem sozialen Zusammenhang verstanden werden kann (vgl. Hochschild 2006: 158). Dass Kate sich für ein Leben im 19. Jahrhundert entscheidet, hängt vor allem mit ihren Gefühlen zu Leopold zusammen. Ihre Gefühle sind nur im Kontext ihrer eigenen und der Geschichte der gemeinsamen Romanze zu verstehen. Die Stärke des Symbolischen Interaktionismus ist eine kleinteilige Sicht auf individuelle Akteure unter Einbeziehung von Haltungen und Emotionen einem „Ding" gegenüber. Die Schwäche des

Symbolischen Interaktionismus liegt in der Betonung des Interpretationsprozesses: Wenn Situationsdefinitionen und gemeinsame Handlungen erst abgestimmt werden müssen, sind Handlungsverläufe nicht vorhersagbar. Durch die Betonung der Bedeutung, der Situation und des Selbstbewusstseins des Individuums werden zudem die Struktur der sozialen Welt und ihr Wandel vernachlässigt. So ist es nur schwer möglich, mit Hilfe des Symbolischen Interaktionismus übergeordnete Aussagen darüber zu treffen, wie es zu verschiedenen Verständnissen von Intimbeziehungen und Liebe bei Kate und Leopold gekommen ist.

Dass die Bedeutung von Liebe und die Art, in der Menschen Liebe leben wollen, prinzipiell verhandelbar ist, lässt die Hoffnung zu, dass Liebe und Partnerschaften in ihren unterschiedlichsten Spielarten realisierbar sind – solange die Verhandlungspartner sich einig werden. Unmöglich ist also nichts – nicht einmal, dass eine New Yorker Liebe mit Zeitsprüngen vom 19. Jahrhundert in die Gegenwart und wieder zurück glücken kann.

Literatur

Abels, Heinz (2002): Einführung in die Soziologie. Bd. 2: Die Individuen in ihrer Gesellschaft. Wiesbaden: Westdeutscher Verl.
Blumer, Herbert (1981) [1980]: Der Methodologische Standort des Symbolischen Interaktionismus. In: Arbeitsgruppe Bielefelder Soziologen (Hg.): Alltagswissen, Interaktion und gesellschaftliche Wirklichkeit 1+2. 5. Aufl. Opladen: Westdeutscher Verl.: 80-146.
Cooley, Charles Horton (1972): Looking-Glass Self. In: Mais, Jerome G./Meltzer, Bernard M., Symbolic Interaction. A reader in social psychology. 2nd Edition. Boston: Allyn and Bacon.
Friedrichs, Jürgen (1981): Stadtanalyse. Soziale und räumliche Organisation der Gesellschaft. 2. Aufl. Opladen: Westdeutscher Verl.
Goffman, Erving (1980) [1974, dt. Übers. 1977]: Rahmen-Analyse. Ein Versuch über die Organisation von Alltagserfahrungen. Frankfurt/Main: Suhrkamp.
Hochschild, Arlie Russell (2006): Das gekaufte Herz. Die Kommerzialisierung der Gefühle. Erw. Neuausgabe. Frankfurt/New York: Campus.
Macionis, John J./Plummer, Ken (2005): Sociology. A Global Introduction. Third Edition. Harlow: Pearson/Prentice Hall.
Mahlmann, Regina (2003): Was verstehst du unter Liebe? Ideale und Konflikte von der Frühromantik bis heute. Darmstadt: Wissenschaftliche Buchgesellschaft.
Mead, George Herbert (1993) [1934, dt. Übers. 1968]: Geist, Identität und Gesellschaft aus der Sicht des Sozialbehaviorismus. Mit einer Einleitung herausgegeben von Charles W. Morris. Frankfurt/Main: Suhrkamp.
Thomas, William I./Thomas, Dorothy Swaine (1928): The Child in America: Behavior Problems and Programs. New York: Knopf.

Hubert Knoblauch

Die Liebe in der Lebenswelt. Zur Phänomenologie und sozialen Konstruktion der Liebe

1 Einleitung und Überblick

Wollen wir dem Traktat über die Liebe ein Beispiel voranstellen, wie die Herausgeber empfehlen. Und soll es das Wort eines lyrischen, dramatischen oder prosaischen Dichters sein, der Beatrice anhimmelt? Oder wollen wir Goethes Veilchen betrachten, das sich von der geliebten Schäferin gar zertreten lässt? Oder soll es, damit auch die Frau in uns zur Sprache kommt, ein Lied von Yoko Ono sein, die John Lennon ihre durchaus sexuell erfüllte Liebe gesteht? Darf es überhaupt ein Mensch sein? Sollten wir es nicht vielmehr mit Göttern zu tun haben, die in der Liebe der Menschen gleichsam stellvertretend ansichtig werden?

Ein Beispiel haben wir nicht nötig. Die Liebe, so dürfen wir vermuten, ist uns allen bekannt. Wir alle lieben, liebten oder werden lieben. Deswegen könnte sich auch eine Analyse der Liebe erübrigen – eine soziologische zumal. Allerdings ist es mit der Beobachtung, dass uns die Liebe bekannt ist, nicht getan. Da wir alle die Liebe kennen, sind wir auch mit ihrer Tragik vertraut, „weil ein Widerspruch besteht zwischen dem unablösbaren Innenbleiben des Gefühls in ihrem Träger und dem Umfassen des Andern, dem Insicheinziehen und Verschmelzenwollen, in dem Prozesse zwischen dem Ich und dem Du, den selbst diese letzte Instanz nicht vor fortwährender Wiederaufnahme bewähren kann" (Simmel 1993: 28). Man kann diese Tragik auf zwei Probleme aufteilen: Die Liebe ist ein wesentlich soziales Phänomen. Was immer wir lieben, muss die Liebe bekanntlich nicht erwidern, doch muss zweifellos etwas da sein, das die Liebe erwidern kann. Sehen wir einmal von unserem losen Sprachgebrauch ab, nach dem wir ja auch den Wein, das Essen, ja sogar den Edelstein (meist im Plural oder in Mengen) lieben, muss da ein Anderes sein: das kann meine Frau sein oder Gott, möglicherweise sogar ein Kollektiv, wie mein Dorf, meine Stadt oder meine Nation – oder wenigstens ihr Fußballteam. Weil sie sich auf Andere bezieht, ist die Liebe ein grundlegend soziales Phänomen, und wir werden sehen, dass wir mit den Anderen durchaus auch nicht-menschliche Andere meinen können, sofern wir davon ausgehen, dass sie sich irgendwie sinnvoll zu unserem Liebesgefühl verhalten. Weil aber dies der Fall ist, ist die Liebe kontingent: Sie kann erwidert werden oder auch nicht; ja es kann sogar sein, dass die Anderen von unserer Liebe gar nichts wissen. Nicht nur, weil wir es nicht kommuniziert haben. Mit dem Einräumen der Anderen in der Liebe müssen wir auch im praktischen Leben damit rechnen, dass die Liebe bei den Anderen anders ausfällt: Sie lieben nicht nur uns nicht, sie lieben anders, ihre Liebe ist anders. Damit wird das erste Handlungsproblem auch zum soziologischen Problem, da die Handelnden selbst auf die gesellschaftliche Konstruiertheit der Liebe stoßen: Die idealtypische abendländische platonische Liebesmystik kann auf die süd- und ostasiatische tantristische Ekstase prallen oder die gefühlsschwelgerische Romantik auf die rationale Kalkulation wechselseitiger Lust.

Blickt man auf die in jüngerer Zeit erfreulich anschwellende Literatur zur Soziologie der Liebe (vorbildlich z.B. Hahn und Burkart 1998; 2000), so scheint die soziale Konstruiertheit der Liebe weitgehend akzeptiert. Deswegen soll hier kein soziologischer Abriss der historischen oder aktuell gesellschaftsvergleichenden Sinngebilde geboten werden, die handlungsleitend bestimmen, was wir als Liebe erleben, anstreben oder erleiden. Ich möchte mich vielmehr darauf konzentrieren, was es denn überhaupt bedeuten kann, dass „Liebe" sozial konstruiert wird. Denn gerade wenn wir von der sozialen Konstruktion der Liebe reden, sollten wir vor lauter Konstruktionen die Konstrukteure nicht aus den Augen verlieren. Das bedeutet keineswegs, dass wir die gesellschaftliche Konstruktion alleine aus den Konstrukteuren heraus erklären wollen – ein Unterfangen, das lediglich außerhalb der Soziologie Sinn machte. Es bedeutet aber sehr wohl, dass wir die Liebe nicht ohne die Liebenden verstehen können.

Und damit kommen wir zur anderen, schon genannten Seite der Tragödie der Liebe: Die Liebe ist wesentlich subjektiv. Kein Zweifel: Wer auch immer liebt, liebt in den Formen der eigenen Gesellschaft; doch wissen wir auch wohl, dass unsere Gefühle in den Formen der Gesellschaft nicht aufgehen. Wer denn würde behaupten, dass Luhmanns Analyse der Semantik die eigene Gefühlswelt beim letzten Liebeskummer erschöpft? Und wer erkennt sich in den Fragebögen der Liebesforschung wieder? Natürlich kann die aufs Typische zielende soziologische Beobachtung das Besondere der subjektiven Erfahrung ohnehin nie ganz abdecken. Wie uns jedoch die ganze Breite der Liebesliteratur in ihrer unendlich scheinenden Vielfalt immer wieder vor Augen führt, darf die grundsätzliche Subjektivität des Gefühls der Liebe nicht außer Acht gelassen werden. In der gedankenreichen Argumentation der Liebesforschung wird dieser Part häufig anderen Disziplinen überlassen: So beruft sich etwa Illouz auf die Psychologie und ihre Erregungszustände; ja sie betont sogar, dass Emotionen wie die Liebe „das komplexe Wechselspiel von physiologischer Erregung, Wahrnehmungsmechanismen und Interpretationsprozessen" seien (Illouz 2003: 3). In den Blick allerdings nimmt sie dann, wie fast alle ihre Mitstreiterinnen, allein die Interpretationsprozesse – und das Wechselspiel bleibt auf der Strecke. Auch wenn die Psychologie zweifellos manches zur Klärung der Erregung beiträgt, möchte ich die Behauptung aufstellen, dass die für die Soziologie relevante Klärung der subjektiven Perspektive von der Phänomenologie geleistet werden kann. Kraft ihrer Systematisierung der Introspektion ist sie schon seit langem der Königsweg zur Analyse des Subjektiven – auch wenn sich die Soziologie über das damit operierende „Wechselspiel" wenig Gedanken gemacht hat. In der hier gebotenen Knappheit möchte ich sehr kompakt die protosoziologische These vertreten, dass der Begriff der Liebe in der Struktur der Intersubjektivität gründet, diese jedoch mit Emotionalität bereichert, die an die empirische, leibliche und soziale Verfassung des Menschen gebunden ist.

2 Die soziale Konstruktion

Die Inflation des Begriffes der gesellschaftlichen Konstruktion hat die Schärfe des Begriffes und die Entschiedenheit des Ansatzes so verwässert, dass sich manche schon der Verwässerung wegen gegen den Begriff der Konstruktion wenden. Sieht man von den Verwässerern und Inflationierern ab, die ihre autodidaktischen und dilettantischen Kenntnisse wortreich mit Wikipedia und Lehrbüchern kaschieren, findet man in der Soziologie – und der Soziologie der Liebe zumal – drei mehr oder weniger deutlich zu unterscheidende Konzeptionen der „gesellschaftlichen Konstruktion". Seit Luhmanns berühmter Studie ist die Systemtheorie ein wesentlicher Akteur im Spiel um die Liebe. Im Gefolge von Parsons nimmt Luhmann die Liebe als ein symbolisch generalisiertes Kommunikationsmedium, „dem die spezifische Aufgabe zugewiesen wird, kommunikative Behandlung von Individualität zu ermöglichen, zu pflegen, zu fördern" (Luhmann 1982: 15). Dieses Kommunikationsmedium dient dazu, die für Akteure typisch wiederkehrenden Handlungsprobleme zu bewältigen – etwa die Bindung in Intimbeziehungen. Während diese Funktion feststeht, folgt die inhaltliche Füllung dem, was in der jeweiligen Gesellschaft kommunikativ „anschlussfähig" ist: Haben wir pflichtbewusste Eheleute, die sich vor Gott auf das Zusammenleben verpflichten, oder tief fühlende autonome Subjekte, die einander auf mehr oder weniger gnostische Weise – mit oder ohne Sexualität als ihre „symbiotische Mechanismen" (Luhmann) – „erkennen"? Auch wenn Luhmann zeigt, dass dies wiederum von der Sozialstruktur abhängig ist, so handelt es sich letzten Endes doch um eine sehr radikale, unbedingte Konstruktion: Was immer Liebe semantisch ist und damit für die Liebenden bedeutet, ist sie von den Liebenden selbst weitgehend unabhängig. Es ist ein Code, der im Wechselspiel zu anderen Codes (denn die Sozialstruktur besteht ja eigentlich aus nichts anderem) generiert und modifiziert wird.

Auch wenn Luhmanns Liebes-Werk noch eine etwas andere Luft atmet, kann man hier von einem „radikalen Konstruktivismus" (Luhmann 1997) reden. Diese Radikalität hat die Systemtheorie mit einem zweiten „konstruktivistischen" Ansatz gemein, der zuweilen auch als Konstruktionismus bezeichnet wird (z.B. Burr 1995). Auch hier wird die gesellschaftliche Kommunikation als Erzeugungsmechanismus für die Liebe angesehen, nur wird sie im Gefolge Foucaults zumeist als „Diskurs" bezeichnet. Damit wird auch der Akzent von der bloßen Konstruktion auf die Machtbildung verschoben: Liebe schließt nicht nur ein, sondern auch aus, und so ist es gerade das Ausgeschlossene, Ungesagte und Unterdrückte, das in der Aufmerksamkeit dieses konstruktivistischen Zweiges steht.

Beide Ansätze sind in einem sehr entschiedenen Sinne soziologistisch, da die Liebe nicht als Projekt des einzelnen Organismus, Gehirns oder Bewusstseins gilt, sondern als ein eigenständiges Produkt gesellschaftlicher Kommunikation oder des Diskurses gilt. Die Subjekte haben daran keinen nennenswerten Anteil. Dies unterscheidet diese beiden Ansätze vom Sozialkonstruktivismus Berger und Luckmannscher Prägung, der dem Subjekt einen zentralen Platz einräumt. Zwar bestreiten sie nicht, dass Liebe ein Wissenselement ist, das gesellschaftlich auf typische Weisen geprägt, vermittelt und verändert wird. Zugleich betonen sie jedoch ebenso ausdrücklich, dass die gesellschaftliche Konstruktion (auch der Liebe) nicht ohne das Subjekt und nicht ohne die Einnahme der subjektiven Perspektive nachvollziehbar ist.

3 Eine kurze Phänomenologie der Liebe

Phänomenologie als Methode systematischer Introspektion bezeichnet die Weise, in der wir uns dem Subjekt zuwenden. Sie kann deswegen auch nicht mit dem Anspruch der Allgemeingültigkeit auftreten, doch bemüht sie sich darum, das wesentlich Nicht-Subjektive auszuklammern, und zum anderen, das am Subjekt zu benennen, was andere teilen und was deswegen mitteilbar ist. Man sollte Phänomenologie nicht mit der Bilderbuchphänomenologie verwechseln, die sich lediglich auf die Oberfläche der Beschreibungen stürzt, um daran das Gemeinsame zu entdecken. Die Phänomenologie analysiert die Implikationen, also Voraussetzungen von Begriffsinhalten in der Erfahrung. Die phänomenologische Analyse der Implikation ist lediglich eine Heuristik, die durch empirische Anschauung und den anthropologischen Kulturvergleich gesichert werden muss. Der Kürze wegen müssen wir uns hier jedoch auf eine recht abstrakte Skizze beschränken.

Ohne die Methodologie weiter auszuführen, sollten wir etwa fragen, ob es denn überhaupt Sinn macht, hinter der Semantik des deutschen Wortes „Liebe" eine überkulturelle lebensweltliche Universalie zu vermuten? Verleitet nicht erst die mit dem Titel einer Soziologie der Liebe verbundene Aufgabe, „Liebe" konstant zu setzen, zu dieser vorschnellen Universalisierung? In der Tat ist schon die „alteuropäische" Begrifflichkeit höchst vielgestaltig. Platons Verständnis des Eros als die im Menschen wirkende körperliche und geistige Kraft steht neben der freundschaftlichen Liebe (*philia*) und der Nächstenliebe (*agápe*; *caritas*), die im Christentum das Übergewicht bekam[1]. In die höfische Minne des Mittelalters wiederum ging das jüdische und islamische *jada'* ein, durch die der Partner „erkannt" wird. Ohne die Liste fortzusetzen, dürfen wir fragen, was wir denn meinen, wenn wir von Liebe sprechen. Täuscht das eine Wort nicht darüber hinweg, dass damit recht unterschiedliche Dinge gemeint sein können?

Angesichts der unterschiedlichen Bedeutung der Semantik kann die Gemeinsamkeit auf einer grundlegenderen Ebene gesucht werden. Wir reden deswegen nicht mehr von „Liebe", sondern dem, was man die analytische Vorstufe der Liebe bezeichnen kann. Bei der Frage nach dem Bedeutungsgehalt der Liebe legt sich für Gläubige Gott nahe. Bewegen wir uns in einer wissenschaftlichen Kosmologie, so verweist der Begriff zweifellos auf so etwas wie eine emotionale Bezugnahme auf Andere. Was immer Liebe sein mag – sie bezieht sich auf ein Anderes (das lediglich im Grenzfall des Narzissmus Ego selbst sein kann). Es bedarf, wie wir es selbst erlitten haben mögen, nicht einmal einer sozialen Beziehung, wie Lautmann (1998: 52) meint. Liebe liegt vielmehr im Bereich dessen, was wir mit Schütz als Intersubjektivität bezeichnen.

Der Begriff der Intersubjektivität ergibt sich aus der Besonderheit der phänomenologischen Vorgehensweise. Diese bemüht sich ja darum, von all dem, was wir nicht unmittelbar erfahren, abzusehen bzw. es „einzuklammern". Beschränkt man sich dann einmal auf all das, was ausschließlich der eigenen Erfahrung gegeben ist (Husserl nennt das die „Eigensphäre"), dann stellt sich die Frage, *wie wir überhaupt Andere als etwas erfahren können, das sich etwa von unbelebten Dingen unterscheidet*. Diese Frage stellt sich häufig auch im Alltag: Wie können wir Andere als Andere wie wir erfahren und behandeln. In der Phänomenologie stellt sich diese Frage mit besonderer Radikalität.

Das Problem der Intersubjektivität wurde zunächst durch die „Einfühlungstheorie" zu lösen gesucht, die jedoch an dem Problem scheitert, dass wir uns nicht fortwährend in Andere einfühlen können und müssen – und dennoch mit ihnen ganz passabel interagieren können. Auch die Annahme eines Analogieschlusses von meinem Leib auf den der Anderen ist keineswegs unproblematisch, ist uns der Leib des Anderen als Ausdrucksfeld doch meist auf eine ganz andere Weise erfahrbar als unser Leib (den wir z.B. ja selten im Spiegel sehen, während wir Andere sehen). Husserls Lösung dieses Problems bestand in der Annahme einer „transzendentalen Intersubjektivität": Die Anderen sind gleichsam als „eidetische Variationen" meines Ich schon vom Bewusstsein konstituiert. Salopp ausgedrückt: Ich erfahre Andere als gleichsam immer nur als Varianten meines eigenen Selbst. Im Unterschied zu Husserl geht Schütz (1971) davon aus, dass der Mensch als ein immer bereits in eine empirisch bestehende Sozialwelt hineingeborenes Wesen die Existenz seiner Mit-

---

[1] Vgl. dazu den Beitrag von Niko Strobach in diesem Band.

und Nebenmenschen als fraglos gegeben hinnimmt. In der relativ-natürlichen Einstellung des Alltags gehen wir davon aus, dass das Du ebenfalls ein Bewusstsein besitzt, das dauerhaft ist und als dem meinigen wesentlich ähnlich angenommen wird. Das Verstehen von Alter Ego verdankt sich alltagsweltlich gewissen Idealisierungen, die darauf beruhen, dass Andere nicht nur „wie ich" erfahren werden, sondern durch einen Bewusstseinsakt der Reziprozität „gespiegelt" werden. Mit der Erfahrung der Anderen verbindet sich die automatische Annahme der Austauschbarkeit der Standorte, die es erlaubt, dass ich nicht nur die Anderen wahrnehme, sondern auch gleichsam automatisch mitbedenke, was sie von ihrem Standpunkt aus wahrnehmen. Auch die Motive werden reziprok verstanden: Deine Frage motiviert mich zu meiner Antwort, Dein „Um-zu-Motiv" wird für mich zum Weil-Motiv. Trotz dieser Idealisierungen, die sich empirisch natürlich bewähren müssen (folgt die Antwort – oder habe ich mit einer Puppe gesprochen?) bleibt der subjektive, eigene Sinn für „jedes Du wesensmäßig unzugänglich, weil er sich nur innerhalb des jemeinigen Bewußtseinsstromes konstituiert" (Schütz 1991[1932]: 140).

Der Begriff der Unzugänglichkeit ist etwas ungenau. Das Problem der Intersubjektivität besteht genauer darin, dass Alter Ego für Ego auf eine eigene Weise transzendent ist. Schütz spricht hier von einer mittleren Transzendenz: Denn während ich etwa die Transzendenz der Zeit selbst und in meinen eigenen Erfahrungen überwinden kann (ich muss nur warten, mich erinnern), ist diese Transzendenz nicht eigentlich zu bewältigen. Ich kann die Erfahrung der anderen nicht selber machen. Man sollte Transzendenz hier jedoch nicht religiös deuten: Auch wenn ich nicht die Erfahrungen der Anderen machen kann, so kann ich doch die Anderen erfahren. Das Andere ist also nicht, wie etwa Levinas (1999) vermutet, eine Art Chiffre des ganz Anderen, Einen, Göttlichen. Vielmehr betont Schütz, dass uns Alter Ego ja durchaus erfahrungsnah und alltagsweltlich entgegentritt. Der Leib des Anderen wird von Ego nicht nur als Dinglichkeit der umgebenden Welt aufgenommen, sondern als „Ausdrucksfeld" fremden Erlebens. Im Gegensatz zum eigenen Erlebnis, das ich immer nur in reflexiver Zuwendung als bereits entwordenes in den Blick nehmen kann, kann das Erleben des anderen in seinem Ablauf wahrgenommen werden: Die mittlere Transzendenz ist zwar nicht überwindbar, sie lässt sich aber überbrücken. Das Medium dieser Überbrückung ist die Kommunikation: Wir können die Erfahrung zwar nicht teilen, wohl aber mitteilen.

Der Umstand, dass Andere empirisch in unser Leben treten, ist nicht nur für unser Verständnis der Intersubjektivität, sondern auch für das der Transzendenz und der Liebe folgenreich. So betont schon Luckmann, dass sich das Transzendieren als Ablösung von der Unmittelbarkeit der eigenen Erfahrung im interaktiven Umgang mit anderen Menschen vollzieht, sie wird erst »in der Face-to-face-Situation möglich«, indem ein »äußerer Blickwinkel importiert« (Luckmann 1991: 36) wird. Auch wenn wir Transzendenz aus der subjektiven Perspektive beschreiben können, so gründet ihre Möglichkeit doch in der Begegnung mit empirischen Anderen. „Zunächst lebt der Mensch mehr in den Anderen als in sich selbst" (Scheler 1948: 266). Erst auf dieser Grundlage entsteht ein Abstand von der eigenen Erfahrung, eine Asymmetrie, die es erlaubt, dass eigene unmittelbare Erfahrungen von vergangenen Erfahrungen unterschieden und damit zum Teil eines individuellen Gedächtnisses werden. Wenn ich anderes als Andere erfahre, dann kann auch zwischen Anderen und Anderem unterschieden werden. Diese Unterscheidung sollte man dabei keineswegs als neutralen Erkenntnisakt betrachten. Vielmehr ist die Bezugnahme auf Andere von Anfang an mit Emotionen besetzt, die als Wertungen die entstehenden Handlungsmöglichkeiten leiten. Emotionalität ist ein wesentlicher Zug der intentionalen Bezugnahme auf Anderes, dessen existenzieller Zug in der besonderen Intersubjektivität der Liebe bewahrt wird.

Das zieht auch die Annahme in Zweifel, Intersubjektivität setze schon ein Selbst voraus, eine Annahme, die auch in der Erforschung der Liebe gilt. Wie bei der Intersubjektivität ist es jedoch auch bei der Liebe dienlich, auf ihre Ontogenese zu achten. Denn empirisch lernen wir die Begegnung mit Anderen zuerst in der frühen Sozialisation kennen: Hier ist es, dass wir auf die Anderen gestoßen werden, und zwar aus Gründen, die uns die philosophische Anthropologie sehr deutlich gemacht hat: Wegen seiner Mangelausstattung ersetzt der Mensch Natur nicht nur abstrakt mit Kultur – von Anbeginn seines Lebens ist der Mensch ganz entschieden auf die Gesellschaft angewiesen. Die Anderen sind für Menschen existentiell notwendig, oder, um es mit Schütz (1971: 116) zu sagen: „Solange Menschen von Müttern geboren werden, fundiert Intersubjektivität und Wirbeziehung alle anderen Kategorien des Menschseins". Auch wenn wir heute „Mütter" durch „signifikante Andere" ersetzen müssen, sollte man doch sicherlich die schon von Freud hervorgehobene Möglichkeit nicht ausschließen, dass nicht nur die Intersubjektivität, sondern auch die Liebe in ihrer Grundstruktur nicht in der Beziehung zwischen Erwachsenen wurzelt.

Wenn wir diese Annahme machen, dann sollte ein weiteres Merkmal der so erwachsenden Intersubjektivität hervorgehoben werden: Das Subjekt, das sozialisiert wird, ist nicht von Anfang an ein Selbst. Wie schon Mead (1978) sehr genau aufgezeigt hat, wird dieses Selbst erst ausgebildet, indem es sich an anderen orientieren lernt. Auf der Basis instinktiver Reaktionen lernt es in den Interaktionen die Sinnhaftigkeit, aus der heraus sich erst das Selbst ausbildet. Wenn Liebe in der intersubjektiven Bezugnahme auf Andere fundiert ist, dann beruht sie strukturell, so könnte man sagen, auf der Vorgängigkeit der Anderen und der Angewiesenheit auf sie. In diesem Sinne ist die Liebe die „Wiederherstellung eines verlorenen Glücks" (Bergmann 1994: 225).

Die Sinnhaftigkeit ist denn auch, wie Luckmann (1980) betont, anfänglich noch sehr unfokussiert. Aus der Erfahrung der empirischen Anderen, die sich im „Dialog der Gesten" herauskristallisieren, entwickelt sich zunächst ein Prinzip der universalen Projektion, das gleichsam animistisch alles Mögliche als „Alter ego" betrachtet: Den Ball in der Hand, die Rolle über dem Kopf, das Blatt, das angeflogen kommt. Universale Projektion bedeutet, dass die Übertragung „wie ich" zunächst nicht durch ein (noch gar nicht bekanntes) Körperschema begrenzt wird, sondern auf alle wahrnehmbaren Dinge der Umwelt vorgenommen werden kann. Auch wenn diese Projektion im weiteren Verlauf der Sozialisation und durch die jeweils kulturellen Grenzziehungen zwischen dem Sozialen und dem Natürlichen eingeschränkt wird, erkennen wir hier durchaus auch das Potential der Ausdehnung von Liebe auf nicht-menschliche Andere. Sowohl der Animismus wie auch die Vergöttlichung der Liebe können als eine gedankliche Extension dieses Prinzips angesehen werden, wobei das geliebte Andere gleichsam in die große Transzendenz extrapoliert wird. Auch die Säkularisierung der großen Transzendenzen etwa im romantischen zwischenmenschlichen Verschmelzungstopos oder in der Übertragung theologischer Aspekte auf Alter Ego baut auf dieser Fähigkeit der universalen Projektion auf. Dabei sollte man jedoch beachten, dass die Universalisierung eine strukturelle Voraussetzung für diese kulturell in je spezifischer Weise elaborierten Fassungen darstellt. Die Transzendenz, die zur Grundstruktur der Intersubjektivität und der Liebe zählt, darf also nicht wie in Lévinas' (1999) beeindruckender Theorie der Alterität, „sakral" verstanden werden, sondern lediglich als Beschreibung einer Erfahrung der Erfahrungsüberschreitung. Denn die Phänomenologie bezieht sich nicht auf die variierenden Muster kultureller Sinndeutung, sondern bezieht sich auf das, was ihnen strukturell zugrunde liegt. Genau dies macht die These dieses Beitrags aus: Der Liebe liegt die Struktur der Intersubjektivität zugrunde. Dazu zählen (keineswegs mit dem Anspruch auf Vollständigkeit) die Idealisierungen und Generalisierungen der Intersubjektivität, die Transzendenzerfahrung, die empirische Vorgängigkeit der Alterität, ihre Emotionalität und Existentialität ebenso wie die Universalisierbarkeit. Die spezifischen Ausprägungen jedoch sind Ergebnisse der gesellschaftlichen Konstruktion der Wirklichkeit. Kehren wir deswegen kurz zur gesellschaftlichen Konstruktion zurück.

4 Die gesellschaftliche Konstruktion der Liebe

Die Grundstruktur der Liebe beinhaltet Aspekte, die wir in den verschiedensten empirischen Ausprägungen als Liebe (oder als auf dieser Grundlage vergleichbare Phänomene) betrachten können. Diese Ausprägungen fassen wir analytisch als „soziale Konstruktionen". Sie stehen also keineswegs in einem „Wechselverhältnis" zur Grundstruktur; vielmehr handelt es sich um ein begriffliches, konstitutionslogisches Verhältnis. Wenn wir uns fragen, wie die Liebe sozial konstruiert wird, spielen die Sinngehalte zweifellos eine tragende Rolle. Die Deutung der Anderen als Transzendenz ist sicherlich ein Kern der Liebe, der zudem mit einer besonderen Emotionalität verbunden ist. Von einer sozialen Konstruktion reden wir jedoch erst, wenn diese Deutung in einer sozial halbwegs verbindlichen (und damit auch „ermächtigten") Weise typisiert ist, dass sie sozial vermittelt werden kann. Typisiert werden dabei nicht nur die Erkenntnis des Anderen, sondern auch die Gefühle. Dabei werden nicht schon festgelegte Erregungszustände mit sozialen Etiketten versehen; vielmehr ermöglichen es erst Etiketten, also Typisierungen, unterschiedliche Erregungszustände überhaupt zu unterscheiden.

Solche Typisierungen könnte man, wie Illouz (2003) nahelegt, als „Rahmen" bezeichnen, doch ist dieser Begriff wissenssoziologisch zu breit, um all die Typisierungen abzudecken, die mit Liebe verbunden sind (Knoblauch 2005: 311ff). Neben den sprachlichen und vorsprachlichen Klassifikationsschemata der Dinge, denen Liebe zuteil werden darf (von Plüschbären über Ehepartner bis Popstars) zählen dazu natürlich auch die Kommunikationsformen, (emotionale) Handlungs- und Erfahrungsweisen der Liebe, die als Topoi, Skripte, Gattungen usw. auftreten können – von den sedimentierten Bedeutungen etwa der „heiligen Liebe", des Liebesschwurs und Ehegelöbnisses ganz zu schweigen. Es steht außer Frage, dass sich solche Typisierungen nicht nur zwischen Gesellschaften deutlich unterscheiden können, sondern auch innerhalb von Gesellschaften, etwa nach Klassen und Milieus. Gerade deswegen sollte man auch die zweite Seite der sozialen Konstruktion nicht übersehen. Wie Intersubjektivität von Anfang empirisch in soziale Verhältnisse eingebettet ist, bleibt auch die Liebe nicht nur ein bloßes Sinngebilde, das einzelne Handelnde leitet. Liebe wird auf unterschiedliche Weisen institutionalisiert. Die romantische Liebesehe mag ein vieluntersuchtes hiesiges Beispiel sein, aber auch die „wilde Ehe", die sich seit mehreren Jahrzehnten institutionell eingeschlichen hat, die „confluent love" Giddens' (1992: 2), die ihre Legitimation nicht mehr im Eheschein sucht, sondern in der gegenseitigen Ebenbürtigkeit zweier Verhandlungspartner, in der quasi-religiösen Überhöhung des Zwischenmenschlichen (Beck/Beck-Gernsheim 1990: 250ff) oder in der Auf-Dauerstellung des sexuellen Charismas. Sie beweist, dass soziale Konstruktionen auch der Liebe von (keineswegs widerspruchsfreien) Institutionen stabilisiert werden, die nicht nur die „Wirklichkeit" definieren, sondern auch normativ und machtvoll bestimmen wollen. Während jedoch die institutionellen Definitionen der Wirklichkeit ins Leere gehen können, besteht der Kern der gesellschaftlichen Konstruktion zuletzt dort, wo zwischen Menschen gehandelt wird: In der bislang kaum erforschten lebensweltlichen Interaktion zwischen den Menschen wird die soziale Wirklichkeit realisiert, und das gilt auch und gerade für die Liebe.

Literatur

Beck, Ulrich und Beck-Gernsheim, Elisabeth (1990): Das ganz normale Chaos der Liebe. Frankfurt am Main: Suhrkamp.

Bergmann, Martin (1994): Eine Geschichte der Liebe. Vom Umgang der Menschen mit einem rätselhaften Gefühl. Frankfurt am Main: Fischer.
Burr, Vivien (1995): An Introduction to Social Constructionism. London: Routledge.
Giddens, Anthony (1992): The Transformation of Intimacy. Sexuality, Love and Eroticism in Modern Societies. Stanford: SUP.
Hahn, Kornelia und Günter Burkart (Hg.) (1998): Liebe. Studien zur Soziologie intimer Beziehungen I. Opladen: Leske und Budrich.
Hahn, Kornelia und Günter Burkart (Hg.) (2000): Liebe. Studien zur Soziologie intimer Beziehungen II. Opladen: Leske und Budrich.
Illouz, Eva (2003): Der Konsum der Romantik. Liebe und die kulturellen Widersprüche des Kapitalismus. Frankfurt am Main: Campus.
Knoblauch, Hubert (2005): Wissenssoziologie. Konstanz: UVK.
Lautmann, Rüdiger (1998): Wie verschieden lieben die Geschlechter? In: Hahn/Burkart I, 51-64.
Lévinas, Emmanuel (1999): Wenn Gott ins Denken einfällt. Freiburg i. Breisgau/München: Alber.
Luckmann, Thomas (1980): Die Grenzen der Sozialwelt. In: Lebenswelt und Gesellschaft. Paderborn: Schöningh, 56-92.
Luhmann, Niklas (1997): Die Gesellschaft der Gesellschaft. Frankfurt am Main: Suhrkamp.
Mead, George Herbert (1978): Geist, Identität und Gesellschaft. Frankfurt am Main: Suhrkamp.
Scheler, Max (1948): Wesen und Formen der Sympathie. Frankfurt am Main: Schulte-Bulmke.
Schütz, Alfred (1971), Das Problem der transzendentalen Intersubjektivität bei Husserl, in: Gesammelte Aufsätze Bd. III. Den Haag: Nijhoff, 86-126.
Schütz, Alfred (2003/1932): Der sinnhafte Aufbau der sozialen Welt. Konstanz: UVK.
Simmel, Georg (1993): Fragment über die Liebe, in: Das Individuum und die Freiheit. Frankfurt am Main: Fischer, 19-28.

Matthias Junge

Mit Loriot zu Luhmanns systemtheoretischer Konzeption von Liebe

Für D. und S.

Das Ei

Das Ehepaar sitzt am Frühstückstisch. Der Ehemann hat sein Ei geöffnet und beginnt nach einer längeren Denkpause das Gespräch.

ER	Berta!
SIE	Ja ...
ER	Das Ei ist hart!
SIE	*(schweigt)*
ER	Das Ei ist hart!
SIE	Ich habe es gehört ...
ER	Wie lange hat das Ei denn gekocht ...
SIE	Zu viele Eier sind gar nicht gesund ...
ER	Ich meine, wie lange dieses Ei gekocht hat ...
SIE	Du willst es doch immer viereinhalb Minuten haben ...
ER	Das weiß ich ...
SIE	Was fragst du denn dann?
ER	Weil dieses Ei nicht viereinhalb Minuten gekocht haben *kann!*
SIE	Ich koche es aber jeden Morgen viereinhalb Minuten!
ER	Wieso ist es dann mal zu hart und mal zu weich?
SIE	Ich weiß es nicht ... ich bin kein Huhn!
ER	Ach! Und woher weißt du, wann das Ei gut ist?
SIE	Ich nehme es nach viereinhalb Minuten heraus, mein Gott!
ER	Nach der Uhr oder wie?
SIE	Nach Gefühl ... eine Hausfrau hat das im Gefühl ...
ER	Im Gefühl? ... Was hast du im Gefühl?
SIE	Ich habe es im Gefühl, wann das Ei weich ist ...
ER	Aber es ist hart ... vielleicht stimmt da mit deinem Gefühl was nicht ...
SIE	Mit meinem Gefühl stimmt was nicht? Ich stehe den ganzen Tag in der Küche, mache die Wäsche, bring deine Sachen in Ordnung, mache die Wohnung gemütlich, ärgere mich mit den Kindern rum, und du sagst, mit meinem Gefühl stimmt was nicht?

ER	Jaja ... jaja ... jaja ... wenn ein Ei nach Gefühl kocht, dann kocht es eben nur *zufällig* genau viereinhalb Minuten!
SIE	Es kann dir doch ganz egal sein, ob das Ei *zufällig* viereinhalb Minuten kocht ... Hauptsache, es *kocht* viereinhalb Minuten!
ER	Ich hätte nur gern ein weiches Ei und nicht ein *zufällig* weiches Ei! Es ist mir egal, wie lange es kocht!
SIE	Aha! Das ist dir egal ... es ist dir also egal, ob ich viereinhalb Minuten in der Küche schufte!
ER	Nein-nein ...
SIE	Aber es ist *nicht* egal ... das Ei *muß* nämlich viereinhalb Minuten kochen ...
ER	Das habe ich doch gesagt ...
SIE	Aber eben hast du doch gesagt, es ist dir egal!
ER	Ich hätte nur gern ein weiches Ei ...
SIE	Gott, was sind Männer primitiv!
ER	(*düster vor sich hin*) Ich bringe sie um ... morgen bringe ich sie um ...

(Loriots Dramatische Werke, Diogenes Verlag Zürich, verbesserte Neuausgabe, 1983.)

Ein ehelicher Dialog. Das Gespräch kreist um ein Problem – ein hart gekochtes Ei – und ist nahe am Konflikt – „SIE Gott, was sind Männer primitiv!" und „ER Ich bringe sie um … morgen bringe ich sie um …". Zwischen Anfang und Ende des Dialogs eine schrittweise Eskalation. Das Ei tritt in den Hintergrund, den Vordergrund bilden plötzlich Eigenschaften, Qualitäten und Handlungsweisen der Ehepartner. Schlagartig steht alles auf dem Spiel, wird alles in Frage gestellt – der Einsatz im ehelichen Haushalt, die Differenz von zufällig oder absichtsvoll gekochtem weichen Ei, die Anerkennung der Leistung der Hausfrau – und schließlich: die Anerkennung der ganzen Person.

Typisch an diesem Dialog ist vor allem, wie unter der Hand während des Gesprächs Berta und ihrem Mann ihre wechselseitigen Konstruktionen einer gemeinsamen Welt von SIE und ER fraglich werden. Die Annahme eines geteilten Rahmens von Annahmen und Wissen wird problematisch, und dadurch wird am Ende prekär, was zuvor gegeben schien: dass SIE und ER in einer, ihrer gemeinsamen Welt kommunizieren, handeln und erleben. Jedes Wort wird auf einmal auf die Goldwaage gelegt, der Einsatz ist blitzschnell sehr hoch: Nimmt der andere mich so wahr, wie ich mich sehe und verstehe? Diese Frage offenbart das Problem des Dialogs: Liebe unterstellt, dass Ego vollständig in die Welt von Alter einbezogen ist und diese Welt bestätigt. Und dies, obwohl Ego und Alter wechselseitig füreinander black boxes sind.

1 Black Boxes und das Problem doppelter Kontingenz

ER und SIE, Ego und Alter sind füreinander undurchsichtig. Es gibt zu Beginn der Entstehung eines Interaktionssystems keine Kenntnis der Vorstellungen oder Erwartungen des Kommunikationspartners. Dies ist das Problem der doppelten Kontingenz. Konkretisiert am Beispiel: Als ER und SIE sich kennen lernten, konnte ER nicht abschätzen, wie SIE Eier kocht. Und SIE konnte nicht ahnen, wie ER sein Frühstücksei gerne mag. Weil beide nicht wissen, was der Andere im Hinblick auf ein Frühstücksei erwartet, bleibt ihnen nur eine versuchsweise Annäherung an diese Vorstellung. Kurz: SIE probiert anfangs mal das Kochen eines weichen, anderntags eines harten Eis. Aus seinen Reaktionen erschließt SIE sodann, dass ER lieber ein weiches Ei will. Aber: Diese durch Versuch und Irrtum hergestellte Lösung des Problems der doppelten Kontingenz ist nicht dauerhaft stabil. Wenn sich im Laufe der Zeit seine Vorlieben ändern, etwa ER plötzlich lieber ein Spiegelei zum Frühstück möchte, dann beginnt der Prozess von Versuch und Irrtum zur Erwartungsabstimmung von vorn.

2 Liebe als Kommunikationsanweisung und das System der Intimbeziehung

Liebe ist aus systemtheoretischer Perspektive nicht zuerst ein Gefühl. Vielmehr ist Liebe eine Kommunikationsanweisung (Luhmann 1994: 22). Eine Anweisung zur Stabilisierung eines sozialen Systems, dem „System der Intimbeziehung" (Luhmann 1994: 14). Damit ist indirekt auch zum Ausdruck gebracht, dass das System der Intimbeziehung nicht notwendig ein System der Kombination von Mann und Frau sein muss, auch gleichgeschlechtliche Paare bilden ein System der Intimbeziehung. Einzig die Drei- oder Vielzahl erscheint Luhmann für die Etablierung eines Systems Intimbeziehung unwahrscheinlich, weil die Fähigkeiten zur Vollinklusion von Individualität(en) in die eigene Welt begrenzt scheint.

Das soziale System Intimbeziehung grenzt sich von seiner Umwelt, anderen sozialen Systemen und anderen Systemen der Intimbeziehung, ab, weil es auf der Leitdifferenz von, so Peter Fuchs (2003: 65), „WIR-ZWEI/Rest-der-Welt" aufruht. Die Welt der WIR-ZWEI ist ein geschlossenes, sich autopoietisch reproduzierendes soziales System. Autopoietisch, weil alle Elemente der Intimbeziehung in der Intimbeziehung selbst erzeugt werden: Gefühle, Erinnerungen, Wünsche und Erwartungen. Das ist einer der Gründe dafür, dass viele Intimbeziehungen eine je „eigene Sprache" zu sprechen scheinen, die von außen, von Dritten kaum verstanden wird: Verweise auf „gemeinsam" Erlebtes, „gemeinsame" Erinnerungen und Erfahrungen, gelegentlich, wie von Bertolt Brecht in einem Gedicht angedeutet, sprachliche

Zeichen für die Intimbeziehung – „Wir sind einander gewogen" –, geheimnisvolle Andeutungen und Ähnliches mehr. Die Umwelt spielt nur als Grenze nach „außen" eine Rolle. Ein System kommt gerade dadurch zustande, dass durch den Aufbau einer Struktur eine Grenze gegenüber dem, was nicht zur Struktur gehört, nicht in den Strukturaufbau einbezogen ist, aufgebaut wird. Erst wenn ein System gegeben ist, erst dann kann man systemtheoretisch sinnvoll von Umwelt reden. Vorher ist da nur „Rauschen", Ereignisse in der Welt, die für das System keine Bedeutung haben. Anders: Vor der Etablierung eines Systems der Intimbeziehung sind beide Beteiligten füreinander auch nur, möglicherweise attraktives, Rauschen in ihrer jeweiligen Umwelt.

Die Bedeutung der Umwelt verändert sich, sobald eine Intimbeziehung etabliert ist. Erst wenn Elemente der Umwelt im System Intimbeziehung kommuniziert werden, dann gewinnen sie Bedeutung für die Intimbeziehung. Die Umwelt wirkt auf das System ein, weil sie dort Irritationen auslöst, die systemintern als Konstruktionen der Irritation durch Kommunikation verarbeitet werden. Anders: Das Frühstücksei wird erst dann für das System Intimbeziehung interessant, wenn im System über das Ei kommuniziert wird.

Das System Intimbeziehung ist ein hoch individualisiertes soziales System, weil es die beteiligten Personen umfänglich erfasst. „Es werden mit anderen Worten soziale Beziehungen ermöglicht, in denen mehr individuelle, einzigartige Eigenschaften der Person bedeutsam werden. Wir wollen solche Beziehungen mit dem Begriff der zwischenmenschlichen Interpenetration kennzeichnen. Im gleichen Sinne kann man auch von Intimbeziehungen sprechen." (Luhmann 1994: 14) Dessen Grundlegung durch Kommunikation ist äußerst unwahrscheinlich. Aus einem strukturellen, die Kommunikation betreffenden Grund und aus einem die gesellschaftliche Differenzierung betreffenden Sachverhalt.

3 Probleme der Kommunikation und ihre Lösung

Jede Kommunikation besteht nach Luhmann aus drei Elementen: Information, Mitteilung und Verstehen. Jedes dieser Elemente ist eine Selektion. D.h. der Sender selektiert aus einer unbegrenzten Zahl von Möglichkeiten eine bestimmte Information, die er zum Gegenstand der Kommunikation machen will. Im Beispiel ist der Gegenstand als Information bereits mit dem dritten Satz – „ER Das Ei ist hart!" – des Dialogs festgelegt: das Frühstücksei. Informativ sind nur solche Selektionen, von denen angenommen werden kann, dass sie für den Empfänger, hier Berta, Neuigkeitswert haben. Jede Information wird mit einer Mitteilung, die zweite Selektion, kombiniert, sie teilt mit, welchen Sinn die Information für den Sender trägt. Im Beispiel wird die Mitteilung bereits vor der Information vermittelt, ausgedrückt durch das ! im Einleitungssatz – „ER Berta!". Stellen sie sich das ! stimmlich vor: Die

Stimme geht nach oben, signalisiert Aufregung, Unruhe, vielleicht einen Vorwurf, Enttäuschung, Unbehagen. Der dritte Selektionsschritt nun ist das Verstehen durch den Empfänger der Information und der Mitteilung. Verstehen bedeutet, dass die Differenz zwischen Information und Mitteilung verstanden wurde, was auch Missverständnisse einschließt. Bertas „Ich habe es gehört ..." als Reaktion auf die Wiederholung der Information signalisiert, dass sie den Mitteilungssinn vom Anfang des Dialogs, das !, aufgefasst und die Differenz zur Information, es geht ums Ei, erkannt hat. Bertas Reaktion signalisiert ihr Verstehen der Differenz von Information und Mitteilung und erzeugt die Kommunikation. Erst mit der dritten Selektion ist Kommunikation gegeben. Anders: Verstehen generiert Kommunikation.

Aufgrund gesellschaftlicher Differenzierung sind jedoch zusätzliche Mechanismen der Erleichterung und Ermöglichung von Kommunikation nötig. Denn Ego und Alter treten in funktional differenzierten Gesellschaften unter Bedingungen in Kontakt, die erfolgreiche Kommunikation sehr unwahrscheinlich werden lassen. Denn vor dem Hintergrund funktionaler Differenzierung und der damit einhergehenden Individualisierung ist Kommunikation ein notwendigerweise zu lösendes Problem. Es ist ein Problem, weil funktionale Differenzierung, bereits von Simmel als mit der Kreuzung sozialer Kreise gegebenes Problem umschrieben, das Individuum sozial „ortlos" zurück lässt. Denn es gehört zwar überall dazu, hat Teil an den ausdifferenzierten Bereichen, aber: immer nur mit einem Teil von sich. Das Individuum ist daher eigentlich ein Dividuum (vgl. Böhringer 1985), ein geteiltes Individuum. Es gehört nie ganz dazu, etwas bleibt immer außen vor.

Aber das System der Intimbeziehung gestattet es, die ganze Person einzubringen, das Dividuum als Individuum zu sehen und zu behandeln. Damit trägt das System der Intimbeziehung eine hohe Last. Denn nun muss alles akzeptiert, in das System eingeschlossen werden, auch dann, wenn es nicht gefällt, stört oder nervt. Wenn Alter und Ego sich jeweils mit ihrer vollen Individualität in eine Beziehung einbringen möchten, so ist diese Kommunikation unwahrscheinlich. Kurz: Wem gefällt schon alles am geliebten Anderen? Das System der Intimbeziehung steht vor einer besonderen Aufgabe, es schließt nämlich Alter und Ego gleichermaßen wechselseitig in ihre jeweiligen Privatwelten ein: „Es wird dann zur Bedingung für die Ausdifferenzierung einer gemeinsamen Privatwelt, daß jeder die Welt des anderen mittragen kann (obwohl er selbst höchst individuell erlebt), weil ihm selber darin eine Sonderstellung zugewiesen ist: Weil er in dieser Welt des anderen vorkommt als der, der geliebt wird." (Luhmann 1994: 18)

Soziale Systeme greifen deshalb auf bereits vor ihrer Entstehung vorhandene symbolisch generalisierte Kommunikationsmedien zurück. Sie erhöhen die Chance für erfolgreiche Kommunikation. Sie sind Garanten des Erfolges, weil sie die Kommunikation kanalisieren und standardisieren. Ein symbolisch generalisiertes Kommunikationsmedium entwickelt sich, bevor sich das dazu passende System ausdifferenziert (vgl. Luhmann 1997 Bd. I: 392). Also: Das symbolisch generalisierte

Kommunikationsmedium Liebe gibt es, bevor das System der Intimbeziehung sich stabilisieren kann. Daher ist die Untersuchung „Liebe als Passion" eine historisch orientierte wissenssoziologische Rekonstruktion der allmählichen Entstehung und Entwicklung der Kommunikationsanweisung Liebe. Zu beachten ist hierbei aber, damit ist nicht gesagt, dass Liebe erst mit dem Aufkommen des Codes entsteht. Natürlich gab es auch zuvor Liebe und sich liebende Paare. Aber: nicht als symbolisch generalisiertes Kommunikationsmedium eines ausdifferenzierten Systems der Intimbeziehung, sondern im Rahmen anderer Differenzierungsformen, etwa ständischer, stratifikatorischer Differenzierung. So regulierte etwa über lange Zeiträume hinweg die „richtige" Standeszugehörigkeit den Zugang zur Ehe, nämlich unter Menschen des gleichen Standes.

Diese Kanalisierung und Standardisierung muss der Theorie von Luhmann zufolge drei Probleme lösen: die Probleme von Verstehen, Erreichen und Erfolg. Erstens, es ist nie sicher, ob Ego Alter versteht, denn sowohl Ego wie auch Alter verstehen zuerst und nur vor ihrem eigenen Hintergrund. Falls es da keine Ähnlichkeiten gibt, sind Missverständnisse zwangsläufig und die Kommunikation droht abzubrechen. Im Beispiel: SIE versteht das Problem vor dem Hintergrund der erfahrenen Hausfrau, ER versteht das Problem als prinzipielles und doch spezifisches Problem der Herstellung eines weichen Eis.

Hinzu kommt zum Zweiten, solange Kommunikation auf Anwesende beschränkt ist, wird durch Takt und angemessene Aufmerksamkeit dafür gesorgt, dass eine Kommunikation in Interaktionssystemen den Adressaten erreicht. Aber das kann bereits misslingen, wenn der Adressat etwa mit den Gedanken ganz woanders ist, oder den Sachverhalt anders bewertet oder einordnet. Dann ist nicht mehr sicher, ob die Kommunikation den Adressaten erreicht. Wenn ER erstmals fragt: „Wie lange hat das Ei denn gekocht", und SIE darauf antwortet: „Zu viele Eier sind gar nicht gesund", dann hat seine Frage SIE nicht erreicht. Und folglich setzt auch unmittelbar eine Wiederholung der Frage die Kommunikation fort, etabliert einen neuen Kommunikationsversuch. „ER Ich meine, wie lange das Ei gekocht hat …".

Drittens schließlich, selbst dann, wenn die Hürden des Verstehens und Erreichens überwunden wurden, kann die Kommunikation keinen Erfolg haben, weil Ego den Inhalt der Kommunikation nicht übernimmt, etwa nicht tut, was ihm geraten wurde oder eine gegebene Information missachtet. Wenn ER sagt „Jaja … jaja … jaja", dann missachtet er die zuvor gegebene Information, dass SIE mit ganzem Einsatz das Ei zubereitet. In dieser Passage des Dialogs ist die Kommunikation kurz vor dem Abbruch. Erfolg hat sie nur, weil nun ein thematischer Wechsel vollzogen wird – in den Mittelpunkt rückt die Frage, ob das Ei notwendig oder nur zufällig viereinhalb Minuten kochen muss.

4 Schwierigkeiten der Lösung von Kommunikationsproblemen durch ein System der Intimbeziehung

Es ist diese schwierige Situation, die das System der Intimbeziehungen bearbeitet. Aufgebaut wird das System der Intimbeziehungen unter Bedingungen einer strikten Asymmetrie. „Der Liebende muß handeln, weil er sich mit einer Wahl konfrontiert findet; der Geliebte hatte dagegen nur erlebt und Identifikation mit seinem Erleben erwartet. Der eine muß sich engagieren, der andere ... hatte nur projektiert." (Luhmann 1994: 26)

Durch diese Grundstruktur der Kommunikation im System der Intimbeziehungen werden Alter und Ego über die Asymmetrie von Erleben und Handeln zusammen gebunden. Alter erlebt, Ego hat zu handeln. Dieses Handeln setzt ein zuvorkommendes Handeln voraus. Intimbeziehungen sind so kommunikationsintensive Beziehungen, weil sie auf direkte Kommunikation häufig verzichten können, denn bereits das Zuvorkommen ist Kommunikation. Aber gerade dies ist gleichzeitig die Schwachstelle bzw. das Problem dieser Beziehungen. Denn Zuvorkommen bedeutet auch immer, dass man die gemeinsam getragene Welt richtig einschätzen können muss, und das heißt insbesondere, dass man die Individualität des eigentlich sozial ortlos anderen richtig einschätzen können muss. Die Fragilität solcher asymmetrisch fundierter Beziehungen ergibt sich aus der hohen direkten Zuschreibung vor allem auf das System der Person selbst.

„Man hat seit langem gesehen, daß der hoch getriebene Individualisierungsgrad der Personen Ehen gefährden und ganz allgemein Intimverhältnisse unter schwer zu erfüllende Anforderungen stellt. Dies gilt nicht zuletzt deshalb, weil gerade das personenorientierte Kommunikationsmedium es nahelegt, alle Konflikte auf die Personen zuzurechnen, sie also nicht als bloße Verhaltens- oder Rollenkonflikte zu behandeln." (Luhmann 1994: 46) Im Beispiel wird das Ei zum Auslöser einer den Vorwurf des Gatten zurückweisenden Rechtfertigung, in der SIE sich als ganze Person thematisiert: „Mit meinem Gefühl stimmt was nicht? Ich stehe den ganzen Tag in der Küche, mache die Wäsche, bring deine Sachen in Ordnung, mache die Wohnung gemütlich, ärgere mich mit den Kindern rum, und du sagst, mit meinem Gefühl stimmt was nicht?" Bertas Beschreibung von sich schließt alles ein, was zu ihr gehört, Kochen, Waschen, Saubermachen, Kindererziehung und die Sorge um diese. Der Dialog eskaliert, weil das soziale System Intimbeziehung die ganze Person einbezieht.

Und das erlaubt nur einen Schluss: Wer sich so einbringt, dessen Gefühle sind in Ordnung. Und daher ist dann auch das Ei wie es sein sollte. Oder anders: Von der ganzen Person wird zurückgeschlossen auf den problematischen Sachverhalt des Eis. Schlimmer kann es kaum kommen, die Ebenen der Kommunikation werden vertauscht, aus der Sachfrage wird eine Beziehungsfrage – und eine Auflösung der Problematik verlangt entweder eheliche Routine und Gelassenheit oder therapeutische Interventionen, wie sie die systemische Therapie der Schule von Palo Alto (Paul Watzlawick) oder Selvini Palazzoli in Mailand entwickelten.

5 Semantikgeschichte der Kommunikationsanweisung Liebe

Von diesen theoretischen Voraussetzungen ausgehend skizziert Luhmann sodann in „Liebe als Passion" die Semantikgeschichte der Liebe als die Geschichte sich verändernder Kommunikationsanweisungen für die Etablierung von Intimbeziehungen. Dabei verändert sich jeweils die Form des Codes, in der die Liebe kommuniziert werden kann. Er skizziert einen Dreischritt vom 17. zum 18. und schließlich zum 19. Jahrhundert, die die Formen von Passion, Inkommunikabilität und Validisierung der Selbstdarstellung umfassen. Appelliert wird dann jeweils an eine unterschiedliche Fassung des Problems, welches die Liebessemantik bearbeitet. Einerseits das Ideal, sodann das Paradox und schließlich ab dem 19. Jahrhundert das Problem der Liebe schlechthin, weil die Schwierigkeiten der Validisierung der Selbstdarstellung unter den Bedingungen der Asymmetrie weiter wachsen. Setzt man in der Geltungsphase des Leitcodes der Passion noch die Kenntnisse der Eigenschaften der geliebten Person voraus, so wird bereits im 18. Jahrhundert auf die Imagination umgestellt und das Paradox der romantischen Inkommunikabilität der Liebe zum Ausdruck gebracht und schließlich in der dritten Phase seit dem 19. Jahrhundert die Selbstreferenzialität der Liebe in den Vordergrund gestellt. (Luhmann 1994: 51-52; zur Kritik an dieser Periodisierung vgl. Becker 2005)

Wenn man vor diesem Hintergrund Liebe als eine Kommunikationsanweisung versteht, die gelegentlich, aber nicht zwingend zum Gefühl der Liebe beitragen kann, so zeigt sich ihre historische Variabilität. Im Zuge gesellschaftlicher Evolution und der Veränderung der Differenzierungsform von Gesellschaften verändern sich die Semantiken der Selbstbeschreibung einer Gesellschaft und in diesem Zuge verändern sich auch die Selbstbeschreibungsformen, die Kommunikationsanweisungen für das symbolisch generalisierte Kommunikationsmedium Liebe. Es erhöht die Chance für gelingende, für erfolgreiche Kommunikation unter den Bedingungen auf äußerster zugespitzter Individualisierung, und damit garantiert ist die hinreichende Möglichkeit zur sozialen Verortung und den Aufbau einer Nahwelt zwischen – und dies darf durchaus räumlich verstanden werden – Individuen.

Allerdings ist spätestens mit der dritten skizzierten Phase der Entwicklung der Liebessemantik bei Luhmann eine äußerst problematische Situation entstanden, weil die Selbstreferenzialität der Liebe auf nichts anderes verweist als auf Liebe. Wenn dieses nicht grundgelegt werden kann, kommen Intimbeziehungen nicht zustande. Der historische Befund von Luhmann zeigt zuletzt auf, dass das System der Intimbeziehung ein äußerst problematisches System ist und nimmt insofern Ergebnisse der neueren Familienforschung über zunehmende Scheidungszahlen vorweg. Diese Übereinstimmung mit anderen Forschungsbefunden zeigt die Leistungsfähigkeit einer Semantikgeschichte, gerade am Beispiel einer Semantikgeschichte der Liebe in systemtheoretischer Absicht, die mit den Mitteln der Wissenssoziologie zur Kommunikationsanweisung Liebe vorstoßen will.

6 Die Liebe und der Körper: symbiotische Mechanismen

Aber die Aufklärung der Liebessemantik allein reicht noch nicht für eine systemtheoretische Rekonstruktion von intimen Beziehungen aus. Wichtig ist ein weiterer theoretischer Baustein aus der Systemtheorie. So prekäre Systeme wie die von Intimbeziehungen sind angewiesen auf so genannte symbiotische Mechanismen. Symbiotische Mechanismen sind quasi Anhängsel des mit dem Kommunikationssystem etablierten Rückgriffs auf das für jede Kommunikation vorauszusetzende organische System, den Körper des Menschen, der nicht zum System, sondern zu seiner Umwelt gehört: „Mit der Ausdifferenzierung eines symbolisch generalisierten Kommunikationsmediums hängt ferner zusammen, daß der Bezug zur organischen Faktizität des Zusammenlebens spezifiziert werden muß. Kein Kommunikationssystem kann ganz davon abstrahieren, daß Menschen leiblich beteiligt sind und die funktionale Spezialisierung einer Medien-Semantik erfordert eine Mitsymbolisierung dieses Körperbezugs. Wir wollen Symbole, die diese Funktion erfüllen, symbiotische Symbole oder symbiotische Mechanismen nennen – „Mechanismen" im Hinblick darauf, daß sie erwartungsgemäß vollziehbare organische Prozesse bezeichnen." (Luhmann 1994: 31; vgl. Luhmann 2005) Der symbiotische Mechanismus hilft dabei, die Kommunikationsanweisung Liebe an die „organische ‚Infrastruktur'" (Luhmann 2005: 264) anzubinden. Kurz: die körperliche Verfasstheit von Liebenden im System der Intimbeziehung zu berücksichtigen.

Auch diese Entwicklung muss historisch verstanden werden. Schrittweise rücken der Körper und seine Beobachtung in den Mittelpunkt der Kommunikationsanweisung Liebe, weil er ein letzter Referenzpunkt für die Liebe ist. Die „weichen Knie", das „bebende Herz", das „Erschauern der Lust", all dies sind mit der Kommunikationsanweisung Liebe verbundene körperliche Anzeichen, die den Körper als ein tragendes Zeichen der Liebe zeigen. Unter modernisierungstheoretischer Perspektive wird dieser Aspekt in einer körperorientierten Kultur immer bedeutsamer (Runkel 2005: 149).

7 Zusammenfassung

Die einzelnen problematischen Merkmale von Liebe als symbolisch generalisiertem Kommunikationsmedium können unter Rückgriff auf das einleitend stehende Beispiel von Loriots Dialog über das Frühstücksei geklärt werden. Der Dialog zeigt in der Zuspitzung des Satzes „Dann stimmt etwas mit deinen Gefühlen nicht", dass das nicht den Erwartungen entsprechenden Ei auf die gesamte Person zugerechnet wird, denn die Verteidigungsreaktion der Ehefrau mobilisiert das gesamte Spektrum ihrer personalen Involviertheit in das System der Intimbeziehung Ehe. Die durch die „Kleinigkeit" des zu harten Frühstückseis im System ausgelöste Irritation bringt die Probleme der Kommunikationsanweisung Liebe zum Ausdruck. Es ist immer die ganze Person eingeschlossen, und sie kann aus dieser Kommunikation nicht herausgehalten werden, sondern jede Frage kann gleichzeitig als Zweifel an der Person aufgefasst werden. Deshalb sind die „mikrosoziologischen" Beobachtungen Loriots gute Beispiele, um sich die Probleme von Kommunikation in Intimbeziehungen unter den Bedingungen einer durchgesetzten symbolischen Generalisierung zu verdeutlichen.

Auf theoretischer Ebene zusammengefasst setzt die systemtheoretische Konzeption der Liebe die Kenntnis der wichtigsten Konzepte von Luhmanns Systemtheorie voraus bzw. konnte in diese einführen: System und Umwelt; Kommunikation; die Differenz von Information, Mitteilung und Verstehen; symbolisch generalisiertes Kommunikationsmedium; funktionale Differenzierung; der Unterschied von Verstehen, Erreichen und Erfolg einer Kommunikation; die Autopoiesis des Systems der Intimbeziehung; die Semantikgeschichte der Liebe; Liebe als Kommunikationsanweisung; und nicht zuletzt: die Liebe.

Trotz aller systematischen Einwände, die man gegen Luhmanns Systemtheorie im Allgemeinen vortragen kann, ist darauf hinzuweisen, wie leistungsfähig der wissenssoziologische Zugang zur Rekonstruktion historischer Veränderungen von Semantiken der Liebe ist. Luhmanns große Leistung in „Liebe als Passion" besteht darin, zeigen zu können, in welcher Form Liebe kommuniziert werden kann und wie diese Kommunikation sich im historischen Zeitverlauf verändert. Luhmanns Überlegungen stimmen mit den meisten familiensoziologischen (vgl. Beck-Gernsheim 1986) wie auch die Soziologie der Intimbeziehung (vgl. Giddens 1993) betreffenden Analysen zu historischen Veränderungen überein. Insofern zeigt sich, dass „Liebe als Passion" ein gelungenes Modell für die historische Rekonstruktion der Veränderung von Wissensstrukturen als Kommunikationsanweisungen ist.

Literatur

Becker, Thomas (2005): Liebe: Medium der Kommunikation oder symbolisches Kapital der sozialen Reproduktion? Ein Vergleich zwischen Systemtheorie und Feldtheorie. In: Kölner Zeitschrift für Soziologie und Sozialpsychologie, Jg. 57, H. 4, S. 624-643.

Beck-Gernsheim, Elisabeth (1986): Von der Liebe zur Beziehung? Veränderungen im Verhältnis von Mann und Frau in der individualisierten Gesellschaft. In: Johannes Berger (Hrsg.): Moderne oder Postmoderne. (Sonderband 4 der Sozialen Welt). Göttingen: Schwartz & Co., S. 209-233.

Böhringer, Hannes (1985): Das Pathos der Differenzierung: Der philosophische Essay Georg Simmels. In: Merkur, Jg. 39, S. 298-308.

Fuchs, Peter (2003): Liebe, Sex und solche Sachen. Zur Konstruktion moderner Intimsysteme. Konstanz: UVK.

Giddens, Anthony (1993): Wandel der Intimität. Sexualität, Liebe und Erotik in modernen Gesellschaften. Frankfurt am Main: Fischer.

Luhmann, Niklas (1994) [1982]: Liebe als Passion. Zur Codierung von Intimität. Frankfurt am Main: Suhrkamp.

Luhmann, Niklas (1997): Die Gesellschaft der Gesellschaft. 2 Bde. Frankfurt am Main: Suhrkamp.

Luhmann, Niklas (2005) [1981]: Symbiotische Mechanismen. In: Niklas Luhmann (Hrsg.): Soziologische Aufklärung 3. Soziales System, Gesellschaft, Organisation. Wiesbaden: VS, S. 262-280.

Runkel, Gunter (2005): Funktionssystem Intimbeziehungen. In: Gunter Runkel/Günter Burkart (Hrsg.): Funktionssysteme der Gesellschaft. Beiträge zur Systemtheorie von Niklas Luhmann. Wiesbaden: VS, S. 129-154.

Liebespodium – Protokolliert von Yvonne Niekrenz und Dirk Villányi

Simmel, Fromm, Luhmann und Beck-Gernsheim in einem Gespräch, das nie stattfand

Über Liebe ist zweifellos viel geredet und auch geschrieben worden. Während es Diskussionen gab, von denen man sich wünscht, sie hätten nie stattgefunden, sind andere, durchaus wünschenswerte Gespräche nie zustande gekommen. Mit Sicherheit ist eine Podiumsdiskussion zum Thema ›Liebe‹ – ein ›LiebesPodium‹ quasi – mit Georg Simmel, Erich Fromm, Niklas Luhmann und Elisabeth Beck-Gernsheim eine dieser Wunschvorstellungen der Herausgeber, die sich einfach nicht realisieren lassen. Dennoch existieren Texte, die es möglich machen, ein solches *Gespräch, das nie stattfand*, zu konstruieren. Grundlage dafür sind Simmels »*Fragment über die Liebe*« (FL, 1923 posthum), »*Die Kunst des Liebens*« (KL, 1956) von Fromm, Luhmanns »*Liebe als Passion*« (LP, 1982) und Beck-Gernsheims Ausführungen im Buch »*Das ganz normale Chaos der Liebe*« (CL, 1990). Die Frage, warum die Auswahl auf diese vier Personen gefallen ist, lässt sich so beantworten: Geprägt durch ihre Zeit und den ihnen jeweils zugänglichen Wissenschaftstraditionen ergeben sich verschiedene Sichtweisen auf die Liebe als soziales Phänomen, so dass diese Konstellation eine spannende Diskussion verspricht; kurz: vier Personen, vier Generationen, vier gesellschaftstheoretische Ansätze, vier Konzepte der Liebe. In dieser vorgestellten Podiumsrunde soll so – ganz der Eigenart der Liebe folgend – das Unmögliche möglich gemacht werden. Diese Imagination wird realisierbar durch die Moderation einer weiteren Person, deren Aufgabe es ist, Fragen an die oben genannten Dokumente zu stellen, die mit direkten, also wörtlichen, Zitaten beantwortet werden.

Moderatorin:

Gäste:
Georg Simmel (1858-1918)	Klassiker der Soziologie; »Fragment über die Liebe« (FL)
Erich Fromm (1900-1980)	Kritische Theorie; »Kunst des Liebens« (KL)
Niklas Luhmann (1927-1998)	Theorie sozialer Systeme; »Liebe als Passion« (LP)
Elisabeth Beck-Gernsheim (1946*)	Theorie reflexiver Modernisierung; »Das ganz normale Chaos der Liebe« (gem. mit U. Beck) (CL)

Moderatorin: Herzlich willkommen, ich begrüße Sie recht herzlich zu unserer heutigen Talkrunde zum Thema *»Was ist eigentlich Liebe?«* Mit meinen Gästen Georg Simmel, Erich Fromm, Niklas Luhmann und Elisabeth Beck-Gernsheim möchte ich u.a. den Fragen nachgehen: *Warum lieben wir?* Und: *Welchen Veränderungen ist die Liebe in der Moderne unterworfen?*

Was ist Liebe?

Moderatorin: Lassen Sie uns zunächst mit der vermeintlich einfachen Frage beginnen: *Was ist Liebe?* Für Sie, Herr Simmel, gehört die Liebe „zu den großen Gestaltungskategorien des Daseienden" (FL: 19). Das bedeutet also, dass sich das Gestalterische sowohl in dem liebenden Subjekt entfaltet als auch der Gegenstand der Liebe erst durch dieselbe an Bedeutung gewinnt?

Simmel: „Äußerlich und der zeitlichen Ordnung nach muß natürlich der Mensch erst da sein und gewußt werden, ehe er geliebt wird. Damit ist aber nicht mit diesem schon Bestehenden, der als solcher ungeändert bliebe, etwas vorgenommen, sondern es ist in dem Subjekt eine ganz neue Grundkategorie schöpferisch geworden" (FL: 19). „[D]er Gegenstand der Liebe in seiner ganzen kategorischen Bedeutung ist nicht vor ihr da, sondern erst durch sie" (FL: 20).

Moderatorin: Herr Fromm, Sie sehen das ja ähnlich. Liebe ist für Sie ...

Fromm: „Liebe ist eine Aktivität und kein passiver Affekt. Sie ist etwas, das man in sich selbst entwickelt, nicht etwas, dem man verfällt" (KL: 42). „Liebe ist die tätige Sorge für das Leben und das Wachstum dessen, was wir lieben" (KL: 48). „Die Liebe ist eine Macht, die Liebe erzeugt" (KL: 46).

Moderatorin: Wenn also ein Mann auf die Frage seiner Partnerin, ob sie attraktiv sei, antwortet: *„Ich liebe dich, weil du so bist, wie du bist"*, dann kommt darin die aktive Rolle des liebenden Subjektes zum Ausdruck. Liebe fragt also nicht nach einem objektiv messbaren Kriterium von Schönheit, sondern entsteht und entwickelt sich erst im Subjekt selbst.
Aus Sicht eines Systemtheoretikers, Herr Luhmann, sieht die Liebe doch „etwas" anders aus. Bei Ihnen scheint Liebe gar kein *Gefühl* zu sein, als vielmehr eine spezifische Art, oder genauer gesagt: ein *Code* der Kommunikation. Für Sie ist Liebe nicht nur eine „Anomalie"...

Luhmann: „... sondern eine ganz normale Unwahrscheinlichkeit" (LP: 10).

Simmel, Fromm, Luhmann und Beck-Gernsheim in einem Gespräch, das nie stattfand 149

Moderatorin: Bei Ihnen stellt sich ja bereits Kommunikation selbst als etwas höchst Unwahrscheinliches heraus. Um aber diese Unwahrscheinlichkeit dennoch wahrscheinlich werden zu lassen – wenn ich das richtig verstanden habe – benötigt man so genannte „Erfolgsmedien", oder auch „symbolisch generalisierte Kommunikationsmedien" genannt, zu denen neben Geld und Macht auch die Liebe zählt. Herr Luhmann, können Sie noch einmal in wenigen Sätzen erklären, was der Begriff des »symbolisch generalisierten Kommunikationsmediums« meint?

Luhmann: „Allgemein handelt es sich bei symbolisch generalisierten Kommunikationsmedien um semantische Einrichtungen, die es ermöglichen, an sich unwahrscheinlichen Kommunikationen trotzdem Erfolg zu verschaffen. »Erfolg verschaffen« heißt dabei: die Annahmebereitschaft für Kommunikationen so zu erhöhen, daß die Kommunikation gewagt werden kann und nicht von vornherein als hoffnungslos unterlassen wird. Das Überwinden dieser Unwahrscheinlichkeitsschwelle ist vor allem deshalb wichtig, weil es anders nicht zur Bildung sozialer Systeme kommen kann; denn soziale Systeme kommen nur durch Kommunikation zustande" (LP: 21).

Moderatorin: Und auch Partnerschaften stellen eben solche sozialen Systeme dar, konkret: Intimsysteme. Liebe als spezifisches Kommunikationsmedium, wie Sie in Ihrem Buch »Liebe als Passion« schreiben, hat in Intimbeziehungen die besondere Aufgabe, die „kommunikative Behandlung von Individualität zu ermöglichen, zu pflegen und zu fördern" (LP: 15).
Um das Problem – wenn ich es so nennen darf – der Individualität bzw. Individualisierung geht es ja auch in Ihren Texten, Frau Beck-Gernsheim. Für Sie bedeutet Partnerschaft ja auch so etwas wie »Heimat«. Wie begründen Sie das?

Beck-Gernsheim: „Je mehr die traditionellen Bindungen an Bedeutung verlieren, desto mehr werden die unmittelbar nahen Personen wichtig für das Bewußtsein und Selbstbewußtsein des Menschen, für seinen inneren Platz in der Welt, ja für sein körperliches und seelisches Wohlbefinden" (CL: 70).

Warum lieben wir überhaupt?

Moderatorin: Ich möchte gern die Frage nach der Liebe etwas anders formulieren und mit Ihnen diskutieren: *Warum lieben wir überhaupt?* Und warum ausgerechnet Liebe, wenn damit häufig so viel Leid verbunden ist? Ist die Entstehung der Liebe vielleicht sogar „nur" eine raffinierte

	"Erfindung der Natur", um Fortpflanzung zu sichern? Oder erfüllt die Entstehung der Liebe einen „höheren" Zweck?
Simmel:	„Gleichviel ob dies von der Idee gerechtfertigt wird oder die Idee rechtfertigt; gleichviel ob die Liebe die Verbindung nach rückwärts wieder aufnimmt und als Realität die hervorgehobene Bedeutung für die Fortpflanzung gewinnt – ihrem eigenen Sinne nach weiß sie von diesem Interesse nichts, sie ist und bleibt die Zuständigkeit des Subjekts, die in unerklärlicher, nur erlebbarer Weise um ein anderes Subjekt herum wächst, die ihre Zentralität schlechthin in sich selbst findet, nicht in Erhaltung und Entwicklung der Gattung und nicht in einem zu erzeugenden Dritten" (FL: 27 f).
Fromm:	„Worauf es ankommt, ist der Glaube an die eigene Liebe, der Glaube an die Fähigkeit der eigenen Liebe, bei anderen Liebe hervorzurufen, und der Glaube an ihre Verlässlichkeit" (KL: 192). „Liebe ist ein Akt des Glaubens, und wer nur wenig Glauben hat, der hat auch nur wenig Liebe" (KL: 198).
Moderatorin:	Ähnlich sieht es ja Ulrich Beck, der einmal gesagt hat: „Liebe ist die Religion nach der Religion" (CL: 21). Liebe wird auf der einen Seite, Frau Beck-Gernsheim, immer wichtiger, wie Sie sagen, auf der anderen Seite zugleich immer schwieriger. Warum ist das eigentlich so?
Beck-Gernsheim:	„Was Familie, Ehe, Elternschaft, Sexualität, Erotik, Liebe ist, meint, sein sollte, oder sein könnte, kann nicht mehr vorausgesetzt, abgefragt, verbindlich verkündet werden, sondern variiert in Inhalten, Ausgrenzungen, Normen, Moral, Möglichkeiten am Ende eventuell von Individuum zu Individuum, Beziehung zu Beziehung, muß in allen Einzelheiten des Wie, Was, Warum, Warum-Nicht enträtselt, verhandelt, abgesprochen, begründet werden, selbst wenn auf diese Weise die Konflikte und Teufel, die in allen Details schlummern und besänftigt werden sollen, aufgeweckt und entfesselt werden" (CL: 13).
Moderatorin:	Das war ja nicht schon immer so kompliziert mit der Liebe, Herr Luhmann, oder? Genauer gesagt müsste man ja – ihrem Buch folgend – sagen, dass sich das gesellschaftliche Verständnis von Liebe im Verlauf der Geschichte, schließlich der Neuzeit, d.h. die vergangenen ca. 500 Jahre, erheblich gewandelt hat. Es ist ein Wandel der Form des Liebescodes und sie ist …
Luhmann:	„… ausschlaggebend für die Zulassung von Möglichkeiten der Kommunikation, daher auch ausschlaggebend für die Transformation dieser Möglichkeiten und damit das, was einer Epoche ihr Sinnzentrum gibt. … Die Form des Code ändert sich in der zweiten

Hälfte des 17. Jahrhunderts von *Idealisierung* zu *Paradoxierung*. Sie ändert sich erneut im Übergang zur romantischen Liebe um 1800 in eine Form der *Reflexion von Autonomie bzw. Selbstreferenz*. Die Einheit des Code ist demnach zunächst ein Ideal, dann ein Paradox und schließlich eine Funktion, nämlich die Funktion, Autonomie zur Reflexion zu bringen. Nach Durchsetzung dieses Wandels wird es schließlich zur Funktion des Code, *Problemorientierung* im Alltag zu ermöglichen. Entsprechend variieren die Gesichtspunkte, mit denen man *Liebe begründen kann*" (LP: 51, Hervorhebungen im Orig.).

Moderatorin: Was Sie da beschreiben, Herr Luhmann, sind ja nun verschiedene historische Formen eines sich verändernden Verständnisses von Liebe. Ihrer Meinung nach ist Liebe *insgesamt* dabei *eine* Antwort auf die Unwahrscheinlichkeit von Kommunikation, wie Sie eingangs sagten. Ihr Kollege Fromm findet den Grund für Liebe in einer anthropologischen Erklärung. Vielleicht, Herr Fromm, können Sie dazu selbst noch einmal etwas sagen.

Fromm „Der Mensch ist mit Vernunft ausgestattet; er ist *Leben, das sich seiner selbst bewußt ist.* Er besitzt ein Bewußtsein seiner selbst, seiner Mitmenschen, seiner Vergangenheit und der Möglichkeiten seiner Zukunft. Dieses Bewußtsein seiner selbst als einer eigenständigen Größe, das Gewahrwerden dessen, daß er eine kurze Lebensspanne vor sich hat, daß er ohne seinen Willen geboren wurde und gegen seinen Willen sterben wird, daß er vor denen, die er liebt, sterben wird (oder sie vor ihm), daß er allein und abgesondert und den Kräften der Natur und Gesellschaft hilflos ausgeliefert ist – all das macht seine abgesonderte, einsame Existenz zu einem unerträglichen Gefängnis" (KL: 20, Hervorhebungen im Orig.). „Das tiefste Bedürfnis des Menschen ist demnach, seine Abgetrenntheit zu überwinden und aus dem Gefängnis seiner Einsamkeit herauszukommen" (KL: 22).

Was haben Liebe und Sexualität miteinander zu tun?

Moderatorin: Dennoch, so sagen Sie, Herr Fromm, liege vielen Partnerschaften ein irrtümliches Verständnis von Liebe zugrunde. Nicht selten wird hier sexuelles Begehren mit Liebe verwechselt.

Fromm: „Es scheint so zu sein, daß die sexuelle Begierde sich leicht mit allen möglichen starken Emotionen vermischt und durch diese genauso stimuliert werden kann wie die Liebe. Da das sexuelle Begehren von den meisten mit der Idee der Liebe in Verbindung gebracht wird, werden sie leicht zu dem Irrtum verführt, sie liebten einander, wenn sie sich körperlich begehren" (KL: 90 f).

Moderatorin:	In ihrer äußerst abstrakten Systemtheorie bestehen soziale Systeme ausschließlich aus Kommunikation, d.h. sie existieren zunächst ohne Einbindung des Körpers. Haben Liebe und Leib in Ihrer Theorie etwa nichts miteinander zu tun, Herr Luhmann?
Luhmann:	„Kein Kommunikationssystem kann ganz davon abstrahieren, daß Menschen leiblich beteiligt sind, und die funktionale Spezialisierung einer Medien-Semantik erfordert eine Mitsymbolisierung dieses Körperbezugs. Wir wollen Symbole, die diese Funktion erfüllen, symbiotische Symbole oder symbiotische Mechanismen nennen – »Mechanismen« im Hinblick darauf, daß sie erwartungsgemäß vollziehbare organische Prozesse bezeichnen (LP: 31).
Moderatorin:	Und zu diesen so genannten »symbiotischen Mechanismen« zählt auch die Sexualität?
Luhmann:	„Wahrnehmung (einschließlich Wahrnehmung von Wahrnehmungen), Sexualität, Befriedigung von (zunächst elementaren) Bedürfnissen und physische Gewalt sind verschiedene, jeweils hochgradig plastische organische Prozesse; sie beeinflussen sich wechselseitig, können sich stören oder auch fördern und bilden mit all dem, wenn mehrere Partner präsent sind, eine diffuse Grundlage für Kommunikation (LP: 31 f).
Moderatorin:	Ihnen, Frau Beck-Gernsheim, geht es weniger um eine tiefenscharfe Unterscheidung von Liebe und Sexualität als vielmehr um die Schwierigkeiten, mit denen das Individuum im Zuge seiner Freisetzung aus traditionalen Bindungen umgehen muss. Eben weil frühere Verlässlichkeiten verloren gehen, sind wir umso mehr auf der Suche nach neuer Sicherheit. Liebe wird demnach, wie wir bereits festgestellt haben, wichtiger und zugleich schwieriger denn je.

Welchen Schwierigkeiten steht Liebe gegenüber?

Moderatorin:	Ich möchte gern genauer wissen, welchen konkreten Schwierigkeiten Liebe heute und möglicherweise auch in Zukunft gegenübersteht?
Beck-Gernsheim:	„Dieses »Leben mit einem Überangebot an Wahlmöglichkeiten« wird, wie Modernisierungstheorien beschreiben, häufig als Überforderung für den einzelnen spürbar. Doch bisher wenig gesehen wird, daß es gerade auch dann neue Belastungen bringt, wenn der einzelne nicht mehr als einzelner lebt, sondern zu zweit. Denn dann müssen bei allen Fragen, die direkt oder indirekt den Partner betreffen – vom Fernsehprogramm bis zum Urlaubsziel, von der Wohnungseinrichtung bis zur Erziehung der Kinder –, die Vorstellungen und

Wünsche, Gewohnheiten und Normen gleich *zweier* Personen in den Entscheidungsprozeß eingespeist werden. Die Folgen sind absehbar: *Je höher die Komplexität im Entscheidungsfeld, desto größer auch das Konfliktpotential in der Ehe*" (CL: 73 f, Hervorhebungen im Orig.).

Moderatorin: Ein durchaus widersprüchlicher Sachverhalt, der einer gewissen Tragik nicht entbehrt. Bei Ihnen, Herr Simmel, haftet der Liebe etwas zeitlos Tragisches an.

Simmel: „Vielleicht hat die Liebe schon in ihrer reinen Selbstheit eine Tragik, weil ein Widerspruch besteht zwischen dem unablösbaren Innenbleiben des Gefühls in ihrem Träger und dem Umfassen des Andern, dem Insicheinziehen und Verschmelzenwollen, in dem Prozesse zwischen dem Ich und dem Du, den selbst diese letzte Instanz nicht vor fortwährender Wiederaufnahme bewahren kann" (FL: 28).

Moderatorin: Schwierigkeiten, Widersprüche und Tragiken können ganz unterschiedlichen Ursprungs sein: Während für Frau Beck-Gernsheim der größer werdende individuelle Möglichkeitsraum ein Hauptgrund für komplexer und damit häufig komplizierter werdende Beziehungen ist, sieht Herr Simmel in der Idee der Liebe etwas grundsätzlich Tragisches. Daneben finden sich bei Erich Fromm Widersprüche, die sich aus den beiden unvereinbaren Prinzipien kapitalistischer Gesellschaftsordnung und Liebe ergeben.

Fromm: „Unvereinbar miteinander sind das der kapitalistischen Gesellschaftsordnung zugrunde liegende *Prinzip* und das *Prinzip* der Liebe. … Selbst wenn man erkannt hat, daß das Prinzip des Kapitalismus mit dem Prinzip der Liebe an sich unvereinbar ist, muß man doch einräumen, daß der »Kapitalismus« selbst eine komplexe, sich ständig verändernde Struktur hat, in der immer noch recht viel Nicht-Konformität und persönlicher Spielraum möglich sind" (KL: 204, Hervorhebungen im Orig.).

Moderatorin: Es gibt andere, wie beispielsweise Ihr Kollege Herbert Marcuse, die die Meinung vertreten, Liebe und normales weltliches Leben in unserer Gesellschaft seien nicht miteinander vereinbar. Was sagen Sie zu dieser Position, Herr Fromm?

Fromm: „Wenn das, was ich zu zeigen versuchte, zutrifft – daß nämlich die Liebe die einzig vernünftige und befriedigende Lösung des Problems der menschlichen Existenz darstellt, dann muß jede Gesellschaft, welche die Entwicklung der Liebe so gut wie unmöglich macht, auf die Dauer an ihrem Widerspruch zu den grundlegenden Bedürfnissen der menschlichen Natur zugrunde gehen" (KL: 206).

Moderatorin:	Trotz dieser vermeintlichen Liebesbarrieren werden wir wohl nicht aufhören, an die Liebe zu glauben, wie wir heute in dieser Runde erfahren haben. Angesichts ihrer Wandelbarkeit ist wohl nicht zu befürchten, dass uns die Liebe verloren geht. Doch welche Gestalten wird sie in Zukunft annehmen?
Beck-Gernsheim:	„Nur der Versuch kann es zeigen" (CL: 104).
Moderatorin:	In Zeiten maximaler Möglichkeiten bleibt Liebe ein Experiment mit Chancen und Risiken. Vergehen – soviel ist sicher – wird uns weder die Lust noch das Leiden an ihr.

Literatur

Simmel, Georg (1993) [1923]; Fragment über die Liebe. in: ders. Das Individuum und die Freiheit. Essais. Frankfurt am Main: Fischer Taschenbuch, 19-28.
Fromm, Erich (2000) [1956], Die Kunst des Liebens. 8. Aufl. München: dtv.
Luhmann, Niklas (1994) [1982]: Liebe als Passion. Zur Codierung von Intimität. Frankfurt am Main: Suhrkamp.
Beck, Ulrich/Beck-Gernsheim, Elisabeth (1990), Das ganz normale Chaos der Liebe. Frankfurt am Main: Suhrkamp.

LiebesDiagnosen der Gegenwart

Yvonne Schütze

Die feinen Unterschiede der Liebe.
Pierre Bourdieu – Liebe als Habitusverwandtschaft

In Thomas Manns weltberühmtem Roman „Buddenbrooks" schreibt Thomas Buddenbrook seiner Mutter, dass er auf einer Abendgesellschaft Gerda Arnoldsen, eine Jugendfreundin seiner Schwester, nach Jahren wieder getroffen habe, und: „seit gestern nachmittag ist die Verlobung perfekt" (Mann 1952: 256).
Thomas führt seine zukünftige Frau mit folgenden Worten ein:

> „Ich erinnere mich sehr wohl, daß Gerda ... schon als ganz junges Mädchen ... einen starken und nie ganz verlöschten Eindruck auf mich gemacht hat. Jetzt aber sah ich sie wieder: größer, entwickelter, schöner, geistreicher ..."

Über das Tischgespräch, das sie führten, heißt es:

> „In der Musik konnte ich ihr nicht Widerpart halten, denn wir bedauernswerten Buddenbrooks wissen allzu wenig davon, aber in der niederländischen Malerei war ich schon besser zu Hause, und in der Literatur verstanden wir uns durchaus ... Schon an diesem Tage stand mein Entschluß fest, welcher lautete: „Diese oder keine, jetzt oder niemals!" (Mann 1953: 255f).

Nach der Schilderung seiner erfolgreichen Bewerbung endet der Brief mit folgender Passage:

> „Und was die Partie betrifft? ... Mein Gott, was läßt sich darüber sagen? Es gibt so viel Halbes in uns, das so oder so gedeutet werden kann. Ich verehre Gerda Arnoldsen mit Enthusiasmus, aber ich bin durchaus nicht gesonnen, tief genug in mich selbst hinabzusteigen, um zu ergründen, ob und inwiefern die hohe Mitgift, die man mir gleich bei der ersten Vorstellung in ziemlich zynischer Weise ins Ohr flüsterte, zu diesem Enthusiasmus beigetragen hat. Ich liebe sie, aber es macht mein Glück und meinen Stolz desto größer, daß ich, indem sie mein eigen wird, gleichzeitig unserer Firma einen bedeutenden Kapitalzufluß erobere." (Mann 1953: 257).

Was kann uns diese im großbürgerlichen Milieu des 19. Jahrhunderts angesiedelte und im frühen 20. Jahrhundert geschriebene Geschichte heute noch über die Liebe sagen? Eine Antwort auf diese Frage lässt sich in den Arbeiten des französischen Soziologen Pierre Bourdieu finden, der Jahrzehnte nach Erscheinen des Romans, in seiner berühmten Untersuchung „Die feinen Unterschiede" unter anderem auch die Mechanismen analysiert hat, die einer Liebeswahl zugrunde liegen. Allerdings, während Thomas Mann seine Romanfigur mit einer bemerkenswerten Fähigkeit zur Selbstreflexion ausgestattet hat, bleiben den Liebenden im wirklichen Leben diese Mechanismen zumeist verborgen.

1 Der Habitus als Grundhaltung gegenüber der Welt

Einen Schlüsselbegriff für das Verständnis der Bourdieuschen Theorie liefert der Begriff des Habitus. Das lateinische Wort „Habitus" bedeutet in der Alltagssprache die Haltung, das Erscheinungsbild, das Auftreten eines Menschen, also Merkmale, die dem Individuum eignen. Bei Bourdieu dagegen konstituiert sich der Habitus im familialen Herkunftsmilieu in enger Verbindung mit der Position, die jemand im gesellschaftlichen Raum einnimmt. Diese Position bemisst sich an der Verfügung über verschiedene Kapitalsorten. Die Grundlage für ihren Erwerb bildet zumeist ökonomisches Kapital (Geld, Eigentum), das seinen Besitzer und dessen Nachkommen in den Stand setzt, kulturelles Kapital zu akkumulieren: Bildungsgüter, die zumeist schon in der Familie und, in modernen Gesellschaften immer wichtiger werdend, in Bildungsinstitutionen erworben werden, die ihre Absolventen mit entsprechenden Zertifikaten und Titeln ausstatten, die ihrerseits in der Regel wiederum sowohl materielle wie symbolische Gewinne garantieren.

Neben ökonomischem und kulturellem Kapital bestimmt eine weitere Kapitalsorte, das soziale Kapital, die Position im gesellschaftlichen Raum.

„Das Sozialkapital ist die Gesamtheit der aktuellen und potentiellen Ressourcen, die mit dem Besitz eines dauerhaften Netzes von mehr oder weniger institutionalisierten Beziehungen gegenseitigen Kennens und Anerkennens verbunden sind; oder, anders ausgedrückt, es handelt sich dabei um Ressourcen, die auf der Zugehörigkeit zu einer Gruppe beruhen" (Bourdieu 1992: 63).

Diese Ressourcen, seien es materielle Gewinne oder symbolische Profite (z.B. Prestige), sind aber nicht einfach gegeben, sondern werden über Verpflichtungen und Gefälligkeiten in ständigen wechselseitigen Austauschprozessen gleichsam erarbeitet. Diese Beziehungsarbeit schafft und bestätigt gegenseitige Anerkennung und sichert, ohne bewusst kalkuliert zu sein, früher oder später unmittelbaren Nutzen.

Unter Verzicht auf seine häufig kritisierte, schwer verständliche Ausdrucksweise, hat Bourdieu in einem Interview den Habitusbegriff – wie folgt – erläutert.

„Mein Versuch geht dahin zu zeigen, daß zwischen der Position, die der einzelne innerhalb eines gesellschaftlichen Raums einnimmt, und seinem Lebensstil ein Zusammenhang besteht. Aber dieser Zusammenhang ist kein mechanischer, diese Beziehung ist nicht direkt in dem Sinne, daß jemand, der weiß, wo ein anderer steht, auch bereits dessen Geschmack kennt. Als Vermittlungsglied zwischen der Position oder Stellung innerhalb des sozialen

Raumes und spezifischen Praktiken, Vorlieben usw. fungiert das, was ich Habitus nenne, d.h. eine allgemeine Grundhaltung, eine Disposition gegenüber der Welt, die zu systematischen Stellungnahmen führt, die dabei aber, weil sie ein Niederschlag des bisherigen Lebenslaufs ist, relativ unabhängig von der im fraglichen Zeitpunkt eingenommenen Position sein kann. Es gibt mit anderen Worten tatsächlich, und das ist nach meiner Meinung überraschend genug, einen Zusammenhang zwischen höchst disparaten Dingen: wie einer spricht, tanzt, lacht, liest, was er liest, was er mag, welche Bekannte und Freunde er hat usw. All das ist eng miteinander verknüpft" (Bourdieu 1989: 25).

Mit anderen Worten, der Habitus bestimmt Denken, Fühlen und Wahrnehmung eines Individuums und liefert somit gleichsam einen Handlungsrahmen, wobei aber die einzelnen Handlungen nicht festgelegt sind.

2 Gleich und gleich gesellt sich gern

Kehren wir nun zu Thomas Buddenbrook und Gerda Arnoldsen zurück. Die Feststellung „diese oder keine, jetzt oder niemals" erweckt den Eindruck, als ob es sich hier um eine spontane Liebeswahl handelte, für die Gerda und nur Gerda in Frage kommt.

Der Eindruck trügt. Denn – so Bourdieu – spontane Wahlverwandtschaften gründen in der Regel darauf, dass „ein Habitus sich im anderen wiedererkennt" (Bourdieu 1984: 375). Im Fall von Thomas Buddenbrook und Gerda Arnoldsen ist die Habitus-Übereinstimmung unübersehbar.

Beide stammen aus angesehenen Kaufmannsfamilien, in denen reichlich vorhandenes und stets zu mehrendes ökonomisches Kapital (hier z.B. durch die hohe Mitgift) gleichsam automatisch auch den Erwerb und die Verfügung über andere Kapitalsorten garantiert. Da das Besitz- und Bildungsbürgertum auch die Definitionsmacht darüber hat, welche Kulturgüter der legitimen Kultur zuzurechnen sind und welche unter das Verdikt „populärer" Geschmack fallen, ist es nicht verwunderlich, dass beide die ihnen von Kindesbeinen an vermittelte Fertigkeit beherrschen, unterscheiden zu können, welche Kulturgüter man im Gegensatz zu anderen zu schätzen hat, ja welche Vorlieben für bestimmte Speisen angesagt sind, welche Umgangsformen und Ausdrucksweisen an den Tag zu legen sind und welche sozialen Beziehungen man zu pflegen hat und welche nicht. Dies bedeutet nicht zuletzt auch, dass man die „feinen Unterschiede" zwischen denen, die den eigenen sozialen Kreisen zugehören und denen, die davon ausgeschlossen sind, nicht nur bemerkt, sondern auch durch entsprechende Grenzziehungen verfestigt und somit reproduziert.

„Der Sinn für die eigene soziale Stellung als Gespür dafür, was man „sich erlauben" darf und was nicht, schließt ein das stillschweigende Akzeptieren der Stellung, einen Sinn für Grenzen („das ist nichts für uns"), oder, in anderen Worten, einen Sinn für Distanz, für Nähe und

Ferne, die es zu signalisieren, selber wie von seiten der anderen einzuhalten und zu respektieren gilt – und dies sicher umso stärker, je rigider die Lebensbedingungen sind und je rigider das Realitätsprinzip vorherrscht ..." (Bourdieu 1985: 18)

Kurz, Liebe, die dem Alltagsmenschen (und auch den Liebenden) als Ausdruck eines „reinen" Gefühls gilt, das Ego Alter nur um seiner selbst Willen entgegenbringt, passiert bei Bourdieu, um überhaupt entstehen zu können, erst einmal den Filter des gemeinsamen Geschmacks für den Lebensstil der sozialen Klasse, der man angehört. Denn, wie Bourdieu formuliert: „Der Geschmack paart die Dinge und Menschen, die zueinander passen, die aufeinander abgestimmt sind, und macht sie einander verwandt" (Bourdieu 1984: 374). Und umgekehrt gilt: „Vermutlich stellt die Aversion gegen andere unterschiedliche Lebensstile eine der stärksten Klassenschranken dar – die Homogamie bezeugt es" (Bourdieu 1984: 106).

Was Thomas Buddenbrook als einzigartig empfindet („diese oder keine"), liest sich bei Bourdieu so: „Zufällige austauschbare Begegnungen folgen zwar dem Gesetz der Wahrscheinlichkeit (hier: Zusammentreffen der Beiden auf einer Abendgesellschaft – YS), aber dies wird verschleiert durch die extreme Unwahrscheinlichkeit der einzigartigen Begegnung einmaliger Individuen, welche dazu verleitet, die gegenseitige Wahl als glücklichen Zufall zu empfinden, als ein Zusammentreffen, das wie zweckhaft vorbestimmt wirkt („weil er es war, weil ich es war")[1] und damit das Gefühl verstärkt, es sei ein Wunder geschehen" (Bourdieu 1984: 377).

3 Gegensätze stoßen sich ab

Bourdieu schließt nicht aus, dass sich Liebe auch zwischen Menschen, die nicht der gleichen sozialen Klasse angehören, entwickeln kann – ein beliebtes Thema in der Literatur –, aber die Gelegenheitsstrukturen, einander überhaupt kennen und lieben zu lernen sind seltener. Denn in der Regel gilt:

„Wer ‚oben' beheimatet ist, dürfte wohl in den seltensten Fällen jemanden von ‚unten' heiraten. Zunächst einmal sind die Aussichten gering, dass sie sich überhaupt treffen. Sollte das einmal geschehen, dann wahrscheinlich nur en passant, kurz, auf einem Bahnhof oder in einem Zugabteil. Von einem wirklichen Zusammentreffen lässt sich da schwerlich reden. Und sollten sie tatsächlich einmal ins Gespräch kommen, werden sie sich wohl nicht wirklich verstehen, sich kaum eine richtige Vorstellung voneinander machen können. Nähe im sozialen Raum begünstigt soziale Annäherung" (Bourdieu 1989: 28).

---

[1] In Frankreich hat die auf die Einzigartigkeit der Person zielende Erklärung Montaignes für seine Freundschaft mit La Boetie „weil er es war, weil ich es war" einen ähnlichen Stellenwert wie die freilich weniger feinsinnige deutsche Formel „diese oder keine".

Diese Formulierung erscheint zunächst übertrieben, schließlich trifft man ständig auf Menschen aus anderen sozialen Milieus. Gleichwohl, um bei dem Beispiel Zugabteil zu bleiben, so lässt sich häufig unschwer beobachten, dass die Unterhaltung vornehmlich zwischen denen gedeiht, die auf der Basis verschiedener Anzeichen (Kleidung, Umgangsformen, Lektüre usw.) eine gewisse soziale Nähe zu ihren Mitreisenden verspüren.

Wie eine solche Annäherung zwischen Menschen, die nicht im gleichen sozialen Raum beheimatet sind, scheitern kann, auch dafür bieten die Buddenbrooks ein Beispiel.

Tony, die jüngere Schwester Thomas Buddenbrooks beabsichtigt nach einer Scheidung eine zweite Ehe mit einem Mann einzugehen, der nicht zu den höheren Kreisen Lübecks gehört. Im Gespräch mit einer Vertrauten trägt sie ihre Bedenken gegen die geplante Verbindung vor: „Nämlich in München, wo er unter seinesgleichen war, unter Leuten, die so sprachen und so waren wie er, da liebte ich ihn geradezu, so nett fand ich ihn, so treuherzig und behaglich ... Aber hier, Ida! Du merkst schon, was ich sagen will. Hier, wo er so ganz aus seiner eigentlichen Umgebung herausgerissen ist, wo alle anders sind, strenger, ehrgeiziger und würdiger sozusagen... hier muß ich mich oft genieren für ihn ... Siehst du ... mehrere Male ist es ganz einfach vorgekommen, daß er im Gespräche ‚mir' statt ‚mich' gesagt hat. Das tut man da unten, Ida, das kommt vor ... Aber hier sieht Mutter ihn von der Seite an, und Tom zieht die Augenbraue hoch und Onkel Justus gibt sich einen Ruck ... und dann schäme ich mich so sehr, dass ich am liebsten aus der Stube laufen möchte, und kann mir nicht denken, daß ich ihn heiraten könnte" (Mann 1953: 301).

Während Tony sich primär darüber grämt, dass die Verbindung mit einem Mann, der nicht in ihre Kreise passt, ihr soziales Ansehen schmälert, ist es im folgenden Beispiel nicht der Prestigeverlust, sondern die unterschiedliche Verteilung kulturellen Kapitals, die einer dauerhaften Liebe abträglich ist. In einem Interview spricht die französische Schriftstellerin Benoîte Groult – genau wie von Bourdieu beschrieben – über das „Wunder der Liebe", das ihr, der französischen Intellektuellen, in Gestalt eines amerikanischen Piloten begegnete und sie fährt fort: „Aber nach 15 Tagen fiel mir nicht mehr ein, worüber ich mit ihm reden sollte. Er wusste nichts über Geschichte, rein gar nichts" Darauf fragt die Interviewerin, offensichtlich auch Bourdieu-Leserin: „Für Sie sind solche feinen Unterschiede gravierend?" und Benoîte Groult antwortet: „Man sollte auch denselben Sport mögen. Mein erster Mann liebte den Stierkampf und das Boxen. Ich hasse beides. Er wollte nicht Skifahren und Tennis spielen, was mir aber gefiel. Außerdem wählte er politisch rechts, ich links. Er glaubte an Gott, ich längst nicht mehr. Mit so jemandem kann man nicht leben, weil man sich ständig streitet." (Der Tagesspiegel 6.5.2007)

Da die soziale Position dieses Mannes, eines bekannten Journalisten, sich nicht von dem seiner Frau unterschied, wird an diesem Beispiel deutlich, dass soziale Nähe nicht notwendigerweise impliziert, dass man auch den gleichen Lebensstil pflegt. Dies hängt einmal damit zusammen, dass Bourdieu auch innerhalb einer sozialen Klasse verschiedene Fraktionen ausmacht, die in gegenseitiger Konkurrenz um Macht und Anerkennung stehen. Zum anderen kommen aber auch immer individuelle Besonderheiten ins Spiel, die jenseits des Habitus möglicherweise gerade in der Liebe eine nicht zu unterschätzende Rolle spielen. Dem nachzugehen, ist aber nicht Sache Bourdieus, dem es um den „Klassenhabitus" und nicht um „die darüber hinausgehenden Momente des je individuellen Habitus" geht (Krais 1985: 51).

4 Bildungshomogamie und Liebeswahl

Zur Illustration seiner These von der Liebeswahl durch Habitus-Verwandtschaft führt Bourdieu etliche Forschungsergebnisse an, aus denen hervorgeht, dass Ehepaare vorzugsweise den gleichen Bildungsstand aufweisen und/oder aus ähnlichen Herkunftsmilieus stammen. Diese „Logik der Eheschließungssysteme trägt" – so Bourdieu – „zur Reproduktion der Großbourgeoisie entscheidend bei" (Bourdieu 1984: 375).

Neuere Daten aus Deutschland bestätigen diese Tendenz nicht nur, sondern belegen, dass Liebeswahlen, zumindest solche, die in eine Ehe münden, über die Generationen hinweg durch steigende Bildungshomogamie gekennzeichnet sind. Dabei sind die Schließungstendenzen und Absetzbewegungen der Paare mit Hochschulbildung gegenüber Nicht-Akademikern besonders auffällig (Blossfeld/Timm 1997, Teckenberg 2000). Dieser Trend wird damit erklärt, dass die im Zeitverlauf zunehmende Angleichung des Bildungsniveaus von Männern und Frauen, es nunmehr hochgebildeten Männern ermöglicht, gleichermaßen hochgebildete Frauen zu heiraten. Dies war bis die Bildungsexpansion Wirkung zeitigte, von der in erster Linie die Mädchen profitierten, nicht der Fall. Männer mit hohem Bildungsabschluss heirateten traditionellerweise Frauen, die ein niedrigeres Bildungsniveau aufwiesen, ein Heiratsmuster, das sich zwar deutlich abgeschwächt hat, aber nach wie vor verbreitet ist (Blossfeld/Timm 1997).

Eine weitere Erklärung bezieht sich auf die Gelegenheitsstrukturen, überhaupt einen Partner/eine Partnerin zu finden. Während zur Zeit der Buddenbrooks so genannte gesellschaftliche Ereignisse (Einladungen, Bälle, Theaterbesuche usw.) als Heiratsmarkt figurierten, bietet heute vornehmlich der gemeinsame Besuch einer Bildungsinstitution eine vorzügliche Gelegenheit eine Beziehung aufzunehmen. Den Beleg dafür erkennen Blossfeld/Timm (1997) in einem Ergebnis ihrer Studie gemäß dem die Bildungshomogamie mit der Verweildauer im Bildungssystem steigt. Allerdings bleibt offen, ob sich die Paare auch tatsächlich in der Universität kennen gelernt haben.

Wie aus einem Bericht über das noch nicht abgeschlossene Projekt „Prozesse der Partnerwahl bei online Kontaktbörsen", das zur Zeit unter der Leitung von

Hans-Peter Blossfeld an der Universität Bamberg durchgeführt wird, zu entnehmen ist, deuten die steigenden Zahlen von jungen Menschen, die über online Kontaktbörsen einen Partner suchen, (gegenwärtig 6,5 Millionen) darauf hin, dass die Gelegenheiten den oder die „Richtige" zu finden, offenbar eher spärlich gesät sind.

Die – wenn auch nur vorläufigen Ergebnisse der Studie – sind insofern besonders interessant, als hier die Gelegenheitsstrukturen, einander zu begegnen, keine Rolle spielen. Jeder, der über eine Kontaktbörse nach einem Partner sucht, hat die Chance, Menschen aus verschiedenen sozialen Schichten kennen zu lernen. Aber diese Chancen werden offenbar nicht genutzt. Die Suchstrategien dieser Population folgen dem schon beschriebenen Trend. Beruf und Bildungsstand sind neben dem Aussehen die wichtigsten Kriterien für die Beziehungsanbahnung im Internet (Die Zeit: 23.8.2007).

Auch der Gender Datenreport (2005) berichtet von hohen Bildungshomogamieraten: Zwischen 65 % und 75 % für Abiturientinnen und zwischen 50 % und 60 % für Abiturienten. Etwas anders sieht die Situation bei den Paaren mit einem niedrigeren Bildungsstand aus. So haben z.B. 40 % der Männer mit Hauptschulabschluss eine Partnerin, die ein höheres Bildungsniveau aufweist als sie selber.

Ein Vergleich zwischen dem British Household Panel Survey (BHPS) und dem deutschen sozioökonomischen Panel (SOEP) belegt für beide Länder eine hohe Bildungshomogamie, allerdings mit noch stärkerer Ausprägung in Deutschland (Ermisch/Francesconi/Siedler 2006).

Kann man aus diesen Untersuchungsergebnissen den Schluss ziehen, dass für die Partnerwahl der Wert des institutionalisierten kulturellen Kapitals, der sich in Bildungstiteln niederschlägt und an die Person gebunden ist, wichtiger als das ökonomische Kapital geworden ist, zum Beispiel im Vergleich mit den Zeiten der Buddenbrooks? Folgen wir Bourdieu, so ist dies nur scheinbar der Fall, denn: „Weil die sozialen Bedingungen der Weitergabe und des Erwerbs von kulturellem Kapital viel verborgener sind, als dies beim ökonomischen Kapital der Fall ist, wird es leicht als bloß symbolisches Kapital aufgefaßt: und es wird stattdessen als legitime Fähigkeit oder Autorität anerkannt, die auf allen Märkten (z.B. dem Heiratsmarkt) zum Tragen kommen, wo das ökonomische Kapital keine volle Anerkennung findet" (Bourdieu 1992: 57).

5 Liebe und die Reproduktion sozialer Ungleichheit

Die Beseitigung der traditionellen Bildungsungleichheit zwischen Männern und Frauen hat paradoxerweise zur Verstärkung der sozialen Ungleichheit beigetragen. Da – wie seit PISA allseits bekannt – die Bildungschancen nach wie vor eng mit der sozialen Herkunft, also dem ökonomischen und kulturellen Kapital der Eltern, verknüpft sind, ergibt sich folgende Konstellation: die Hochschulabsolventen rekrutieren ihre Partner aus den eigenen Reihen und tragen auf diese Weise dazu bei, die bestehende Sozialstruktur zu reproduzieren. Anders formuliert, die Liebe tritt in den Dienst des Gefüges sozialer Ungleichheit. Allerdings geschieht dies gleichsam hinter dem Rücken der Individuen, denn auf der Bewusstseinsebene liebt man oder glaubt, den Anderen als unverwechselbare, einzigartige Person zu lieben (diese oder keine) und nicht als Besitzer kulturellen oder ökonomischen Kapitals.

Dieser Glaube dürfte sich im Zeitverlauf sogar noch verstärkt haben. Denn bis ins 20. Jahrhundert hat die Umwelt über das Instrument sozialer Missbilligung und anderer Sanktionen noch kräftig mitgewirkt, Mésalliancen, also nicht standesgemäße Ehen, zu verhindern. Heute ist es kein Skandal mehr, wenn ein Akademiker eine Hauptschulabsolventin heiratet, auch wenn die Eltern dies vermutlich nicht begrüßen werden. Da solche Ehen, statistisch gesehen, aber höchst selten vorkommen, hat es den Anschein, als ob die Liebe gleichsam wie von selbst auf den fällt, dessen soziale Position mit der eigenen übereinstimmt.

Dementsprechend formuliert Bourdieu: „Wie der Kunstliebhaber sich gleichsam zum Existenzgrund seiner kostbaren Entdeckung erhoben fühlt, die seit eh und je nur auf den Blick ihres „Entdeckers" gewartet zu haben scheint, so fühlen Liebende sich, wie Sartre sagt, „in ihrer Existenz gerechtfertigt", d.h. „einer für den anderen geschaffen", erhoben zu Sinn und Zweck einer anderen Existenz, die von der ihren voll und ganz abhängt, also angenommen, akzeptiert, anerkannt in ihrer ganzen Zufälligkeit, einer bestimmten Art zu lachen oder zu sprechen, kurz: legitimiert in ihren willkürlich bedingten Eigenheiten, in der Willkür ihres biologischen und sozialen Schicksals. Liebe ist auch eine Weise, im anderen das eigene soziale Schicksal zu lieben, sich in seinem eigenen Schicksal geliebt zu fühlen" (Bourdieu 1984: 377).

Allerdings, die Analogie zwischen dem Kunstliebhaber und den Liebenden trägt insofern nicht weit, als die Beziehung des Kunstliebhabers zu seinem Objekt einseitig ist und Illusion bleibt. Dagegen stellen die Liebenden in dem Gefühl, füreinander geschaffen zu sein, Wirklichkeit im Sinne des Thomas-Theorems her: „Wenn Menschen Situationen als real definieren, sind sie real in ihren Konsequenzen".

Als Fazit können wir festhalten: Bourdieu hat sich in seinen Arbeiten primär auf die Analyse der Strukturen sozialer Ungleichheit konzentriert. Dabei hat er uns die Augen dafür geöffnet, dass auch die Liebeswahl, die doch gemeinhin als Ausdruck individueller Gefühle gilt, über die Sozialstruktur gesteuert wird und somit zur Reproduktion sozialer Ungleichheit beiträgt. Dass der Bedeutungsgehalt von Liebe sich nicht darin erschöpft, „im anderen das eigene soziale Schicksal zu lieben", ist eine Erkenntnis, die Bourdieu zwar vermutlich nicht bestreiten würde, aber innerhalb seiner Theorie hat sie keinen Platz.

Literatur

Blossfeld, Hans Peter/Timm, Andreas (1997): Der Einfluß des Bildungssystems auf den Heiratsmarkt. In: KZfSS, Jg. 49, H. 3, 440-476.
Bourdieu, Pierre (1985): Sozialer Raum und „Klassen". Zwei Vorlesungen. Frankfurt a. M.: Suhrkamp.
Bourdieu, Pierre (1984): Die feinen Unterschiede. Kritik der gesellschaftlichen Urteilskraft. Frankfurt a. M.: Suhrkamp.
Bourdieu, Pierre (1989) [frz. 1979]: Satz und Gegensatz. Über die Verantwortung des Intellektuellen. Berlin: Wagenbach.
Bourdieu, Pierre (1992): Ökonomisches Kapital – Kulturelles Kapital – Soziales Kapital. In: Bourdieu, Pierre: Die verborgenen Mechanismen der Macht. Schriften zu Politik und Kultur 1. Hamburg: VSA – Verlag.
Bundesministerium für Familie, Senioren, Frauen und Jugend, Waltraud Cornelißen (Hg.) (2005): Gender Datenreport. Erstellt durch das Deutsche Jugendinstitut e.V. in Zusammenarbeit mit dem Statistischen Bundesamt München, 2. Fassung, pdf, 3,3 MB.
Ermisch, John/Francesconi, Marco/Siedler, Thomas (2006): Intergenerational Mobility and Marital Sorting. In: The Economic Journal Vol. 116, Nr. 513 (July), 659-679.
Groult, Benoîte (2007): Finden Sie String-Tangas bequem? Benoîte Groult sagt, was Frauen brauchen: eigenes Geld, flache Schuhe – und mehr Liebe, als ein einziger Mann bieten kann. Interview. In: Der Tagesspiegel 6. 5. 2007.
Krais, Beate (1989): Soziales Feld, Macht und kulturelle Praxis. In: Eder, Klaus: Klassenlage, Lebensstil und kulturelle Praxis. Beiträge zur Auseinandersetzung mit Pierre Bourdieus Klassentheorie. Frankfurt a. M.: Suhrkamp, 47-70.
Kohlenberg, Kerstin/Uchatius, Wolfgang (2007): Von oben geht's nach oben. In: Die Zeit. 23.8.2007.
Mann, Thomas (1953) [1922]: Buddenbrooks. Verfall einer Familie. Frankfurt a. M.: S. Fischer Verlag.
Teckenberg, Wolfgang (2000): Wer heiratet wen? Sozialstruktur und Partnerwahl. Opladen: Leske und Budrich.

Angelika Poferl

„Das ganz normale Chaos der Liebe".
Ulrich Beck und Elisabeth Beck-Gernsheim über die Liebe in der Zweiten Moderne

1   Liebe und die Modernisierung der Moderne

Man saß um den Essenstisch und Irma wagte es, jene Frage noch einmal zu stellen, die das Unvorstellbare betraf: „Kann ich nicht doch auf eine höhere Schule gehen? Ich möchte so gerne ...". Die Antwort der Mutter fiel barsch aus, in einem Ton, der keine Widerrede duldete: „Schluss jetzt, hör endlich auf mit dem Unsinn. Wenn, dann geht dein Bruder weiter auf die Schule". Damit war das Thema beendet, die Eltern wandten sich anderen Angelegenheiten zu und Irma, die gern lernte und sich leicht damit tat, half dem Jüngeren abends wie üblich bei den Hausaufgaben. Kaum 18jährig heiratete Irma, ‚aus Liebe' und weil ein Kind unterwegs war. Jahre später beschloss sie gemeinsam mit ihrem Mann, nicht mehr nur Hausfrau zu sein, sondern selbst ‚arbeiten zu gehen'; die Versorgung der beiden schulpflichtigen Kinder und des Haushalts würde man arrangieren. Irma nahm eine der am Ort angebotenen Ganztagsstellen in einer Lampenfabrik an. Um Karriere ging es nicht, dazu fehlte die Qualifikation. Die finanzielle Situation der Familie verbesserte sich und doch war es für Irma mehr – sie hatte eigenes Geld, einen eigenen Beruf und Kolleginnen, ein (auch) ‚eigenes Leben' begann. Die Kinder zeigten sich selbstständig, sie erledigten die Hausaufgaben alleine und halfen im Haushalt mit, so gut es ging; der Mann trug seinen Teil zur Familienarbeit bei. Mutter und Vater versuchten abwechselnd, während der kurzen Mittagspause zuhause zu sein. Der Alltag war anstrengend und zehrte an den Kräften. Es gab Spannungen und Streit zwischen den Eheleuten, meist ging es darum, wie die anfallenden Aufgaben und Anforderungen zu bewältigen und für alle Beteiligten besser zu organisieren seien. An Vorbildern fehlte es ebenso wie an Unterstützung. Die Verwandtschaft verurteilte den Entschluss des Paares und lehnte das neue Lebensmodell zutiefst ab. Ein Teil der Bekannten und Freunde zeigte sich irritiert und sparte nicht mit abschätzigen Bemerkungen über die ‚allein gelassenen Kinder', den ‚Hausmann' und vor allem ‚die Mutter, die es doch nicht nötig hätte'. Für Irma aber war es trotz aller Widrigkeiten selbstverständlich, in ihrer Ehe gleichgestellt zu sein. Sie wusste, sie war in einer anderen Zeit angekommen.

Das angeführte Beispiel stammt aus einem historischen Rahmen, der der jüngsten Vergangenheit angehört; er erstreckt sich von der Nachkriegszeit bis in die 1970er Jahre. Es handelt sich um einen Auszug aus einer biographischen Erzählung, die lediglich mündlich überliefert ist und nicht den Rang eines methodisch seriös dokumentierten Datenbestandes hat. Zudem scheint es auf den ersten Blick nicht wirklich um Liebe, um Liebe in Paarbeziehungen zu gehen. Beschrieben werden lebensgeschichtliche Erfahrungen aus der Perspektive einer Frau, deren Herkunft im kleinbürgerlich-proletarischen Milieu zu verorten ist. Angedeutet ist der historische, soziale und kulturelle Wandel eines Erfahrungsraums, der zwischen ‚Familie', ‚Erwerbsarbeit', ‚Mutter-' und ‚Gattenliebe' sowie all den darin eingelassenen Diskursen und Bedeutungswelten aufgespannt ist. In unschuldigen Worten, noch ganz und gar unzitiert, kommt die Formel des *eigenen Lebens* daher. Exemplarisch sichtbar wird darin jener Prozess, den Elisabeth Beck-Gernsheim in einem Artikel aus dem Jahr 1983 als Schritt vom „‚Dasein für Andere' zum Anspruch auf ein Stück ‚eigenes Leben'" systematisch ausargumentieren und beleuchten sollte. Dieser Schritt hat nicht nur die Vorgaben und Erwartungshorizonte, die Handlungsspielräume und Ausprägungen weiblicher Lebensführung nachhaltig verändert. Mit neuen Lebensformen sind neue Liebesformen entstanden. Die Freisetzung der Frauen aus tradierten Geschlechtslagen und -identitäten spielt hierbei eine zentrale Rolle und zeigt zugleich tiefer gehende Umbrüche an: ein „Ohne-, Mit- und Gegeneinander der Geschlechter innerhalb und außerhalb der Familie", wie Ulrich Beck wenige Jahre später in seinem Entwurf der „Risikogesellschaft" (1986) konstatiert.

Beide Schriften weisen bereits deutlich darauf hin: Im Zuge fortschreitender Modernisierung sind auch die *Bedingungen des Liebens* auf neuartige Grundlagen gestellt worden, d.h. die gesellschaftlichen Voraussetzungen, die Widersprüche und typischen Konfliktlinien jenes Gefühls der Verbundenheit, „togetherness"[1] und Attraktion, das schwer zu beschreiben und offensichtlich auch nicht leicht zu leben ist. Diese Bedingungen determinieren die Liebe nicht, die streng genommen ein höchst individuelles, subjektives Empfinden und damit ohnehin ein soziologisch sperriger Gegenstand bleibt.[2] Sie beeinflussen allerdings die Art und Weise, in der Liebe realisiert und erfahren werden kann; sie tragen dazu bei, sie zu ermöglichen oder in ein unmögliches Unterfangen zu verwandeln: *„Liebe wird nötig wie nie zuvor*

---

[1] Der Begriff ist einer Rezension von Charlotte Raven aus The Modern Review vom Februar 1995 entnommen und bezeichnet im hier interessierenden Kontext ein Miteinander in wechselseitigem Respekt; dies lässt sich sprachlich nur ungenau auf ein deutsches Pendant bringen.
[2] Die noch wenigen, aber produktiven Ansätze zur Entwicklung einer Soziologie der Emotionen machen deutlich, wie schwer sich gerade die soziologische Wissenschaft – vom Menschen? oder vom Sozialen? – im Umgang mit Gefühlen tut. Dies gilt nicht für die Liebe, sondern für die Analyse von Emotionen generell und mag auch mit fachspezifischen Tendenzen der Verabschiedung des Menschen aus dem Sozialen selbst zu tun haben. Mögliche Umrisse und Desiderata einer Emotionssoziologie und -forschung haben z.B. Gerhards (1988), Schützeichel (2006), Harré/Parrott (1996) und Denzin (2007) behandelt.

und unmöglich gleichermaßen" (Beck/Beck-Gernsheim 1990: 9; Hervorh. im Orig.) – so lautet einer der Schlüsselsätze, mit dem der Autor und die Autorin schließlich ihr gemeinsam verfasstes und seit seinem Erscheinen viel zitiertes Buch über „Das ganz normale Chaos der Liebe" (dt. Erstausgabe 1990)[3] beginnen.

Die folgenden Ausführungen konzentrieren sich darauf, den Grundlagenwandel der Liebe aus der Sicht der von Beck und Beck-Gernsheim vorgelegten Analysen in Umrissen darzulegen. Ziel dieser Analysen ist die detaillierte Diagnose und gesellschaftstheoretische Erklärung dessen, was das „Chaos der Liebe" im Kern ausmacht: ein *„historisch aufbrechende[s] Gegeneinander von Liebe, Freiheit und Familie"* (ebd.: 7; Hervorh. im Orig.), das vormoderne Strukturen verblassen lässt, aber auch zum Umsturz von Leitbild und Realität der modernen bürgerlichen Kleinfamilie einschließlich der daran geknüpften Liebesverständnisse beigetragen hat. Beck und Beck-Gernsheim bewegen sich in dem von ihnen verfolgten Theorietypus auf der Ebene einer historisch-modernisierungstheoretisch angelegten Analyse, die Liebe in bester wirklichkeitswissenschaftlicher Absicht und unter Berücksichtigung vielfältiger Konkretionen als geschichtlich-gesellschaftlich *hervorgebrachtes* und *sich veränderndes* Produkt begreift. Dies berechtigt, gegenwärtig von der Liebe in der Zweiten Moderne bzw. Reflexiven Moderne zu sprechen – einer Form der Liebe, die aus der *Modernisierung der Moderne*[4] selbst hervorgeht. Das scheinbar naturwüchsige und schicksalhafte, das rein ‚private' und ‚persönliche' Phänomen der Liebe wird als ein *soziales* ausgedeutet und in seiner gesellschaftlichen Verankerung freigelegt – ohne dabei jedoch die Akteure, ihre Sinngebungs- und Handlungskompetenz aus den Augen zu verlieren. Struktur- und handlungstheoretische, makro- und mikrosoziologische Perspektiven gehen somit eine enge Verbindung ein, wobei die ‚großen' Fragen der gesellschaftlichen Entwicklung überwiegen. Im Mittelpunkt der Betrachtungen steht die *Transformation der gesellschaftlichen Verhältnisse der Liebe in der Moderne,* in die Lieben und Liebesbeziehungen eingebettet sind.[5]

---

[3] Das Buch besteht aus einem gemeinsamen und sechs getrennt geschriebenen Kapiteln. Es beinhaltet Originalbeiträge sowie überarbeitete Fassungen und Auszüge aus früheren Texten, zurückgegriffen wurde auf Beck (1986) sowie Beck-Gernsheim (1986a und b, 1989a). Übersetzungen liegen in mehreren Sprachen vor.
[4] Die theoretische Grundfigur einer Modernisierung der Moderne wird in unterschiedlichsten Schriften von Beck und Beck-Gernsheim herangezogen. Sie mündet in das Konzept der *Zweiten Moderne* und die Theorie *Reflexiver Modernisierung,* die vor allem mit dem Namen Ulrich Becks verbunden ist und seit Mitte der 1980er in verschiedenen Kontexten, derzeit u.a. dem SFB 536 „Reflexive Modernisierung" weiter ausgearbeitet worden ist; vgl. Beck (1986, 1996), zur aktuellen Diskussion Beck/Bonß (2001), Beck/Lau (2004). Der in der „Risikogesellschaft" systematisch platzierte Begriff der Reflexiven Modernisierung nimmt im „Chaos der Liebe" keinen herausragenden Stellenwert ein. Im Zentrum steht dort das Konzept der Individualisierung, das allerdings einen wichtigen Baustein der Theorie Reflexiver Modernisierung liefert.
[5] Ich halte es für hilfreich, zwischen ‚Liebe' als einer *objektivierten gesellschaftlichen Ordnungskonstruktion* und ‚Lieben' als *Handeln,* d.h. als *subjektivierter Praxis,* zu unterscheiden. Diese Unterscheidung wird im Fol-

In loser Anlehnung an die Akzentsetzungen des Werkes von Beck/Beck-Gernsheim greife ich im Weiteren zunächst die historisch-genetischen Aspekte des „Chaos der Liebe" auf. Dem folgt eine knappe Systematik der gesellschaftstheoretischen Argumentation, die um das von dem Autor/der Autorin vorgeschlagene Konzept der Individualisierung zentriert ist; dies wird durch einen Blick auf ausgewählte Facetten der modernen Liebesproblematik ergänzt.

2 Von der nachfranzösischen Revolution zum modernen Liebeschaos

Eine an der Dynamik gesellschaftlicher Wirklichkeit interessierte Gesellschaftstheorie setzt Aufmerksamkeit für Prozesse des gesellschaftlichen Wandels und der historischen Problemgenese voraus. Zwar lassen sich im Fluss des geschichtlich-gesellschaftlichen Geschehens kaum ‚Anfänge' markieren, wohl aber Ereigniskonstellationen, die spezifische Entwicklungen in Gang setzen oder vorantreiben, Problemwahrnehmungen zum Durchbruch verhelfen und andere verdrängen oder ungesehene, unbeabsichtigte *Nebenfolgen* zu realen Elementen gesellschaftlicher Situationsdefinitionen werden lassen. Der Wandel gesellschaftlicher Liebesverhältnisse verweist auf solche Konstellationen: „Es sind die alten und immer wieder neuen, uneingelösten Versprechen auf Freiheit und Unabhängigkeit, die heute ihr Recht gegen die überlieferten Formen der Privatheit und Intimität einklagen" (Beck/Beck-Gernsheim 1990: 7). Darin zeigt sich, folgt man der teils heuristisch, teils metaphorisch eingesetzten Begrifflichkeit Beck/Beck-Gernsheims, nichts Geringeres als die „neue Kraft" einer „kleinen nachfranzösischen Revolution – versteckt in den persönlichen Wünschen der Individuen". Sie „[wendet] sich heute auch gegen die Ungleichheitsform der Familie (...) und [überhöht] zugleich die Werte der Familie fast wie eine Religion" (ebd.: 7/8).

Diese Aussagen verdeutlichen, dass der Weg zur ‚Liebe' hier vor allem über das Thema der ‚Ehe' und ‚Familie' führt. Dies ist weder Zufall noch einer unzulässigen normativen Gleichsetzung geschuldet. Die auf Ehe gegründete Familie stellt den „Ort der häuslich gewordenen Liebe" (Beck/Beck-Gernsheim 1990: 9) dar. Sie verkörpert eine institutionalisierte soziale Ordnung, in der Liebe unter vielfachen gesellschaftlichen Vorgaben (z.B. der Moral, des Rechts, der Ökonomie) zu leben erlaubt ist und ihre ‚Erfüllung' erfährt – unbenommen der sozialstrukturellen Variationen, gepflegten Abweichungen und verborgenen Passionen, die die Welt der intimen Beziehungen und das aus dem Geist der Romantik geborene Liebesideal

---

genden beibehalten, sofern es inhaltlich und sprachlich angemessen erscheint und den darzustellenden Ansatz nicht konterkariert.

seit jeher begleitet haben.[6] Das im Horizont der bürgerlichen Gesellschaft entstandene und seit dem 18. Jahrhundert sich verbreitende Familienmodell ist historisch *gebunden* (und insofern analytisch aufzubrechen), es bietet zugleich aber eine Kontrastfolie, um aktuelle gegenständliche Veränderungen zu beschreiben.

2.1 Der ständische Charakter der Industriegesellschaft

Den Ausgangspunkt der Argumentation bildet vor diesem Hintergrund zunächst die Feststellung einer *Diskrepanz* zwischen Programmatiken, die das Selbstverständnis der Moderne der Aufklärung prägen, und institutionell etablierten Formen des Lebens in Familie, die dem entgegenstehen. Konstituiert und strukturiert durch generationen- wie geschlechtsdifferente Modi der Arbeits- und Rollenteilung stellt die Familie – genauer: der Typus der modernen bürgerlichen Kleinfamilie – nicht nur einen ‚Ort der Liebe', sondern auch einen zentralen Vollzugsort der Einschränkung von Werten wie Freiheit, Gleichheit, Unabhängigkeit dar. Diese Einschränkung beruht auf den „Widersprüche[n] einer im Grundriß der Industriegesellschaft halbierten Moderne" und den zugrunde liegenden Gesellschaftsstrukturen einer „industriegesellschaftliche[n] Ständehierarchie" (Beck 1990a: 40/41). Sie kommt zum Ausdruck in der *abgeleiteten* Existenz der Person, der die Aufgabe der privatfamilialen, unentgeltlich verrichteten Reproduktions- und Alltagsarbeit durch gesellschaftliche Platzierungsprozesse zugewiesen ist: in der Lage der „‚Familienperson', in der sich – formal neutral und in der Regel dennoch weiblich – das „Hausfrauen-Ständeschicksal" (Beck/Beck-Gernsheim 1990: 8) manifestiert. Die Gegensätze der Geschlechtsrollen von Frauen und Männern spiegeln die gesellschaftlich ausdifferenzierten, gegensätzlichen *und* hierarchisch aufeinander bezogenen Sphären von Familie und marktförmiger Arbeit sowie deren unterschiedliche Anforderungsstrukturen und Prinzipien der Organisation. Im Dasein für Andere ist dabei vor allem das Schicksal der *ökonomischen* Abhängigkeit angelegt – mit allen Folgen, die dies für das je eigene Selbstverständnis, für Handlungs- und Bewegungsfreiheit, für Macht und Ohnmacht im Rahmen sozialer Beziehungen hat.[7] Der „ständische Charakter'

---

[6] Zur Entwicklung von Liebe, Ehe und Familie in der Moderne vgl. historisch Weber-Kellermann (1975), Rosenbaum (1982), Ariés/Duby (1992) [1987], Mitterauer/Sieder (1984), aus soziologischer Perspektive Berger/Kellner (1965), Luhmann (1982), Giddens (1993), Singly (1995), Lenz (1998), Illouz (2003), in interdisziplinärem Zugang Segalen (1990), Böhnisch/Lenz (1997). Gesondert hinzuweisen ist auf das Konstrukt der Zweigeschlechtlichkeit, das dem Diskurs über Familie meist umstandslos vorausgesetzt wird; vgl. dazu in der Frauen- und Geschlechterforschung Hagemann-White (1984), Gildemeister/Wetterer (1992). Der damit verbundene Aspekt der Heteronormativität wird in den neueren Queer Studies (vgl. Butler 1995) diskutiert.

[7] Herausgearbeitet wurde die unterschiedliche Verfasstheit von „Männerwelt Beruf" und „Frauenwelt Familie" bereits bei Beck-Gernsheim (1980), vgl. im Hinblick auf die Strukturen familialer Privatheit ebenso Ostner/Pieper (1980). Die Bedeutung von Arbeitsformen und gesamtgesellschaftlichen Organi-

der Industriegesellschaft" (Beck 1990: 38) enthüllt ein Moment der *Gegenmoderne in der Moderne*. Die damit verbundenen Widersprüche sind jedoch ideologisch verkleidet und naturalisiert.

2.2 Liebe jenseits (erst-)moderner Traditionen

Bezogen auf die Moderne des späten 20. Jahrhunderts (vor Augen stehen westliche Gesellschaftskontexte) zeigen sich nach Beck/Beck-Gernsheim relevante gesellschaftliche Veränderungen in zweifacher Hinsicht:

Zunehmende Auf- und Ausbruchsversuche aus tradiert-modernen Vorgaben der Lebensführung, wie sie seit den 1960er Jahren vor allem bei den Frauen zu verzeichnen sind, lassen Tendenzen der *Erosion* und *Ablösung* der dominanten bürgerlichen Familienform erkennen. Im Zuge dessen entfaltet sich jenes „Chaos", von dem die Rede ist – auch zur Beschreibung dieser Entwicklung bedienen der Autor/die Autorin sich historischer Analogien:

> „Was wir erleben, ist also etwas Bekanntes und Unbekanntes zugleich. Wir kennen die Bauernaufstände, die Auflehnung des Bürgertums gegen die Beschränkungen der feudalen Adelsgesellschaft. Aber viele erkennen nicht, dass sich heute im Gegeneinander von Männern und Frauen das alte Gesetz der Freiheit in anderen Formen und mit anderen Konsequenzen neu vollzieht. Ebenso wie die Bauern aus ihrer Schollenbindung ‚freigesetzt' wurden, ebenso wie der Adel seiner Geburtsprivilegien beraubt wurde, ebenso zerbricht das geschlechtsständische Binnengefüge der Kleinfamilie an der Gleichheit und Freiheit, die nun auch vor den Toren der Privatheit nicht länger haltmacht, und es entsteht: das ganz gewöhnliche, ganz alltägliche Chaos der Liebe." (Beck/Beck-Gernsheim 1990: 8)

Der diagnostizierten geschichtlich-gesellschaftlichen Wende folgt somit nicht ein Untergang der Liebe, im Gegenteil: Unter den Bedingungen der durchgesetzten Wohlstandsgesellschaft, der Demokratisierung und entwickelten Wohlfahrtsstaatlichkeit kündigen sich Prozesse der Enttraditionalisierung und Pluralisierung von Liebe(n)smöglichkeiten, der Subjektivierung von Normsetzungen, der nicht immer befreienden, sondern oftmals verzweifelten Suche nach alternativen Modellen zur ‚Hausfrau-und-Ernährer-Ehe' sowie deren praktischer Umsetzung an. Alte Handlungsorientierungen verlieren an Überzeugungskraft und Geltung, neue werden

---

sationsprinzipien für die Strukturierung und Organisation des Geschlechterverhältnisses wurde aus verschiedenen Theorieperspektiven auch in der sich entwickelnden Frauen- und Geschlechterforschung aufgezeigt, vgl. Bock/Duden (1977), Beer (1990), Becker-Schmidt (1991); soweit Bezug genommen wird, herrscht dort ein eher kritischer Ton gegenüber den Thesen vom Ständecharakter der Industriegesellschaft und der Individualisierungsthese vor. Die Entwicklung von ‚Geschlechtscharakteren' auf der Basis der Differenzierung von Erwerbs- und Familiensphäre hat historisch wegweisend Hausen (1976) analysiert. Zur Bedeutung sozialer Transformationsprozesse für Frauen vgl. aktuell Beck-Gernsheim/Butler/Puigvert (2003).

erprobt; *Uneindeutigkeiten* und *Ungewissheiten* brechen auch im Feld der Liebe auf. Wo verkrustete Strukturen zerrinnen und gesellschaftliche Ordnungen verflüssigt sind, wird der Bedeutungshorizont der Liebe offen und das Lieben problematisch. Es scheint dennoch unverzichtbar und gewinnt im Ringen um Lebbarkeit seine neue, *symbolisch erhöhte* und grundsätzlich *prekäre, riskante* Gestalt:

> „Frauen und Männer sind heute auf Suche, auf Zwangssuche durch Ehe ohne Trauschein, Scheidung, Vertragsehe, Ringen um Vereinbarkeit von Beruf und Familie, Liebe und Ehe, um ‚neue' Mutterschaft und Vaterschaft, Freundschaft und Bekanntschaft hindurch. Das alles ist unwiderruflich in Bewegung geraten. (...) Die Liebe wird flüchtig in dem Maße, in dem sie, mit Hoffnungen aufgeladen, zum Kultplatz der um Selbstentfaltung kreisenden Gesellschaft wird. Und sie wird mit Hoffnung aufgeladen in dem Maße, in dem sie flüchtig und sozial vorbildlos wird." (Beck/Beck-Gernsheim 1990: 9)

3 Liebe und Lieben im Prozess der Individualisierung

Muss man sich den Einbruch von Freiheit und Gleichheit in Ehe, Familie und die Neuerfindung nichtehelicher Partnerschaft als etwas Pathetisches und Revolutionäres vorstellen? Ja, auch das. Nicht wenige haben sowohl im politisch-öffentlichen Raum als auch in ihren Liebesbeziehungen ‚die Geschlechterfrage' offensiv gestellt und um Freiheit, Gleichheit und Anerkennung gekämpft – diese Kategorien haben nicht nur, aber vieles auch mit den Feminismen des 19. und 20. Jahrhunderts zu tun.[8] Beck und Beck-Gernsheim betonen gegenüber diesen explizit emanzipatorischen Bestrebungen und Idealen jedoch sehr viel mehr die Macht der „Nebenfolge langfristig angelegter Modernisierungsprozesse in reichen westlichen Gesellschaften" (Beck/Beck-Gernsheim 1990: S. 17). Sie bricht sich Bahn im Prozess der *Individualisierung*, der die Menschen auf „Samtpfoten der Normalität" aus industriegesellschaftlichen Lebensformen entlässt – „in eine Einsamkeit der Selbstverantwortung, Selbstbestimmung *und* Selbstgefährdung von Leben und Lieben" (ebd.: 13) hinein.

3.1 Die Ambivalenz von Freisetzung und Zwang

Das Konzept der Individualisierung bildet einen zentralen Fokus der gesellschaftstheoretischen Argumentation zur Modernisierung bzw. Radikalisierung der Moderne und ist von Beck und Beck-Gernsheim an vielen Stellen unter Berücksichtigung

---

[8] Darüber informieren Arbeiten zur Geschichte der Frauenbewegung(en) und des Feminismus, vgl. Frevert (1986), Fraisse (1995), Hark (2005).

seiner je unterschiedlichen Konnotationen ausbuchstabiert worden.[9] Analytisch begriffen als Strukturmerkmal moderner Gesellschaften umfasst Individualisierung die Dimensionen der *Freisetzung,* der *Entzauberung* und der *Kontrolle bzw. Reintegration* (Beck 1986: 206). Verbunden ist damit im einzelnen die Herauslösung aus traditionalen Herrschafts- und Versorgungszusammenhängen, wie sie in historisch vorgegebenen Sozialformen und -bindungen (z.b. der Ehe und Familie) verkörpert sind, der Verlust von traditionalen Sicherheiten des Handlungswissens, des Glaubens und orientierender Normen sowie die Genese neuartiger Formen der Einbindung in eine dadurch *sich entwickelnde* und *gestaltete* (prozessual verstandene) Sozietät. Im Hinblick auf den hier interessierenden Zusammenhang bedeutet dies:

> „Die Menschen werden *freigesetzt* aus den verinnerlichten Geschlechtsrollen, wie sie im Bauplan der Industriegesellschaft für die Lebensführung nach dem Modell der Kleinfamilie vorgesehen sind, und sie sehen sich (...) zugleich gezwungen, bei Strafe materieller Benachteiligung eine *eigene Existenz* über Arbeitsmarkt, Ausbildung, Mobilität aufzubauen und diese notfalls *gegen* Familien-, Partnerschafts- und Nachbarschaftsbindungen durchzusetzen und durchzuhalten." (Beck/Beck-Gernsheim 1990: 13/14; Hervorh. im Orig.)

Beck und Beck-Gernsheim betonen den *Massencharakter* des gegenwärtigen – historisch in der Nachkriegszeit verorteten – Individualisierungsschubes und seine eingebaute *soziale Schematik.* Ein wesentliches Kennzeichen besteht darin, dass die „Anforderungen marktabhängiger Normalbiographie auf den weiblichen Lebenszusammenhang ausgedehnt [werden]" (Beck 1990: 41), was weit reichende, die Moderne *und* die Liebe verändernde Folgen hat. Unterschiedliche Vergesellschaftungsformen von Frauen und Männern sind ausschlaggebend dafür, dass die Voraussetzungen und Erscheinungen von Individualisierung, die eröffneten Optionen und vorhandenen Benachteiligungen strukturell differieren. Unter den Vorzeichen generalisierter Gleichheitsnormen werden geschlechtstypische Ungleichheiten und Konfliktlagen zudem überhaupt erst wahrgenommen und *bewusst;* sie büßen an Legitimation und Akzeptanz – sowohl im politischen als auch im privaten Rahmen – ein:
„Mit der *Durchsetzung* der industriellen Marktgesellschaft über ihre geschlechtsspezifische Halbierung hinweg, wird insofern immer schon die *Aufhebung* ihrer Familienmoral, ihrer Geschlechtsschicksale, ihrer Tabus von Ehe, Elternschaft und Sexualität (...) betrieben." (ebd.: 41; Hervorh. im Orig.)

Individualisierung erzeugt reale Ambivalenzen: Den aufbrechenden *Wahlmöglichkeiten* stehen *Wahlzwänge* gegenüber, in unterschiedlichsten Handlungsfeldern und biographisch durchgängig vermehren sich Chancen und Notwendigkeiten von *Entscheidung.* „Die Möglichkeit der Nichtentscheidung wird der Tendenz nach unmög-

---

[9] Neben den bereits genannten Texten sei nur stellvertretend auf Beck/Beck-Gernsheim (1994 a, 2002) verwiesen. Die Individualisierungsthese hat eine breite soziologische Debatte ausgelöst, vgl. zur Kritik z.B. die Beiträge in Friedrichs (1998) sowie konstruktiv anschließend die Beiträge in Beck/Beck-Gernsheim (1994).

lich. Die Entscheidungsmöglichkeit entfaltet ein Muß, hinter das nicht ohne weiteres zurückgegangen werden kann." (ebd.: S. 52) Aus dem Zusammenwirken von Freisetzung, Entzauberung und neuartiger Modi der Reintegration entsteht ein *Akteursmodell der Selbstverantwortlichkeit*. Einerseits avancieren die Individuen dadurch zu „Gesetzgeber[n] ihrer eigenen Lebensform"; andererseits bleiben sie in „Abhängigkeit von Bedingungen, die sich dem individuellen Zugriff vollständig entziehen." (Beck/Beck-Gernsheim 1990: 13/15) Frauen und Männer sind in „institutionenabhängige Individuallagen"[10]. eingebunden, die sich als höchst konflikt- und krisenanfällig erweisen. Diese Lagen sind durch Vorgaben des Arbeitsmarktes, des Berufs- und Bildungssystem, des Familien-, Scheidungs- und Rentenrechts, wohlfahrtsstaatliche Regelungen, soziale Infrastruktur, medizinische Möglichkeiten usw. bestimmt, sie müssen zugleich individuell zusammengesetzt und bewältigt werden. Beck und Beck-Gernsheim sehen darin einen gesellschaftlich durchgesetzten *„Selbstzwang zur Standardisierung der eigenen Existenz"* (ebd.: 15, Hervorh. im Orig.) am Werk.

Die skizzierten Umbrüche verleihen der Liebe und dem Lieben ein eigentümliches und spezifisches Profil: Liebe ist in ein Stadium der *Suche* und *Erprobung* eingetreten, sie muss gleichsam ‚erfunden' und ‚experimentell' praktiziert werden. Neben unverrückbaren institutionellen Gegebenheiten üben nicht minder gewichtige symbolische Vorstrukturierungen und gesellschaftlich zirkulierende Formate des Redens über Liebe[11] dabei ihren Einfluss aus:

> „Liebe wird eine Leerformel, die die Liebenden zu füllen haben, über die sich auftuenden Gräben der Biographien hinweg – auch wenn dabei der Schlagertext, die Werbung, das pornographische Script, die Mätressenliteratur, die Psychoanalyse Regie führen." (Beck/Beck-Gernsheim 1990: 13)

Phänomene des Wandels von Ehe, Familie, Partnerschaft – und Liebe

Individualisierungs- und damit verflochtene komplexe Modernisierungsprozesse haben die soziale Wirklichkeit von Familie, von Ehe bzw. Partnerschaft und Elternschaft nachhaltig umdefiniert. Das „Chaos der Liebe" bildet sich auch und gerade in diesen vielfältigen Ausformungen und Verästelungen, den Haupt- und Nebenschauplätzen des *Privaten* aus. Der Wandel des Verhältnisses von Mann und Frau, die Doppelung von ‚freier Liebe' und ‚freier Scheidung' sowie der neu durchwirkte Kosmos von Kinderwunsch, Kinderhaben und Elternsein – all diese Aspekte des Problemzusammenhangs werden insbesondere in den von Beck-Gernsheim ver-

---

[10] Hierbei handelt es sich um einen in der „Risikogesellschaft" eingeführten Begriff, der die Synthese von Bereichen der Privatheit und Öffentlichkeit im individuellen und institutionellen Zuschnitt von Lebenslagen beschreibt (Beck 1986: 210; Ders. 1990: 60).
[11] Instruktive Untersuchungen haben hierzu z.B. Swidler (2001) und Iványi/Reichertz (2002) vorgelegt.

fassten Analysen ausführlich und unterlegt durch zahlreiche Beispiele diskutiert. Zu den markanten Phänomenen gehören die Diskursivierung der Paarbeziehung und die Entdeckung der therapeutisch durchsetzten ‚Beziehungsarbeit', die Verpflichtung auf eine Moral der unermüdlichen Modifikation und einsatzfreudigen Optimierung, die Einübung von Vertragsmentalität und Aushandlungsbereitschaft, die Sinn- und Selbsterfahrung im Kind, die Pädagogisierung und Professionalisierung von Mutter- und Elternliebe, die Problematik der (Un-)Vereinbarkeit von Familie und Beruf und auch eine neuartige Konkurrenz der in Familie gebündelten Lieben zu Partner und Kind (Dies. 1990a, b und c).[12] Sichtbar wird eine allgegenwärtige *Bedeutungssteigerung* der Liebe. Die Ansprüche und Erwartungen, die an die Bindung zum Partner gerichtet sind, nehmen zu und zeugen auch von der Intensität der Sehnsüchte und Hoffnungen, die gehegt werden. Im Übergang zur modernen Gesellschaft ist die Familie als Gefühlsgemeinschaft konstruiert worden, Liebe und Ehe bilden den romantisierten „Anker der inneren Identität" (Dies., 1990a: 70). Die darin angelegte *Emotionalisierung* und *Sentimentalisierung* intimer Beziehungen wird im Zeitalter der selbstentworfenen Biographien mehr denn je durch *rationalisierende* Elemente der Lebensführung gebrochen. Neue Hoffnungen und neue Konflikte erzeugen „jenes explosive Gemisch, das wir als *Liebe heute* erfahren" (ebd.: 65; Hervorh. im Orig.). Dabei sind allerdings auch die Schattenseiten intimer Verbindungen (bis hin zur Erfahrung von Gewalt) nicht zu übersehen:

> „Die Liebe, diese Errungenschaft der Moderne, die das neue Verhältnis zwischen Männern und Frauen, Eltern und Kinder ausmacht – diese Liebe ist nicht zu haben ohne die Kehrseiten, die (manchmal in Augenblicken, manchmal auf Dauer) hervordrängen: Enttäuschung, Erbitterung, Ablehnung, Hass. Der Weg vom Himmel zur Hölle ist nicht so weit, wie man denkt." (Dies. 1990c: 183)

3.1.1 Der subjektive Faktor[13] und die religiöse Dimension der Liebe

Offenkundig bleibt es den Menschen wichtig zu lieben, trotz potenzierter Anforderungen, eingebauter Konfliktlogiken und enttäuschter Illusionen, die das Liebesleben unter den Bedingungen modernisierter Sozialverhältnisse bereithält. Damit stellt sich – so wiederum Beck – die Frage des „postchristlichen, innermodernen

---

[12] Veränderungen von Elternschaft und Familie im Modernisierungsprozess werden erhellend auch bei Rerrich (1983, 1988, 1990, 1994), die Geschichte des Deutungsmusters Mutterliebe bei Schütze (1986) untersucht. Beck-Gernsheim hat sich u.a. mit der „Kinderfrage" und dem Thema des Mutterwerdens (1988, 1989 b, 2006) befasst, zu neueren Entwicklungstendenzen von Familie vgl. Dies. (1998). Zur Konstruktion von Ehealltag vgl. außerdem Kaufmann (1994) sowie zur Soziologie familialer Konflikte Schneider (1994).
[13] Die sprachliche Anspielung auf den gleichnamigen Film von Helke Sanders aus dem Jahr 1980 hat an dieser Stelle keine systematische Bedeutung. Er böte gleichwohl interessantes Material, das u.a. die Liebe behandelt.

Sinn[s]" (Ders. 1990c: 223), den Liebe in der Moderne der Gegenwart erhält. Die Antwort, die darauf gegeben wird, sieht in der Liebe selbst ein „Sinnmuster für individualisierte Lebenswelten" repräsentiert. In den Blick kommt die „Liebesliebe", d.h. die beobachtbare Überhöhung und Vergötzung der Liebe, die dem partiellen Zerfall, der Fragmentierung und Heterogenisierung von Ehe, Familie, Partnerschaft nur scheinbar widerspricht (ebd.: 223 ff). Dieses Sinnmuster macht sich zum einen an den *quasi-religiösen* Momenten der Liebe, verstanden als irdische ,Nachreligion', fest. Sie stehen für ein Ringen um Erfüllung und Befreiung im Hier und Jetzt, dessen säkulare Version weder Gott noch Kirche noch Priester, sondern allein das Ich und einen Anderen braucht. Die Zweisamkeit wird mit Liebeshoffnung aufgeladen und fungiert als „überdimensionale Restgemeinschaft, die die Moderne den Privatmenschen in der enttraditionalisierten, ausgedünnten Sozietät gelassen hat." (Ders. 1990a: 21). Zum anderen erlaubt und erfordert die Liebe, *Subjektivität* hervor- und zum Einsatz zu bringen in einer spezifischen, Wahrheit, Erlösung und vor allem: *Authentizität* versprechenden Weise. Auch dies geschieht im Rahmen der Kreation, Aufrechterhaltung oder eben Auflösung sozialer Bindungen. Liebe unterliegt dem Rechtfertigungsmodus von Individualität und Emotionalität und ist in sich selbst begründet. Sie stellt darin jedoch *keine* rein individuelle Angelegenheit dar, sondern gehorcht dem Diktat „subjektiver Selbstverwaltung" (Ders. 1990c: 253), in dem der Aspekt der Selbstgesetzgebung der Liebe mit einem vorgezeichneten Spektrum an Deutungs- und Handlungsmöglichkeiten zusammenfällt. Daraus erwachsen vielfältige Paradoxien,[14] die die Liebe und das Lieben durchziehen. Das Ideal der Liebespartnerschaft bietet einen – in sich widersprüchlichen, problematisch gewordenen – Zufluchtsort der individualisierten „Gegenindividualisierung" (ebd.: 253) an.

Damit schließt sich der Kreis der Argumentation: In den Besonderheiten moderner Liebesbeziehungen schlägt sich die allgemeine Struktur und Geschichtlichkeit der Liebe nieder – „Enttraditionalisierte Liebe ist (…) radikalisierte Selbstzuständigkeit" und „Subjektivitätsreligion" (ebd.: 256/257), die ohne übergeordnete Autoritäten der Absicherung und des Schutzes auskommen muss. Die Dynamiken *gesellschaftlicher* Transformationen wirken auf die *emotionale* Dynamik in der Binnenwelt des Privaten zurück. Das Verletzungspotential von Liebeskonflikten, zentriert um vermeintlich persönliche Eigenschaften, und die Verletzlichkeit der Liebe gehen Hand in Hand. Das Fazit des Buches endet skeptisch. Liebe verschafft Sinn und Sinnesfreuden, Orientierung und den Mut, sich dafür einzusetzen. Doch wo die Kontrolle überwiegt, hat die Liebe und mit ihr die Kraft der „ganz alltägliche[n] Subversion moderner Rationalität" immer schon verloren, die Schrecken einer „liebesfreien Gesellschaft" (ebd.: 266; vgl. auch Ders. 1990b) ziehen herauf.

---

[14] Diskutiert werden die „Freiheits-", „Authentizitäts"- und „Handlungsparadoxie" (Beck 1990c: 260 ff).

4 Schlussbemerkung

Im „Chaos der Liebe" zeigt sich die ausgewiesene Kunst Beck und Beck-Gernsheims, diverse gesellschaftliche Entwicklungen zu bündeln, Umbrüche auf den Punkt zu bringen und in ihren Hintergründen auszuleuchten. Der Autor und die Autorin haben einen Meilenstein in der soziologischen Behandlung der Liebe innerhalb wie außerhalb des akademischen Bereichs gesetzt. Vielfach wurde auf das Werk Bezug genommen, umgekehrt lassen sich zahlreiche Anknüpfungspunkte an andere wissenschaftliche Literatur- und Forschungsfelder (wie z.B. die Frauen- und Geschlechterforschung, die Geschichtswissenschaft, die Familien-, Emotions-, Kultur-, Ungleichheits- und natürlich die Soziologie der Liebe) finden. In dem Buch wird ein materialreiches und sprachgewaltiges Feuerwerk der Argumentation entfacht, es arbeitet mit sensiblen Beobachtungen ebenso wie mit provokanten Schlüssen. Wie andere Schriften aus der Feder der Schreibgemeinschaft ist auch das „Chaos der Liebe" kontrovers beurteilt worden. Eine systematische Rezeptionsgeschichte steht aus, sie kann und soll an dieser Stelle auch nicht geleistet werden.

Beck und Beck-Gernsheim haben in gewisser Weise dort soziologisch weitergemacht, wo die Philosophin Simone de Beauvoir mit ihrem großen Werk über „Das andere Geschlecht" (2000 [1949]) aufgehört hat – bei der Utopie, ‚frei' und ‚gleich' zu sein und lieben zu können, jenseits ontologisch umwölkter Hierarchien und der Unmündigkeit eines Daseins aus zweiter Hand. Die gesellschaftlich geltende Normalität entbehrt des Glanzes dieser Utopie. Sie hat ihn – wenn überhaupt – nur in Versatzstücken und niemals ganz besessen; Ungleichheiten und Unfreiheiten bestehen weiter, teils offenkundig, teils subtil. Wir wissen nicht, wie es Irma aus dem eingangs angeführten Beispiel in ihrer Liebesbeziehung wirklich ergangen ist. Ihr Leben ist in die Modernisierung der Moderne eingebettet und zentrale, damit verknüpfte Widersprüche und Ambivalenzen scheinen auf; manch intellektuelle Varianten des Liebesdurcheinanders sind ihr wohl auch erspart geblieben. Das Thema der Liebe in der Zweiten Moderne eröffnet ein weites Feld sozialwissenschaftlich-interdisziplinärer Forschung und Theoriebildung. Fortzuführen wäre zum einen eine Analyse der Liebe als *Wirklichkeitskonstruktion*, die auf historisch entwickelten Diskursen ebenso wie auf Symbolen, Mythen, Ritualen aufbaut. Zum anderen und vor allem aber wäre die Liebe als *konkrete Praxis* zu untersuchen, als ein Tun und Empfinden in der Relation zweier Personen, die voneinander berührt sind.[15] Das Erstaunlichste an der Liebe ist ja, dass sie ‚unmöglich' scheint und dennoch gelebt wird und zugänglich ist, als Erfahrung und Ausdruck einer Art und Weise des sozialen Existierens.

---

[15] Anregungen hierfür bieten der Begriff der Liebe als Wechselwirkung (Simmel 1923), historisch-rekonstruktive Zugänge wie z.B. Ariés/Béjin/Foucault (1984) oder Soeffner (2000) und auch die Ansätze einer soziologisch fruchtbar zu machenden Anthropologie der Erfahrung (vgl. Bruner 1986).

Literatur

Ariés, Philippe/Duby, Georges (1992) [1987]: Geschichte des privaten Lebens. Frankfurt a.M.: Bechtermünz.

Ariés, Philippe/Béjin, André/Foucault, Michel u.a. (1984) [1982]: Die Masken des Begehrens und die Metamorphosen der Sinnlichkeit. Zur Geschichte der Sexualität im Abendland. Hrsg. von Philippe Ariés und André Bejin. Frankfurt a.M: S. Fischer.

Beauvoir, Simone de (2000 [1949]): Das Andere Geschlecht. Sitte und Sexus der Frau. Reinbek b. Hamburg: Rowohlt.

Beck, Ulrich (1986): Risikogesellschaft. Auf dem Weg in eine andere Moderne. Frankfurt a.M.: Suhrkamp.

Beck, Ulrich (1990a): Freiheit oder Liebe. Vom Ohne-, Mit- und Gegeneinander der Geschlechter innerhalb und außerhalb der Familie. In: Ders./Beck-Gernsheim, Elisabeth: Das ganz normale Chaos der Liebe. Frankfurt a.M.: Suhrkamp, 20-64.

Beck, Ulrich (1990b): Der späte Apfel Evas oder Die Zukunft der Liebe. In: Ders./Beck-Gernsheim, Elisabeth: Das ganz normale Chaos der Liebe. Frankfurt a.M.: Suhrkamp, 184-221.

Beck, Ulrich (1990c): Die irdische Religion der Liebe. In: Ders./Beck/Beck-Gernsheim, Elisabeth: Das ganz normale Chaos der Liebe. Frankfurt a.M.: Suhrkamp, 222-266.

Beck, Ulrich (1996): In: Ders./Giddens, Anthony/Lash, Scott: Reflexive Modernisierung. Eine Kontroverse. Frankfurt a.M.: Suhrkamp, 19-112.

Beck, Ulrich/Beck-Gernsheim, Elisabeth (1990): Das ganz normale Chaos der Liebe. Frankfurt a.M.: Suhrkamp.

Beck, Ulrich/Beck-Gernsheim, Elisabeth (Hrsg.) (1994): Riskante Freiheiten. Individualisierung in modernen Gesellschaften. Frankfurt a.M.: Suhrkamp.

Beck, Ulrich/Beck-Gernsheim, Elisabeth (1994a): Individualisierung in modernen Gesellschaften – Perspektiven und Kontroversen einer subjektorientierten Soziologie. In: Dies. (Hrsg.): Riskante Freiheiten. Individualisierung in modernen Gesellschaften. Frankfurt a.M.: Suhrkamp, 10-39.

Beck, Ulrich/Beck-Gernsheim, Elisabeth (2002): Individualization. Institutionalized Individualism and its Social and Political Consequences. London: Sage.

Beck, Ulrich/Bonß, Wolfgang (Hrsg.) (2001): Die Modernisierung der Moderne. Frankfurt a.M.: Suhrkamp.

Beck, Ulrich/Lau, Christoph (Hrsg.) (2004): Entgrenzung und Entscheidung. Was ist neu an der Theorie reflexiver Modernisierung? Frankfurt a.M.: Suhrkamp.

Beck-Gernsheim, Elisabeth (1980): Das halbierte Leben. Männerwelt Beruf. Frauenwelt Familie. Frankfurt a.M.: Fischer.

Beck-Gernsheim, Elisabeth (1983): Vom „Dasein für Andere" zum Anspruch auf ein Stück „eigenes Leben". Individualisierungsprozesse im weiblichen Lebenszusammenhang. In: Soziale Welt, Jg. 34, H. 3, 307-340.

Beck-Gernsheim, Elisabeth (1986a): Von der Liebe zur Beziehung? Veränderungen im Verhältnis von Mann und Frau in der individualisierten Gesellschaft. In: Berger, Johannes (Hrsg.): Die Moderne – Kontinuitäten und Zäsuren (Soziale Welt, Sonderband 4). Göttingen: Schwartz, 209-233.

Beck-Gernsheim, Elisabeth (1986b): Bis dass der Tod euch scheidet? Wandlungen von Liebe und Ehe in der modernen Gesellschaft. In: Archiv für Wissenschaft und Praxis der Sozialen Arbeit (Sonderheft „Familie – Tatsachen, Probleme, Perspektiven), H. 2-4, 144-173.
Beck-Gernsheim, Elisabeth (1988): Die Kinderfrage. Frauen zwischen Kinderwunsch und Unabhängigkeit. München: Beck.
Beck-Gernsheim, Elisabeth (1989a): Freie Liebe – freie Scheidung. Zum Doppelgesicht von Freisetzungsprozessen. In: Weymann, Ansgar (Hrsg.): Handlungsspielräume. Untersuchungen zur Individualisierung und Institutionalisierung von Lebensläufen in der Moderne. Stuttgart: Ehnke, 105-119.
Beck-Gernsheim, Elisabeth (1989b): Mutterwerden – Der Sprung in ein anderes Leben. Frankfurt a.M.: Fischer.
Beck-Gernsheim, Elisabeth (1990a): Von der Liebe zur Beziehung? Veränderungen im Verhältnis von Mann und Frau in der individualisierten Gesellschaft. In: Beck/Dies.: Das ganz normale Chaos der Liebe. Frankfurt a.M.: Suhrkamp, 65-104.
Beck-Gernsheim, Elisabeth (1990b): Freie Liebe, freie Scheidung. Zum Doppelgesicht von Freisetzungsprozessen. In: Beck/Dies.: Das ganz normale Chaos der Liebe. Frankfurt a.M.: Suhrkamp, 105-134.
Beck-Gernsheim, Elisabeth (1990c): Alles aus Liebe zum Kind. In: Beck/Dies.: Das ganz normale Chaos der Liebe. Frankfurt a.M.: Suhrkamp, 135-183.
Beck-Gernsheim, Elisabeth (1998): Was kommt nach der Familie? Einblicke in neue Lebensformen. München: Beck.
Beck-Gernsheim, Elisabeth (2006): Die Kinderfrage heute. Über Frauenleben, Kinderwunsch und Geburtenrückgang. München: Beck.
Beck-Gernsheim, Elisabeth/Butler, Judith/Puigvert, Lidia (2003): Women & Social Transformation. New York: Peter Lang.
Becker-Schmidt, Regina (1991): Individuum, Klasse und Geschlecht aus der Perspektive der Kritischen Theorie. In: Die Modernisierung moderner Gesellschaften: Verhandlungen des 25. Deutschen Soziologentages in Frankfurt am Main 1990. Hrsg. im Auftrag der Deutschen Gesellschaft für Soziologie von Wolfgang Zapf. Frankfurt a.M./New York: Campus, 383-394.
Beer, Ursula (1990): Geschlecht, Struktur, Geschichte. Soziale Konstituierung des Geschlechterverhältnisses. Frankfurt a.M./New York: Campus.
Berger, Peter /Kellner, Hansfried (1965): Die Ehe und die Konstruktion der Wirklichkeit. Eine Abhandlung zur Mikrosoziologie des Wissens. In: Soziale Welt, Jg. 16, H. 3, 220-235.
Bock, Gisela/Duden, Barbara (1977): Arbeit aus Liebe – Liebe als Arbeit. In: Frauen und Wissenschaft. Beiträge zur Berliner Sommeruniversität für Frauen, Juli 1976. Hrsg. von der Gruppe Berliner Dozentinnen. Berlin: Courage, 118-199.
Böhnisch, Lothar/Lenz, Karl (Hrsg.) (1997): Familien. Eine interdisziplinäre Einführung. Weinheim: Juventa.
Butler, Judith (1995) [1993]: Körper von Gewicht. Die diskursiven Grenzen des Geschlechts. Berlin: Berlin Verlag.
Bruner, Edward M. (1986): Experience and Its Expressions. In: The Anthropology of Experience. Edited by Victor W. Turner and Edward M. Bruner. Urbana/Chicago: University of Illinois Press, S. 3-30.

Denzin, Norman K. (2007): On Understanding Emotion. New Brunswick: Transaction Publishers.
Friedrichs, Jürgen (1998) (Hrsg.): Die Individualisierungsthese. Opladen: Leske + Budrich.
Gerhards, Jürgen (1988): Soziologie der Emotionen. Fragestellungen, Systematik und Perspektiven. München: Juventa.
Giddens, Anthony (1993) [1992]: Wandel der Intimität. Sexualität. Liebe und Erotik in modernen Gesellschaften. Frankfurt a.M.: Fischer.
Gildemeister, Regina/Wetterer, Angelika (1992): Wie Geschlechter gemacht werden. Die soziale Konstruktion der Zweigeschlechtlichkeit und ihre Reifizierung in der Frauenforschung. In: Knapp, Gudrun-Axeli/Wetterer, Angelika (Hrsg.): Traditionen Brüche. Entwicklungen feministischer Theorie. Freiburg i. Br.: Kore, 201-254.
Fraisse, Geneviève (1995): Geschlecht und Moderne. Archäologien der Gleichberechtigung. Frankfurt a.M.: Fischer.
Frevert, Ute (1986): Frauen-Geschichte. Zwischen Bürgerlicher Verbesserung und Neuer Weiblichkeit. Frankfurt a.M.: Suhrkamp.
Hagemann-White, Carol (1984): Sozialisation: Weiblich – männlich? Opladen: Leske + Budrich.
Hark, Sabine (2005). Dissidente Partizipation. Eine Diskursgeschichte des Feminismus. Frankfurt a.M.: Suhrkamp.
Harré, Rom/Parrott, W. Gerrod (Ed.) (1996): The Emotions: Social, Cultural and Biological Dimensions. London: Sage.
Hausen, Karin (1976): Die Polarisierung der „Geschlechtscharaktere". Eine Spiegelung der Dissoziation von Erwerbs- und Familienleben. In: Conze, Werner (Hrsg.): Sozialgeschichte der Familie in der Neuzeit Europas. Stuttgart: Klett, 367-393.
Illouz, Eva (2003): Der Konsum der Romantik. Liebe und die kulturellen Widersprüche des Kapitalismus. Frankfurt a.M./New York: Campus.
Iványi, Nathalie/Reichertz, Jo (2002): Liebe (wie) im Fernsehen. Eine wissenssoziologische Analyse. Opladen: Leske + Budrich.
Kaufmann, Jean-Claude (1994) [1992]: Schmutzige Wäsche. Zur ehelichen Konstruktion von Alltag. Konstanz: Universitätsverlag.
Lenz, Karl (1998): Soziologie der Zweierbeziehung. Eine Einführung. Opladen/Wiesbaden: Westdeutscher Verlag.
Luhmann, Niklas (1982): Liebe als Passion. Zur Codierung von Intimität. Frankfurt a.M.: Suhrkamp.
Mitterauer, Michael/Sieder, Reinhard (1984): Vom Patriarchat zur Partnerschaft. Zum Strukturwandel der Familie. München: Beck.
Ostner, Ilona/Pieper, Barbara (Hrsg.) (1980): Arbeitsbereich Familie. Umrisse einer Theorie der Privatheit. Frankfurt a.M./New York: Campus
Raven, Charlotte (1995): Love is....isn't it? In: The Modern Review, Februar 1995.
Rerrich, Maria S. (1983): Veränderte Elternschaft. Entwicklungen in der familialen Arbeit mit Kindern seit 1950. In: Soziale Welt, Jg. 34, H. 4, 420-449.
Rerrich, Maria S. (1988): Balanceakt Familie. Zwischen alten Leitbildern und neuen Lebensformen. Freiburg i.Br.: Lambertus.
Rerrich, Maria S. (1990): Ein gleich gutes Leben für alle? Über Ungleichheitserfahrungen im familialen Alltag. In: Berger, Peter A./Hradil, S. (Hrsg.): Lebenslagen, Lebensläufe, Lebensstile (Soziale Welt; Sonderband 7). Göttingen: Schwartz, 189-204.

Rerrich, Maria S. (1994): In: Beck, Ulrich/Beck-Gernsheim, Elisabeth (Hrsg.): Riskante Freiheiten. Individualisierung in modernen Gesellschaften. Frankfurt a.M.: Suhrkamp, 201-218.

Rosenbaum, Heidi (1982): Formen der Familie. Untersuchungen zum Zusammenhang von Familienverhältnissen, Sozialstruktur und sozialem Wandel in der deutschen Gesellschaft des 19. Jahrhunderts. Frankfurt a.M.: Suhrkamp.

Schneider, Werner (1994): Streitende Liebe. Zur Soziologie familialer Konflikte. Opladen: Leske + Budrich.

Schütze, Yvonne (1986): Die gute Mutter. Zur Geschichte des normativen Musters „Mutterliebe". Bielefeld: B. Kleine.

Schützeichel, Rainer (Hrsg.) (2006): Emotionen und Sozialtheorie. Disziplinäre Ansätze. Frankfurt a.M./New York: Campus.

Segalen, Martine (1990): Die Familie. Geschichte, Soziologie, Anthropologie. Frankfurt a.M.: Campus.

Simmel, Georg (1923): Über die Liebe. In: Fragmente und Aufsätze aus dem Nachlass und Veröffentlichungen der letzten Jahre. Hrsg. u. mit einem Vorwort von Dr. Gertrud Kantorowicz. München: Drei Masken Verlag, S. 47-125.

Singly, Francois de (1995): Die Familie der Moderne. Eine soziologische Einführung. Konstanz: Universitätsverlag.

Soeffner, Hans-Georg (2000): Gesellschaft ohne Baldachin. Über die Labilität von Ordnungskonstruktionen. Weilerswist: Velbrück Wissenschaft.

Swidler, Ann (2001): Talk of Love. How Culture Matters. Chicago: University of Chicago Press.

Weber-Kellermann, Ingeborg (1975): Die Deutsche Familie. Versuch einer Sozialgeschichte. Frankfurt a.M.: Suhrkamp.

Heike Kahlert

Demokratie der Gefühle. Strukturierungstheoretische Erkundung des Wandels der Intimität in der Spätmoderne

1 Die reine Beziehung als Idealtyp einer spätmodernen Paarbeziehung

Lisa (38) und Martin (35) sind seit drei Jahren ein Paar. Sie arbeitet nach einem abgeschlossenen Germanistikstudium als freie Journalistin. Die Arbeit macht ihr großen Spaß, sie wird darin anerkannt, und das eigene Geld macht sie unabhängig. Martin hat sein Informatikstudium kurz vor dem Examen abgebrochen und entwickelt in leitender Position die Software in einem großen Pharmaunternehmen. Bevor sich Lisa und Martin kennen lernten, hatten beide verschiedene Beziehungen von kurzer oder auch längerer Dauer: Lisa hatte beispielsweise ein nach eigenen Aussagen „spannendes, bisexuelles Experiment" zu dritt, das ihr dann aber in emotionaler und sexueller Hinsicht nicht mehr „genug" gegeben hat; Martin wurde von seiner letzten Freundin nach fünfjähriger Beziehung verlassen, weil sie ihn emotional „so verschlossen" fand, was er dann zum Anlass nahm, eine mehrjährige und, wie er sagt, „erfolgreiche" Psychotherapie zu machen. Lisa und Martin wünschen sich voneinander eine emotional und sexuell befriedigende Beziehung und schätzen, dass sie miteinander „über alles" reden und sich selbst verwirklichen können. Falls sich das ändern sollte, was ihrer Ansicht nach schade, aber möglich wäre, können sich beide vorstellen, ihre Beziehung zu beenden.

Der britische Soziologe Anthony Giddens hat wohl in erster Linie hoch individualisierte und hoch qualifizierte Individuen in Paarbeziehungen wie Lisa und Martin vor Augen, wenn er die „reine Beziehung" (*pure relationship*) als Idealtyp der spätmodernen Paarbeziehung bezeichnet. Der missverständliche Begriff „rein" beschreibt eine „pure" Beziehung, „eine Beziehung, die man um ihrer selbst willen – also wegen des Vorteils, den die Verbindung mit dem oder den anderen bietet – eingeht und aufrechterhält" (Giddens 1997: 165). Sie basiert auf einem „beweglichen Vertrag', an den beide Seiten appellieren können, wenn Situationen entstanden sind, die als unfair oder belastend empfunden werden" (Giddens 1993: 208) und folgt dem Imperativ freier und offener Kommunikation und Verhandlung zwischen den Beteiligten. Aktives Vertrauen in die Kontinuität des Handelns der bzw. des anderen ist ihre Grundlage.

Nach Giddens kann die reine Beziehung unter bestimmten Bedingungen das beste soziale Umfeld für ein reflexives Projekt des Selbst liefern (Giddens 1993: 153, vgl. 1991). Dieses wird in der Intimität verwirklicht. Intimität sei vor allem eine Sache der emotionalen Kommunikation mit anderen und mit dem Selbst, und zwar in einem Kontext zwischenmenschlicher Gleichberechtigung (Giddens 1993: 145). Die sich seit einiger Zeit im Globalisierungsprozess ausbreitende Ethik der reinen Beziehung und der Idee der partnerschaftlichen Liebe (*confluent love*) bezeichnet der Soziologe als „Teil einer tiefgreifenden Neustrukturierung der Intimität" (Giddens 1993: 69), die er als emotionale Revolution der Moderne beschreibt. Der von ihm nachgezeichnete Wandel vom Leitbild der romantischen zur partnerschaftlichen Liebe muss dabei seiner Ansicht nach im Zusammenwirken mit Veränderungen der Sexualität und des Geschlechterverhältnisses analysiert werden, die er als „revolutionäre [ ] Faktoren" (Giddens 1993: 183) im Modernisierungsprozess ansieht.

Giddens' Ausführungen zu Liebe, Geschlechterverhältnis und Sexualität sind folglich weit über mikrosoziologische Fragestellungen, etwa aus dem Bereich der Familien- und/oder Emotionssoziologie, hinaus von Relevanz für die sich als „allgemein" verstehende soziologische Theoriebildung und Zeitdiagnose. Insofern ist die Liebe in seiner Theorie auch nur ein – inhaltlich vergleichsweise leerer (Nord 2001: 338) – Faktor von vielen anderen.

2 Das soziologische Potenzial der Strukturierungstheorie

Giddens bereichert das Spektrum der „großen" soziologischen Theorien um die Sozialtheorie der Strukturierung (vgl. 1995a), die unter Rückgriff auf die Dekonstruktion Jacques Derridas (z.B. 1990) die Untrennbarkeit von Handeln und Struktur behauptet und beide Seiten der etablierten Dualität aufeinander bezieht. Gesellschaftliche Strukturzusammenhänge werden demnach im und durch Handeln aktiv produziert und gleichzeitig reproduziert (oder können in bestimmten Konstellationen auch im und durch Handeln verändert werden).

In seinen Studien fokussiert Giddens wesentlich auf die institutionellen Dimensionen der Moderne und ihre Institutionen: vor allem den Kapitalismus, z.B. in Gestalt der Marktwirtschaft, und die Überwachung, z.B. in Gestalt des modernen Nationalstaats, aber auch auf den Industrialismus und die militärische Macht (vgl. Giddens 1996a). Er sieht die Moderne als eine in sich zeitlich strukturierte Episode der „Geschichte" an (Giddens 1995a: 300-302), in der sich der Prozess der sozialen Reproduktion der Institutionen jederzeit wandeln kann (Giddens 1995b: 166). Dieser Wandel, von Giddens auch als Diskontinuität in der sozialen Reproduktion begriffen, erscheint im Nachhinein als Unterschied zwischen Gegenwart und Vergangenheit. In seiner Analyse der zeitlichen Strukturierung der Moderne unterscheidet er zwischen der frühen und der hohen bzw. späten Moderne. Der Übergang zwischen den beiden Phasen ist seiner Ansicht nach markiert durch einen Wandel in der Dynamik der Moderne, deren wichtigste Elemente er als Trennung und Neuverbindung von Raum und Zeit, Entbettung und Rückbettung sozialer Beziehungen aus ortsgebundenen Interaktionszusammenhängen und institutionelle Reflexivität beschreibt. Beschleunigung und Globalisierung sind die wesentlichen Merkmale des Wandels (Giddens 1996a).

Der einfachste Modus der sozialen Reproduktion ist nach Giddens die Tradition, die eine Form der zeitlichen Strukturierung der Moderne darstellt (Giddens 1995b: 153). Die für seine Sozialtheorie ebenfalls bedeutsame, in der Spätmoderne um sich greifende Enttraditionalisierung meint einen „Einfluß, der darauf gerichtet ist, den selbstverständlichen Charakter alltäglicher Interaktion zu konterkarieren" (Giddens 1995b: 178) und dabei die traditionellen Praktiken aufweicht, in Frage stellt oder durch andere ersetzt. Tradition und Enttraditionalisierung sind, gemäß der Idee der zeitlichen Strukturierung, von Menschen gemacht:

> „Das Weiterbestehen und die Neuschöpfung von Traditionen waren in den westlichen Gesellschaften von zentraler Bedeutung für die Herrschaftslegitimation, weil sie dem Staat die Machtausübung über relativ passive ‚Untertanen' ermöglichte. Denn die Tradition schirmte einige Kernbereiche des sozialen Lebens – die Familie und die Geschlechtsidentität – ab, so daß die sich radikalisierende Aufklärung sie weitgehend unberührt ließ." (Giddens 1996b: 113f.)

Unter Rückgriff auf die von Max Weber (1988 [1920]) herausgearbeitete protestantische Ethik versteht Giddens die (frühe) „Moderne als Zwangshandeln" (Giddens 1996b: 135). Bezogen auf die gegenwärtige späte Moderne beobachtet er hingegen, dass Zwangshandeln sukzessiv durch demokratische Strukturen ersetzt wird – ausgehend vom Privaten mit Wirkung auf das Öffentliche –, wenngleich er auch Gegenbewegungen ausmacht. Der Demokratisierungsprozess wird seinen Analysen zufolge aktiv vor allem von den Frauenbewegungen, aber auch von den Lesben- und Schwulenbewegungen vorangetrieben, die nicht nur im Rahmen von Emanzipationspolitik Gleichberechtigung für bisher qua Geschlecht und/oder sexueller Orientierung Diskriminierte fordern, sondern auch im Rahmen der in den 1960er Jahren entstandenen Politik der Lebensführung (*life politics*) für eine Demokratisierung des Alltags, beispielsweise hinsichtlich der Identität, der Liebe, der Lebens- und Beziehungsformen, der Geschlechtlichkeit und der Sexualität, eintreten.

Diese Ausführungen verdeutlichen, dass strukturierungstheoretische, modernisierungstheoretische und zeitdiagnostische Arbeiten bei Giddens eng miteinander verknüpft sind. Im Einklang mit Positionen der Frauen- und Geschlechterforschung interpretiert Giddens den Wandel der Geschlechterverhältnisse als Motor und Effekt des sozialen Wandels. Dabei geht er wesentlich auf Enttraditionalisierungsprozesse in den privaten Beziehungen und in der zugehörigen Liebesform ein, hat aber auch Wandlungsprozesse im öffentlichen Raum des Marktes und des Politischen im Blick. Diese empirisch informierte genderkompetente Sichtweise findet sich vor allem in seinen zeitdiagnostischen Arbeiten (v.a. Giddens 1991, 1993, 1997). Sie spiegelt sich jedoch nicht in den Grundzügen der Strukturierungstheorie und in seinen modernisierungstheoretischen Studien wider. Während Giddens noch darüber reflektiert, ob „Geschlecht" als eine „allgemeine Kategorie" (*general category*) in die soziologische Theoriebildung eingebaut werden sollte (Giddens 2001b: 667), liegen bereits Vorschläge von der Frauen- und Geschlechterforschung verbundenen Soziologinnen und Soziologen vor, wie die Kategorie Geschlecht in seine Sozialtheorie und Methodologie integriert werden kann (vgl. Connell 1987; Wolffensperger 1991; Davis 1991; Kahlert 2005, 2006a). Vor diesem Hintergrund wird hier Giddens' Beitrag zu einer Soziologie der Liebe eng mit seinen Analysen zum Wandel der Geschlechterverhältnisse und der Sexualität in der Moderne verknüpft.

3 Die Ethik der romantischen Liebe

Mit der Herausbildung der Moderne entwickelte sich eine neue ökonomische, soziale, emotionale und psychosexuelle Ordnung der Zwanghaftigkeit, die nach Giddens von Anfang an geschlechtlich orientiert war und eine vielschichtige „Kluft" zwischen den Geschlechtern (Giddens 1993: 71) hervorbrachte. Diesbezüglich waren das ausgehende 18. und das 19. Jahrhundert durch eine Gleichzeitigkeit von Tradition (bzw. Stabilität) der Geschlechterdifferenzierung und Moderne (bzw. Wandel) geprägt: Traditionale Formen der Geschlechterdifferenzierung und der männlichen Herrschaft seien durch die Entstehung neuer Traditionen so angepasst und verschärft worden, „daß die Frauen fest ans Haus gebunden, die Trennungen zwischen den Geschlechterrollen verstärkt und gewisse Vorschriften für ‚normales' sexuelles Verhalten stabilisiert wurden" (Giddens 1997: 24, vgl. 123). Die entstehende bürgerliche Gesellschaftsordnung wurde ideologisch in eine männlich codierte Öffentlichkeit des Erwerbslebens und eine weiblich codierte Privatheit des Familienlebens aufgeteilt. Der entstehende Kapitalismus spaltete nämlich unter Berufung auf die als außerhalb der Gesellschaft stehende „Natur" strikt zwischen dem Leben von Männern und Frauen und wies ihnen je spezifische Rollen zu: Männer sollten gemäß der protestantischen Ethik bezahlter (Erwerbs-)Arbeit nachgehen und die Rolle des Familienernährers erfüllen, Frauen hingegen sollten die Haus- und generationenübergreifende, auch emotionale Sorgearbeit in der Familie übernehmen. Die Haus- und Sorgearbeit der Frauen „aus Liebe" erlangte für den Kapitalismus die gleiche, wenn auch nicht als solche anerkannte Bedeutung wie die Erwerbsarbeit der Männer, denn die männliche Öffentlichkeit des Marktes konnte nur auf der Basis einer weiblichen „Schattenwirtschaft" im Privaten funktionieren, in der rein ökonomische

Werte gering geschätzt und abgelehnt wurden (Giddens 1997: 239). Diese Kluft zwischen den Geschlechtern drückte sich nach Giddens auch in einer ideologisch hervorgebrachten „Polarisierung der Geschlechtscharaktere" (Hausen 1976: 363) aus, in der die Entstehung der romantischen Liebe und ein spezifischer Umgang mit der Geschlechtlichkeit und der Sexualität bedeutsam waren.

Die mit dem frühen Kapitalismus im Bürgertum begründete Vorstellung von der romantischen Liebe trat nunmehr neben die kulturell universellere leidenschaftliche Liebe (*amour passion*) und weitete sich in ihrem Leitbildcharakter zügig auf andere Sozialschichten aus. Leidenschaftliche Liebe ist dringlich und überlagert Alltägliches. Sie bedeutet eine Verzauberung, die in ihrer Hingabe religiöse Züge annehmen kann, und entwurzelt das Individuum aus dem Irdischen (Giddens 1993: 48f). Die romantische Liebe muss nach Giddens klar von der leidenschaftlichen Liebe unterschieden werden, wenngleich sie einige ihrer Elemente integriert. Sie ist unter anderem gekennzeichnet durch eine dauernde Bindung an das Liebesobjekt und spontane Anziehung (Liebe „auf den ersten Blick"), und sie geht einher mit der Idee einer Lebensgeschichte des Individuums. Dabei fixiert sie sich auf das Liebesobjekt und idealisiert es, und sie projektiert eine langfristige (gemeinsame) Lebensperspektive, die sich auf eine zwar absehbare, aber nicht näher bestimmbare Zukunft richtet. Die Zuneigung hat dabei Vorrang vor dem sexuellen Begehren. Neu in den Anfängen der Moderne ist auch, dass Liebe mit Freiheit und Selbstverwirklichung verknüpft wird. Zusammen mit dem sich entwickelnden gefühlsbetonten Individualismus war das Aufkommen der romantischen Liebe folglich für Veränderungen zentral, die das intime Leben betreffen.

Romantische Liebe wird Giddens zufolge immer in Geschlechterkategorien diskutiert und ist „im wesentlichen feminisierte Liebe" (Giddens 1993: 54), denn ihre Pflege gilt in der (früh)modernen geschlechtlichen Arbeits- und Sphärenteilung als ausschließliche Aufgabe der Frauen. Zu den Neuerungen des ausgehenden 18. und des 19. Jahrhunderts gehörte auch die Erfindung und Idealisierung der Mutterschaft: Diese bildete in Koppelung mit der nunmehr ebenfalls erfundenen Weiblichkeit die so genannte weibliche Identität. Unter Bezugnahme auf die „Natur" der Frau wurden aus ihrer Gebärfähigkeit spezifische Eigenschaften und ein spezifischer mütterlich-weiblicher Geschlechtscharakter abgeleitet. Zugleich entstand mit der Erfindung der Mutterschaft klassenunabhängig die Vorstellung einer gleichberechtigteren Kindererziehung, in der dem Kind mehr Autonomie zugestanden wurde. An die Stelle der bis dahin geltenden patriarchalischen Autorität des „ganzen Hauses" trat in der entstehenden bürgerlichen Kleinfamilie die mütterliche Liebe. Die damit begründete Dominanz der Mutter(liebe) in der Familie zieht nach Giddens bis heute weitgehende psychische und geschlechtlich unterschiedliche Konsequenzen für beide Geschlechter nach sich (Giddens 1993: 145).

Bezogen auf die Machtverteilung zwischen den Geschlechtern ist die romantische Liebe asymmetrisch, obwohl sie gleichberechtigte Aspekte enthält (Giddens

1993: 73): Vorstellungen über sie sind verknüpft mit der Unterordnung der Frauen im Haushalt und ihrer relativen Absonderung von der Außenwelt, während die Männer wiederum emotional von den Frauen und ihrer Sorgearbeit abhängig und aus der Entwicklung der Intimität in der romantischen Liebe ausgeschlossen sind. Sie konnten als Familienernährer nur dadurch erfolgreich sein, dass sie sich von der entstehenden Intimsphäre fernhielten und den Frauen die Zuständigkeit für Gefühle überließen. Die sich dadurch entwickelnde emotionale Abhängigkeit von den Frauen wurde von ihnen in der geschlechterdifferenzierten Ordnung der Gefühle nicht erkannt, geschweige denn problematisiert.

Diese Rollenverteilung stärkte nach Giddens in ökonomischer und sozialer Hinsicht das Patriarchat. In emotionaler Hinsicht wurde durch die skizzierten Entwicklungen einerseits „eine schizophrene Männlichkeit" hervorgebracht: „Wir können, stark vereinfacht, sagen, daß die Männer von ihren Emotionen abgeschnitten wurden – was beträchtliche negative Konsequenzen für sie wie für die Frauen zeitigte: Die Frauen wurden zu ‚Spezialistinnen der Liebe', die Männer, sieht man von gelegentlichen romantischen Anwandlungen ab, sprachen überhaupt nicht mehr von Liebe" (Giddens 1996c: 333f). Zumindest auf der Oberfläche blieben Männer nach Giddens der Idee der leidenschaftlichen Liebe verhaftet und galten nur im Hinblick auf Verführungs- und Eroberungstechniken tendenziell als „Spezialisten der Liebe" (Giddens 1993: 71). Die entstehende Spannung zur romantischen Liebe entschärften sie durch die innere Trennung zwischen der bequemen und emotional (ver)sorgenden häuslichen Umgebung in Verantwortung der Ehefrau und der (episodischen, aber unpersönlichen) Sexualität mit einer Geliebten oder Prostituierten, die freilich gesellschaftlich als „unrein" galten. „Reine" Frauen hingegen konnten ihre Sexualität nur gekoppelt mit Fortpflanzung in rechtlich legitimierten (Ehe-)Beziehungen ausleben.

Giddens sieht in der sich in der Moderne ausweitenden Verbreitung der romantischen Liebe andererseits auch einen Ausdruck der Macht der Frauen, ein Paradox von Autonomie inmitten der Einschränkung (Giddens 1993: 54). Die romantische Liebe sei immer ein Stück Protest gegen die Komplizenschaft der Frauen hinsichtlich der versteckten emotionalen Abhängigkeit der Männer gewesen, auch wenn sie diese in bestimmter Hinsicht unterstützt habe (Giddens 1993: 132). Die romantische Liebe enthält also ein lange nicht wahrgenommenes subversives Moment der Freisetzung aus traditionalen (Abhängigkeits-)Bindungen: Die Frauen hätten das Wesen der Liebe intuitiv als Hoffnung im und Verweigerung gegen den Alltag verstanden, das private Leben als Entwurf einer Zukunft und Konstruktion einer eigenen Identität zu organisieren (vgl. Giddens 1993: 71). Die Verschmelzung der Ideale der romantischen Liebe und der Mutterschaft in der weiblichen Identität habe ihnen nämlich erlaubt, neue Bereiche der Intimität zu entwickeln, in denen sie sich unabhängig von Klassenschranken auf der Basis persönlicher und sozialer Gleichheit treffen, intensive Frauenfreundschaften entwickeln und sich aktiv und radikal mit der „Männlichkeit" der modernen Gesellschaft auseinander setzen konnten (Giddens 1993: 55). Männer konnten hingegen aufgrund ihrer anderen, bezogen auf die rationale Sphäre des Marktes und der (Erwerbs-)Arbeit gebildeten Identität keine entsprechenden intimen Sozialformen entwickeln. Sie verarmten emotional: „(...) das männliche Geschlecht hat hier einen grundlegenden Trend in der modernen Entwicklung verkannt. Männer suchten ihre Identität in der Arbeit, und sie scheiterten – wir müssen hinzufügen: im großen und ganzen –, weil sie nicht verstanden haben, daß das reflexive Projekt des Selbst eine emotionale Rekonstruktion der Vergangenheit erfordert, um einen kohärenten Entwurf für die Zukunft zu entwickeln" (Giddens 1993: 71f). Giddens schlussfolgert, dass Männer in emotionaler Hinsicht „Nachzügler" der Moderne sind (Giddens 1993: 70), was seiner Ansicht nach bis heute Auswirkungen auf die zwischenmenschlichen Beziehungen und die gesellschaftliche Entwicklung hat.

Geschlechtlichkeit selbst galt in dieser ökonomischen, sozialen und emotionalen Ordnung als Bestandteil der Natur und der Tradition und stellte daher kein Problem dar. Unter Berufung auf die distributive Macht der Arbeitsteilung zwischen Frauen und Männern und die generative Macht der „Natur" der Fortpflanzung war die geschlechtliche Identität der Individuen primär heterosexuell ausgerichtet. Abgesichert wurde diese Ordnung durch die Leitbilder der (selbstverständlich zweigeschlechtlichen) Lebensformen der bürgerlichen Ehe bzw. Kleinfamilie. Die im 19. Jahrhundert aufkommende politische Regelung der Familiengröße durch Geburtenkontrolle stellte nach Giddens nicht nur eine Form der repressiv auf die Sexualität der Individuen einwirkenden Biomacht und Biopolitik des Staates dar, wie Foucault (1983) betont, sondern ermöglichte auch eine Entwicklung, in der die Sexualität von der Fortpflanzung entkoppelt wurde. Durch diesen tiefen biopolitischen Einschnitt des Staates in das private Leben der Individuen ist nach Giddens Sexualität für Frauen und in gewissem Maß auch für Männer beeinflussbar geworden.

In diesem Prozess wandelte sich die Gestaltung der Sexualität von einer vermeintlich äußerlichen Natur zu ihrer autonomen Vergesellschaftung. Sexualität gilt nunmehr als „potenzielles" Eigentum des Individuums, ist zu einem Mittel geworden, um Beziehungen zu anderen auf der Basis der Intimität herzustellen, und kann dabei unterschiedliche, individuell zu gestaltende Formen annehmen. Diese Entwicklung hatte für Frauen und Männer unterschiedliche Konsequenzen: Während die weibliche Sexualität nunmehr unabhängig von der Generativität gelebt werden kann und ihren problematischen Charakter verliert, ist die Annahme von der unproblematischen männlichen Sexualität fragwürdig geworden: „Zumindest in der westlichen Kultur fühlen sich die Männer heutzutage zum ersten Mal *wirklich* als Männer, was bedeutet, daß sie ein Bewußtsein von ihrer problematischen ‚Männlichkeit' haben." (Giddens 1993: 70, Herv.i.O.) Historisch etablierte männliche Muster des Umgangs mit Sexualität und Intimität greifen nämlich nicht mehr, denn das romantische Liebesideal hat seit den 1960er Jahren insbesondere bei den Frauen an identitätsstiftender Wirkungsmacht verloren. Traditionelle Vorstellungen von Geschlechterrollen, „Männlichkeit" und „Weiblichkeit" und damit verknüpfte Handlungsweisen würden seitdem von feministischen Bewegungen in Frage gestellt (vgl. Giddens 1996b: 191). Damit steht auch die vermeintlich natürliche zweigeschlechtliche und heterosexuelle Orientierung zur Disposition.

4 Die Ethik der partnerschaftlichen Liebe

Lisa und Martin wissen wahrscheinlich nichts von der historischen Hypothek der geschlechterdifferenzierenden modernen Intimität, die sie geerbt haben und in ihrer Beziehung auf individuell miteinander auszuhandelnde Weise tilgen müssen: Die Liebe ist zur „(Beziehungs-)Arbeit" geworden und bedarf, beispielsweise im Fall Martins, der psychotherapeutischen Unterstützung. Sozialisiert im ausgehenden 20. und frühen 21. Jahrhundert unter dem Einfluss des kulturellen Leitbilds der sexuellen und emotionalen Gleichberechtigung der Geschlechter bei ihrer real fortbestehenden sozialen Ungleichheit wollen Lisa und Martin ihre Beziehung partnerschaftlich gestalten und dabei sich selbst und ihre Vorstellungen von individualisierter Lebensführung und befriedigender Sexualität – wenn möglich gemeinsam und „so lange es gut geht" – verwirklichen. Für sie steht, gemäß der von ihnen gelebten partnerschaftlichen Liebe, die Qualität der Beziehung und des Austausches im Vordergrund (Giddens 1993: 112; vgl. 1997: 167). Diese so bereits eingangs als reine Beziehung gekennzeichnete Partnerschaft ist im Spannungsverhältnis zur romantischen Liebe und dem damit verbundenen Geschlechterverhältnis.

Als „aktive, kontingente Liebe" (Giddens 1993: 73) ist die partnerschaftliche Liebe nicht vereinbar mit romantischen Formulierungen. Ihre Vorbedingung ist, dass der bzw. die andere als unabhängig begriffen und aufgrund ihrer oder seiner besonderen Eigenschaften geliebt werden kann. Dies impliziert, „sich selbst dem anderen gegenüber zu öffnen" (Giddens 1993: 72), aber auch, „persönliche Grenzen zu definieren" (Giddens 1993: 106). Die partnerschaftliche Liebe erfordert also eine voneinander autonome Beziehung der Beteiligten, die von Machtbalance und Gleichberechtigung im emotionalen Geben und Nehmen gekennzeichnet ist, und sie beruht auf Intimität: „Wenn solch eine Liebe nicht erreicht wird, kann das Individuum jederzeit gehen." (Giddens 1993: 97) Da in der partnerschaftlichen Liebe und der reinen Beziehung alles verhandelbar ist und ausgehandelt werden muss, ist sie nicht notwendigerweise rechtlich als Ehe legitimiert und/oder monogam. Für Lisa und Martin scheint klar, dass sie in ihrer Beziehung monogam leben, über eine eventuelle Eheschließung haben sie noch nicht nachgedacht.

Die partnerschaftliche Liebe ist unabhängig von ihrer rechtlichen Legitimation in der Ehe. Die Ehe tendiert nach Giddens zunehmend zur reinen Beziehung und wird so zum öffentlichen Symbol dieser Beziehung. „Dadurch wird die Ehe aber nicht bedeutungslos, denn ihr symbolischer Charakter kann sozial wichtig sein und hat rechtlich bindende Form. Ihr ‚Erfolg' wird jedoch in immer höherem Maße abhängig von Kriterien, die die gleichen sind wie bei Menschen, die ohne Eheschließung zusammenleben, d.h., er wird abhängig von der Vereinbarkeit innerhalb einer für beide Seiten vorteilhaften Beziehung." (Giddens 1997: 166, vgl. 1993: 69) Neben der partnerschaftlichen Ehe in Gestalt der reinen Beziehung findet sich in der Spätmoderne u.a. noch die Paarbeziehungsform der kameradschaftlichen Ehe, in der sich die Partner wechselseitig sympathisch seien, freundschaftlich zusammenlebten, bei geringer sexueller Anziehung und einem gewissen Grad an Gleichberechtigung. Auch die auf romantischer Liebe beruhende Ehe hat weiterhin als Lebensstiloption Bestand. Zur Verbreitung der einzelnen Lebensstile macht Giddens keine Aussagen.

Wie die Wahl der Lebensform und des Partners bzw. der Partnerin wird nach Giddens in der Spätmoderne die Frage der Geschlechtlichkeit und der sexuellen Orientierung zu einem individuell aktiv zu gestaltenden Projekt; er spricht in diesem Zusammenhang auch von „modellierbarer Sexualität" (Giddens 1993: z.B. 38). Geschlecht wie Sexualität seien zu einem Bestandteil des zu wählenden und ggf. mit dem Partner bzw. der Partnerin auszuhandelnden Lebensstils geworden. Lisa und Martin haben sich dieses Mal entschieden, miteinander eine heterosexuelle Beziehung einzugehen, Lisa hat auch gleichgeschlechtliche Beziehungserfahrungen. Vor dem Hintergrund der durch die Trennung von Fortpflanzung und Sexualität eingeleiteten Denaturalisierung von Geschlecht macht Giddens perspektivisch einen Bedeutungsschwund der Heterosexualität aus: Noch seien wir nicht in dem Stadium, in dem Heterosexualität wie jede andere Vorliebe auch betrachtet werde, aber dies werde eine Folge der Vergesellschaftung der Reproduktion sein (Giddens 1993: 45). Denn da die Anatomie aufgehört habe, Schicksal zu sein, werde die sexuelle Identität immer mehr eine Sache des Lebensstils. Geschlechtsunterschiede würden zumindest für die nächste Zukunft weiterhin mit dem Mechanismus der Fortpflanzung der Gattung verbunden bleiben; aber es gäbe für sie keinen guten Grund mehr, einem klaren Bruch im Verhalten und in den Haltungen zu entsprechen (Giddens 1993: 215f.). Sowohl männliche als auch weibliche homosexuelle Beziehungen seien Beispiele für Beziehungen, die ganz von der Fortpflanzung befreit seien (Giddens 1993: 157). Dies schließt jedoch keineswegs eine Familiengründung aus.

Die Ethik der beispielsweise von Lisa und Martin gelebten sexuellen und emotionalen Gleichberechtigung der Geschlechter ist historisch neu und Folge der von Frauen ausgelösten emotionalen und sexuellen Revolution in den späten 1960er Jahren. Nach Giddens (er)fordert diese Ethik bei Frauen und bei Männern „fundamentale Änderungen in ihren Standpunkten und in ihrem Verhalten zueinander"

(Giddens 1993: 16), denn schließlich geht es um nichts Geringeres als darum, die historisch konstituierte und tradierte Zwangsherrschaft im Geschlechterverhältnis in eine Form gleichberechtigter Kommunikation zu überführen (Giddens 1993: 206). In seinen zeitdiagnostischen Studien problematisiert der Soziologe vor allem den Umgang der Männer mit den neuen Herausforderungen der Frauen, denn die historisch zum ersten Mal „in die Defensive gedrängte Männlichkeit" spielt seiner Ansicht nach für den Modernisierungsprozess „eine Schlüsselrolle. Die Grundfrage lautet hier nicht, ob die Männer in der Lage sein werden, unbegrenzt an ihren wirtschaftlichen Privilegien festzuhalten, sondern ob es ihnen gelingt, mit Männlichkeitsidealen zu brechen, die an Leistung im Bereich der Öffentlichkeit, der Berufstätigkeit oder sonstigen Tätigkeiten gebunden sind" (Giddens 1997: 234). Der Strukturierungstheoretiker beobachtet, dass viele, vielleicht die meisten Männer es immer noch unangemessen und bedrohlich fänden, wenn Frauen sich ihnen gegenüber so verhielten, wie sie sich normalerweise Frauen gegenüber verhielten (Giddens 1993: 82). Je mehr Frauen auf eine Ethik der partnerschaftlichen Liebe drängten, desto unhaltbarer werde die männliche emotionale Abhängigkeit; und desto schwieriger möge es für viele Männer sein, mit der moralischen Blöße, die dies impliziere, umzugehen (Giddens 1993: 132).

Giddens sieht zudem, dass Gleichberechtigung auch eine ökonomische und soziale Dimension hat, die nach wie vor nicht unbedingt mit der emotionalen und sexuellen Ethik korrespondiert: „Wirtschaftliche Armut der Frauen, emotionale Armut der Männer, sind wir an diesem Punkt im Spiel der Geschlechterbeziehungen angelangt?" (Giddens 1993: 163f) Nüchtern stellt er fest, dass die Versorgung der Kinder und die Hausarbeit angesichts der Macht der ökonomischen und sozialen Zwänge nach wie vor Frauensache seien, und dass Männer noch immer den sozialen Rahmen kontrollierten: „Das Patriarchat bleibt in der sozialen und ökonomischen Ordnung verwurzelt" (Giddens 1993: 171). Die von Frauen in Gang gesetzte Demokratisierung des Alltags impliziert jedoch, dass sie die geschlechtliche Arbeitsteilung nicht mehr fraglos hinnehmen: „Allenthalben werden die Männer von den Frauen dazu gedrängt, eine andere Teilung zwischen bezahlter Berufstätigkeit und Hausarbeit vorzunehmen." (Giddens 1997: 332)

Und auch im öffentlichen Bereich sind frauenemanzipatorische Forderungen nach Gleichberechtigung nicht mehr wegzudenken. Giddens zeigt, dass und wie die Ansprüche von Frauen auf eine selbstbestimmte und unabhängige Lebensführung durch ihr weit verbreitetes Eintreten in den Bereich der bezahlten Berufstätigkeit zur sukzessiven Infragestellung der zentralen Rolle des Berufs im Verhältnis zu anderen Werten des Lebens, aber auch der Industriearbeit und des auf dem romantischen Liebesideal und der damit verbundenen bürgerlichen Kleinfamilie basierenden Sozialstaats beitragen (Giddens 1997: 133f., 192f., 229). Der Charakter und das Verständnis von Arbeit sowie die geschlechtliche Arbeitsteilung im Privaten und Öffentlichen sind also zwischen den Geschlechtern zu einem Verhandlungsgegenstand der Politik der Lebensführung geworden. In diesen Verhandlungen wird nicht selten die Verwirklichung von Gleichheit in der einzelnen Paarbeziehung dadurch zu erreichen versucht, dass anderweitig soziale Ungleichheit verstärkt wird, beispielsweise durch die Delegation der Haus- und Sorgearbeit an Arbeitsmigrantinnen (vgl. z.B. Lutz 2006). Die Verhandlung zwischen Frauen und Männern ist jedoch nur eine Möglichkeit im Umgang mit dem augenscheinlichen Konflikt zwischen den Geschlechtern.

Neben der Möglichkeit des Dialogs und Diskurses arbeitet Giddens drei weitere zeitgenössische Umgangsweisen mit dem Geschlechterkonflikt heraus (Giddens 1996b: 190): die Verankerung in Traditionen, den Rückzug vom feindlichen Anderen oder Zwang und Gewalt. Seiner Ansicht nach greift die erste Möglichkeit in der entstehenden posttraditionalen Gesellschaft immer weniger, denn die traditionale Einteilung von männlich und weiblich einschließlich der intimsten Beziehungen zwischen Geschlechtszugehörigkeit, Sexualität und persönlicher Identität würde zunehmend öffentlich in Frage gestellt. Damit würden ihre diskursive Rechtfertigung gefordert und Machtunterschiede hinterfragt (Giddens 1996b: 191f.). Giddens hält es für unwahrscheinlich, dass Frauen (und Kinder) auf inzwischen erworbene Rechte verzichten werden, und zwar auf Rechte, die im Fall der Frauen mit deren weit verbreiteter Einbeziehung in die Welt der Lohnarbeit einhergingen (Giddens 1997: 34). Vom Prinzip der Gleichheit zwischen den Geschlechtern kann es seiner Ansicht nach kein Zurück mehr geben (Giddens 2001a: 111). Zugespitzt heißt diese Einschätzung auch, dass die romantische Liebe nach Giddens ein historisches Auslaufmodell ist.

Eine andere, sozial praktizierte Reaktionsmöglichkeit auf den damit verbundenen Konflikt ist der Rückzug der Geschlechter voneinander. Dieser nimmt unterschiedliche Formen an, die sich, wie Giddens beobachtet, in steigenden Trennungen und Ehescheidungen ausdrückten, aber auch die Wahl anderer Lebensstiloptionen wie Alleinleben und gleichgeschlechtliche Beziehungen, insbesondere in Gestalt männlicher Homosexualität, förderten. Wenn traditionale Beziehungsformen aufrechterhalten würden, handelte es sich um die Reaktionsmöglichkeit der potenziellen oder tatsächlichen Gewalt, die von Männern gegenüber Frauen, aber auch innerhalb der Geschlechter und generationenübergreifend ausgeübt würde. Giddens erkennt hierin einen „Geschlechterfundamentalismus" (Giddens 1997: 79, vgl. 1996c: 326), der von einer Kommunikationsverweigerung unter sozialen Bedingungen herrühre, in denen patriarchalische Traditionen herausgefordert würden: „Ein Großteil der männlichen Gewalt rührt (...) nun eher aus Unsicherheit und Unzulänglichkeit denn aus nahtloser Kontinuität der patriarchalischen Dominanz. Gewalt ist eine zerstörerische Reaktion auf den Verfall der Komplizenschaft der Frauen." (Giddens 1993: 137) Sie folge daraus, dass die von den Frauen ausgehende Herausforderung des Patriarchats zum Teil Erfolg gehabt habe (Giddens 1997: 320).

Giddens hält diese drei Umgangsweisen mit dem Geschlechterkonflikt – Rückgriff auf überkommene Traditionen, Rückzug voneinander und Gewalt (vor allem gegen Frauen) – für nicht zeitgemäß. Er favorisiert den (partnerschaftlichen) Dialog und den Diskurs bei der Verhandlung eines „neuen Abkommen[s] zwischen den Geschlechtern" (Giddens 1997: 257, 265), das Gleichheit und Gerechtigkeit zwischen den Geschlechtern in der privaten und öffentlichen Sphäre garantiert. Eine solche Welt, in der die Männer den wirtschaftlichen Erfolg nicht mehr in der gleichen Weise schätzten wie früher und in der sie sich mehr der (partnerschaftlichen) Liebe und der emotionalen Verständigung widmeten, sähe in Giddens' sozialkritischer Realutopie „ganz anders" aus als die Welt von heute (Giddens 1997: 263). Der Soziologe hält die Entstehung einer solchen Welt grundsätzlich für möglich, sofern sich vorhandene demokratische Tendenzen verstärken. Auch Geschlecht könnte in dieser Welt „ganz anders" organisiert sein als heutzutage: Nach Giddens denkbar wird, dass Geschlecht in einer verwirklichten dialogischen Demokratie seine ungleichheitsstrukturierende, heteronormative Wirkung verliert.

5 Die emotionale Revolution als Beitrag zur sozialen Revolution

Giddens' Studien zum revolutionären Wandel der Intimität beziehen sich vordergründig wesentlich auf Sexualität, Liebe und Geschlechtsidentität. Sie bleiben aber nicht darauf begrenzt, sondern verstehen den analysierten Wandel im Privaten als „einen fundamentalen Bruch in der generellen Ethik der persönlichen Lebensgestaltung" (Giddens 1993: 109), in der Kommunikation eine wesentliche Grundlage darstellt und die emotionale Erfüllung Vorrang vor der Maximierung ökonomischen Wachstums bekommt. Die reine Beziehung als Kern dieser Ethik setzt nämlich unweigerlich den Dialog voraus und wird getragen durch die offene Erörterung von „Verfahrensfragen", also Fragen der gegenseitigen Anteilnahme und Verantwortung. Giddens beobachtet „eine eindeutige und klare Symmetrie zwischen der Möglichkeit einer ‚Demokratie der Gefühle' auf der Ebene des persönlichen Lebens und dem Potential an Demokratie auf der Ebene der globalen Ordnung" (Giddens 1996b: 193). Der Wandel der Intimität rufe „nach psychischer wie gesellschaftlicher Veränderung" (Giddens 1993: 197): Die Umgestaltung der zwischenmenschlichen Beziehungen und des reflexiven Verhältnisses zu sich selbst einschließlich der Liebes- und Lebensformen, Sexualität und Geschlechtlichkeit im Privaten korrespondiere mit dem Wandel des (Erwerbs-)Arbeitsverständnisses weg vom Zwangshandeln und vom Verständnis von Beruf als Schicksal zusammen mit einer steigenden Partizipation der Frauen an der Öffentlichkeit und in der Lohnarbeit (Giddens 1996c: 333f). Perspektivisch könnte so, nach Giddens, ausgehend von der emotionalen Revolution im Privaten mittels institutionellem und strukturellem Wandel, eine gesellschaftliche Nachknappheitsordnung entstehen, in der die Demokratisierung Vorrang vor der Ökonomisierung hat (vgl. zu dieser Vision zusammenfassend Kahlert 2006b).

Die strukturierungstheoretische Perspektive auf den Wandel der Intimität in der Spätmoderne ermöglicht es also, ausgehend vom Beispiel der Paarbeziehung von Lisa und Martin aufzuzeigen, wie sich die von beiden gewählte Liebes- und Lebensform und ihre sexuelle Orientierung mit allen damit verbundenen Konflikten und deren Bewältigungsmustern hinsichtlich der Ausgestaltung von emotionaler, sexueller, ökonomischer und sozialer Gleichberechtigung in der kapitalistischen Wirtschaftsform historisch herausgebildet hat. Die von Lisa und Martin an sich selbst und an den bzw. die andere gerichteten Erwartungen, Wünsche und Hoffnungen nach Selbstverwirklichung und die damit verbundenen Ängste und (Un-)Möglichkeiten erscheinen so institutionell bedingt raum-zeitlich und geschlechterdifferenzierend konstituiert. Deutlich wird in dieser hier nur skizzenhaft und das Giddens'sche Theoriegebäude unvollständig nutzend vorgeführten Analyse darüber hinaus auch, welches Potenzial zur gesellschaftlichen Veränderung in der Verschränkung von alltäglichen sozialen Praktiken der Liebes- und Lebensformen mit der herrschenden Geschlechter-, Wirtschafts- und Gesellschaftsordnung enthalten ist. Schließlich reagieren Lisa und Martin nicht nur auf institutionelle Bedingungen der Spätmoderne, sondern produzieren und reproduzieren diese Bedingungen auch in ihrem (Beziehungs-)Handeln. Sie sind so zugleich bestimmend, ausführend und umgestaltend Akteurin bzw. Akteur des Wandels der Intimität in modernen Gesellschaften. Strukturierungstheoretisch vereinfachend gesprochen hängt also von ihrem Handeln, zusammen mit dem Handeln vieler anderer Frauen und Männern, ab, ob sich diese Welt zu einer „ganz anderen" entwickeln und wie anders diese perspektivisch aussehen wird.

Individuen wie Lisa und Martin kommt in dieser Sozialtheorie ein „ungewöhnlich hohe[r] Rang" (Nord 2001: 334) zu, denn Giddens nimmt mittels der Idee der Dualität von Struktur und Handeln das im Spannungsverhältnis von Freiheit und Zwang agierende Individuum in den Blick, das die Gesellschaftsstruktur produziert und reproduziert. Seine Analyse des Wandels der Intimität fokussiert folglich auf den Wandel der sozialen Regeln der Interaktion und Kommunikation und auf – vor allem autoritative – Ressourcen wie die Organisation von Raum und Zeit, die Produktion und Reproduktion des Körpers und die Organisation von Lebenschancen (vgl. näher zu den Ressourcen: Giddens 1995a: 315-320). Diese Regeln und Ressourcen verleihen dem modernen Individuum die Kompetenz, das (selbst)reflexive Projekt der Identität zu gestalten, trotz der auf es einwirkenden tiefen, mit den ökonomischen, sozialen und emotionalen Umbrüchen verbundenen Verunsicherungen der Spätmoderne. Nicht alle Individuen aber sind nach Giddens gleich kompetent für dieses Projekt: Hinsichtlich der entstehenden Demokratie der Gefühle verdeutlicht er, dass die meisten Frauen in ihrer historisch konstituierten

Kompetenz zur Selbstsuche, Selbstbefragung und Kontextsensitivität Reflexivitätsgewinnerinnen sind, viele Männer hingegen diesbezüglich Reflexivitätsverlierer. Im Zusammenhang mit der institutionellen Reflexivität der Moderne unterbelichtet bleibt in diesem Entwurf jedoch die ungleichheitssoziologisch über das Geschlecht hinaus differenzierende Sicht auf soziale Ungleichheiten etwa durch Bildung, Arbeit und Staatsbürgerschaft (vgl. Lash 1996: 210; ähnlich Nord 2001: 337; weiterführend Adkins 2002: 30-56). Hier deutet sich ein möglicher Ansatzpunkt für weitere strukturierungstheoretische und empirische Erkundungen des Wandels der Intimität in der Spätmoderne an.

Literatur

Adkins, Lisa (2002): Revisions. Gender and Sexuality in Late Modernity. Buckingham, Philadelphia: Open Unversity Press.

Connell, Robert W. (1987): Gender and Power. Society, the Person and Sexual Politics. Cambridge, Oxford: Polity.

Davis, Kathy (1991): Critical Sociology and Gender Relations. In: Dies./Leijenaar, Monique/ Oldersma, Jantine (Hg.): The Gender of Power. London, Newsbury Park, New Delhi: Sage, 65-86.

Derrida, Jacques (1990): Die différance. In: Engelmann, Peter (Hg.): Postmoderne und Dekonstruktion. Texte französischer Philosophen der Gegenwart. Stuttgart: Reclam, 76-113.

Foucault, Michel (1983): Der Wille zum Wissen. Sexualität und Wahrheit 1. Frankfurt a.M.: Suhrkamp.

Giddens, Anthony (1991): Modernity and Self-Identity. Self and Society in the Late Modern Age. Cambridge, Oxford: Polity.

Giddens, Anthony (1993): Wandel der Intimität. Sexualität, Liebe und Erotik in modernen Gesellschaften. Frankfurt a.M.: Fischer.

Giddens, Anthony (1995a^2): Die Konstitution der Gesellschaft. Grundzüge einer Theorie der Strukturierung. Frankfurt a.M., New York: Campus.

Giddens, Anthony (1995b): Strukturation und sozialer Wandel. In: Müller, Hans-Peter/ Schmid, Michael (Hg.): Sozialer Wandel. Modellbildung und theoretische Ansätze. Frankfurt a.M.: Suhrkamp, 151-191.

Giddens, Anthony (1996a): Konsequenzen der Moderne. Frankfurt a.M.: Suhrkamp.

Giddens, Anthony (1996b): Leben in einer posttraditionalen Gesellschaft. In: Beck, Ulrich/ Ders./Lash, Scott: Reflexive Modernisierung. Eine Kontroverse. Frankfurt a.M.: Suhrkamp, 113-194.

Giddens, Anthony (1996c): Risiko, Vertrauen und Reflexivität. In: Beck, Ulrich/Ders./Lash, Scott: Reflexive Modernisierung. Eine Kontroverse. Frankfurt a.M.: Suhrkamp, 316-337.

Giddens, Anthony (1997): Jenseits von Links und Rechts. Die Zukunft radikaler Demokratie. Frankfurt a.M.: Suhrkamp.

Giddens, Anthony (2001a): Die Frage der sozialen Ungleichheit. Frankfurt a.M.: Suhrkamp.

Giddens, Anthony (2001b⁴) mit Karen Birdsall: Sociology. Cambridge, Oxford: Polity.

Hausen, Karin (1976): Die Polarisierung der „Geschlechtscharaktere" – Eine Spiegelung der Dissoziation von Erwerbs- und Familienleben. In: Conze, Werner (Hg.): Sozialgeschichte der Familie in der Neuzeit Europas. Neue Forschungen. Stuttgart: Klett, 363-393.

Kahlert, Heike (2005): „Das Private ist politisch!" Die Entgrenzung des Politischen im Kontext von Anthony Giddens' Strukturierungstheorie. In: Harders, Cilja/Dies./Schindler, Delia (Hg.): Forschungsfeld Politik. Geschlechtskategoriale Einführung in die Sozialwissenschaften. Wiesbaden: VS Verlag für Sozialwissenschaften, 147-173.

Kahlert, Heike (2006a): Geschlecht als Struktur- und Prozesskategorie. Eine Re-Lektüre von Giddens' Strukturierungstheorie. In: Aulenbacher, Brigitte/Bereswill, Mechthild/Löw, Martina/Meuser, Michael/Mordt, Gabriele/Schäfer, Reinhild/Scholz, Sylka (Hg.): FrauenMännerGeschlechterforschung. State of the Art. Münster: Westfälisches Dampfboot, 206-216.

Kahlert, Heike (2006b): Soziale Gerechtigkeit, Konturen einer „guten Gesellschaft" und radikal-politische Kritik. Zum utopischen Realismus von Anthony Giddens. In: Degener, Ursula/Rosenzweig, Beate (Hg.): Die Neuverhandlung sozialer Gerechtigkeit. Feministische Analysen und Perspektiven. Wiesbaden: VS Verlag für Sozialwissenschaften, 79-95.

Lash, Scott (1996): Reflexivität und ihre Doppelungen: Struktur, Ästhetik und Gemeinschaft. In: Beck, Ulrich/Giddens, Anthony/Ders.: Reflexive Modernisierung. Eine Kontroverse. Frankfurt a.M.: Suhrkamp, 195-286.

Lutz, Helma (2006) unter Mitarbeit von Susanne Schwalgin: Vom Weltmarkt in den Privathaushalt. Die neuen Dienstmädchen im Zeitalter der Globalisierung. Opladen: Barbara Budrich.

Nord, Ilona (2001): Individualität, Geschlechterverhältnis und Liebe. Partnerschaft und ihre Lebensformen in der pluralen Gesellschaft. Gütersloh: Kaiser, Gütersloher Verlagshaus.

Weber, Max (1988 [1920]): Die protestantische Ethik und der Geist des Kapitalismus. In: Ders.: Gesammelte Aufsätze zur Religionssoziologie I. Tübingen: Mohr, 17-206.

Wolffensperger, Joan (1991): Engendered Structure. Giddens and the Conceptualization of Gender: In: Davis, Kathy/Leijenaar, Monique/Oldersma, Jantine (Hg.): The Gender of Power. London, Newsbury Park, New Delhi: Sage, 87-108.

Rainer Winter

Die Tyrannei der Intimität.
Zur Aktualität der Analyse von Richard Sennett

1 Liebe als „unzivilisiertes" Verhalten

Tina (26) und Peter (30) haben seit einem Jahr eine Liebesbeziehung. Sie fühlen sich voneinander körperlich angezogen und beschreiben ihr Verhältnis als intensiv und leidenschaftlich. Für beide ist Sport ihre Lieblingsbeschäftigung. So verbringen sie viel Zeit mit Joggen, Bergsteigen, Schwimmen oder Skifahren. Während Peter in diesen geteilten Aktivitäten die Basis für seine Liebe zu Tina sieht und sich eine gemeinsame längerfristige Zukunft wünscht, reicht ihr dies nicht. Sie möchte von ihm möglichst viel über seine Vergangenheit erfahren, wenn die Beziehung Dauer haben soll. Sie möchte wissen, wer seine bisherigen Freundinnen waren, warum er sich von ihnen getrennt hat, was ihm gerade an ihr gefällt und was sie einzigartig für ihn macht.

Detailreich erzählt Tina im Gegenzug von ihrigen bisherigen Liebschaften, beschreibt sich selbst und enthüllt, was sie für ihr Wesen hält. Sie macht Peter klar, dass ihre Beziehung erst dann einzigartig und fortsetzenswert ist, wenn beide ihr unverwechselbares Selbst entfalten können. Anfänglich versucht Peter, Tinas Wünschen gerecht zu werden, ergründet und beschreibt die persönlichen Motivationen für seine Einstellungen und Aktivitäten, was dazu führt, dass Tina Peter im Lichte dieser biographischen Selbstbeschreibungen betrachtet. Sie glaubt nun, die Gründe für sein Verhalten zu kennen, führt es z.B. auf die Beziehung zu einer früheren Freundin oder zu seiner Mutter zurück. Peters Persönlichkeit wird auf seine Selbstenthüllungen festgelegt, gleichzeitig demonstriert Tina in Konfliktsituationen unaufhörlich, warum es ihren Lebenserfahrungen folgend richtig war, dass sie so und nicht anders gehandelt hat. Peter gerät immer mehr ins Hintertreffen, fühlt sich in die Ecke gedrängt, „erkannt" und beendet schließlich die Beziehung.

Es ist offensichtlich, dass Tina und Peter unterschiedliche Vorstellungen von Liebe als Grundlage für eine dauerhafte Beziehung haben. Während für Peter der sexuelle Austausch, ein solides gegenseitiges Verständnis sowie gemeinsame Vergnügen und Aktivitäten scheinbar ausreichend sind, gehört für Tina zur Liebe die gegenseitige Selbstenthüllung sowie die Entfaltung der eigenen Persönlichkeit im Privaten. Sie „psychologisiert" die Beziehung, überfrachtet sie mit versteckten Bedeutungen, was dazu führt, dass Tina bisweilen ihre Spontaneität verliert und sich in ihren eigenen Deutungen der Vergangenheit verheddert. Sie schränkt Peters Freiheit ein, betrachtet sein Handeln als primär von der Vergangenheit determiniert. Die endlose Suche nach Authentizität führt schließlich zum Ende ihrer Beziehung. Es war der amerikanische Soziologe Richard Sennett, der bereits in den 70er Jahren des letzten Jahrhunderts, vor allem bezogen auf den Niedergang des öffentlichen Lebens in der kapitalistisch säkularen Kultur der modernen Gesellschaft, die Diagnose von der „Tyrannei der Intimität" gestellt hat (Sennett 1977, dt. 1983). In seiner historisch analytischen Studie macht er deutlich, dass es einen Zusammenhang zwischen der Entleerung des öffentlichen Raums und einem aus der Balance geratenen Privatleben gibt, das mit zu vielen Erwartungen hinsichtlich Zuwendung, Liebe und Selbstverwirklichung überfrachtet wird. „Wir (...) suchen in der Privatsphäre (...) nach einem Spiegelbild, nach dem, was an unserer Psyche, an unseren Gefühlen authentisch ist. Wir versuchen Privatheit, das Alleinsein mit uns selbst, mit der Familie, mit Freunden, zum Selbstzweck zu machen" (Sennett 1983: 16).

Die psychologisch untermauerte Festlegung von Personen auf bestimmte Charakterzüge bzw. auf ein unverwechselbares Wesen in persönlichen Beziehungen oder Gemeinschaften führt dazu, dass kreatives Handeln und die Entfaltung von neuen Verhaltensweisen behindert werden. Formen des Andersseins werden als solche nicht erkannt und im Lichte der Vergangenheit psychologisch reduktionistisch gedeutet. Der Zwang zu Bekenntnissen und Geständnissen lässt persönliche Beziehungen implodieren, Gemeinschaften destruktiv werden. Sennett hatte die sich seit den 60er Jahren ausbreitende Therapiekultur, deren gruppendynamische Exzesse und die allmähliche Psychologisierung der Kultur im Ganzen vor Augen. „Es war die nach dem Zweiten Weltkrieg geborene Generation, die sich in dem Maße, wie sie sich von sexuellen Zwängen befreite, auch nach innen kehrte, und in der Epoche dieser Generation ist es zur Zerstörung der öffentlichen Sphäre gekommen" (Sennett 1983: 29). Hiermit verbunden ist auch die Anschauung, dass Sex ein expressiver Zustand, eine Form der Selbstoffenbarung sei (ebd.: 19f).

Die weit verbreitete Auffassung, dass emotionale Befindlichkeiten und Praktiken die eigene Innerlichkeit zum Ausdruck bringen, bezeichnet Sennett als „Ideologie der Intimität". „Heute dominiert die Anschauung, Nähe sei ein moralischer Wert an sich. Es dominiert das Bestreben, die Individualität im Erleben menschlicher Wärme und in der Nähe zu anderen zu entfalten (...) Soziale Beziehungen jeder Art sind um so realer, glaubhafter und authentischer, je näher sie den inneren, psychischen Bedürfnissen der einzelnen kommen" (Sennett 1983: 293). Diese Ideologie der Nähe führt dazu, dass das öffentliche Leben zum Stillstand kommt und persönliche Beziehungen auf narzisstische Weise als Spiegel des eigenen Selbst instrumentalisiert werden. Die Psychologisierung der sozialen Realität, die am intimen Erleben gemessen wird, zerstört die Möglichkeit eines zivilisierten Umgangs miteinander. „Zivilisiertheit ist ein Verhalten, das die Menschen voneinander schützt und es ihnen zugleich ermöglicht, an der Gesellschaft anderer Gefallen zu finden (...) Zivilisiertheit zielt darauf, die anderen mit der Last des eigenen Selbst zu verschonen" (Sennett 1983: 298f). Auch wenn Sennett mit dieser Kritik vor allem den Niedergang der öffentlichen Kultur beklagt, weil der zivilisierte Umgang mit Fremden immer mehr misslingt, macht er deutlich, dass auch persönliche Beziehungen darunter leiden, wenn das eigene Selbst im Vordergrund steht und der Respekt vor der Privatheit anderer verloren geht. „In einer solchen Gesellschaft werden die grundlegenden narzisstischen Energien des Menschen derart mobilisiert, dass sie alle menschlichen Interaktionen durchdringen. In einer solchen Gesellschaft wird die Prüfung der Frage, ob die Menschen authentisch und ‚offen' miteinander umgehen, zum entscheidenden Kriterium auf dem Tauschmarkt der intimen Beziehungen" (Sennett 1983: 20f). In seiner Sicht hat sich Tina also „unzivilisiert" verhalten, denn sie hat kein Verständnis dafür, dass „jede Person in gewissem Maße ein Horrorkabinett ist und dass daher zivilisierte Beziehungen zwischen Personen nur insofern gelingen, wie die hässlichen kleinen Geheimnisse des Begehrens, der Habgier, des Neids darin eingeschlossen bleiben" (Sennett 1983: 17). Dennoch geht Tina durchaus konform mit existierenden Auffassungen. Allerdings steht uns auch in Bezug auf die Liebe ein kulturelles Repertoire unterschiedlicher Beschreibungen und Deutungen zur Verfügung (vgl. Hörning 1999; Swidler 2001), was die infolge unterschiedlicher Anschauungen am Ende gescheiterten „Verhandlungen" zwischen Tina und Peter unterstreichen. Die kulturellen Bedeutungen werden auch auf unterschiedliche Weise angeeignet, in die eigene Erfahrung integriert und angewendet (vgl. Winter 2001). Im Folgenden werden wir Sennetts Argumentation ausführlicher betrachten, bevor wir dann anhand einer aktuellen empirischen Untersuchung Liebe als kulturelle Praxis in der Gegenwart betrachten.

2 Die Transformation des öffentlichen Lebens

2.1 Grundzüge der Argumentation

The Fall of Public Man (1977) ist eine materialreiche, innovative und analytisch einfallsreiche Studie über den Niedergang und das Ende des öffentlichen Lebens in der modernen Gesellschaft. Sie steht zum einen in der Tradition der *New Left,* wenn Sennett z.B. die Psychologisierung gesellschaftlicher Herrschaftsstrukturen, den Persönlichkeitskult und die politische Apathie in der Gegenwart kritisiert. Zum anderen knüpft sie aber auch an die eher neokonservative amerikanische Kulturkritik von David Riesman, Lionel Trilling oder Daniel Bell an, die das Entstehen eines neuen Sozialcharakters für die gesellschaftliche Krise der Moderne verantwortlich machen.

Sennetts gesellschaftskritische Orientierung wird deutlich, wenn er den Verfallsprozess der Öffentlichkeit mit historischen Möglichkeiten öffentlichen Handelns kontrastiert, die sich für kurze Zeit in der vielgestaltigen und komplexen Stadtöffentlichkeit des Ancien Régime aufgetan haben.[1] Im 18. Jahrhundert bildete sich nämlich eine kosmopolitische Anschauung von „in die Öffentlichkeit hinausgehen" heraus. „Ein Kosmopolit ist, nach einer französischen Belegstelle von 1738 ein Mensch, der sich mit Behagen in der Vielfalt bewegt; er fühlt sich in Situationen wohl, die keinerlei Ähnlichkeit mit dem Vertrauten haben" (Sennett 1983: 30). Als Idealtyp des „public man" beherrscht der Kosmopolit die sozialen Interaktionsformen im Umgang mit Fremden, die zum einen Distanz wahren, weil das eigene Selbst nicht eingebracht wird, zum anderen dennoch einen emotional befriedigenden, geselligen Austausch erlauben. Das Öffentliche, in dem die Ansprüche der Zivilisation zum Gelten kommen, und das Private, das für die Bedürfnisse der Natur steht, sind klar voneinander abgegrenzt. Auch wenn es Spannungen zwischen ihren Ansprüchen gibt, wurde so die Grundlage für relativ kohärente und stabile Anschauungen geschaffen. „In der Öffentlichkeit *schuf* sich der Mensch; im Privaten, vor allem innerhalb der Familie, *verwirklichte* er sich" (Sennett 1983: 32).

Gegen Ende des 18. Jahrhunderts kam es jedoch durch politische und soziale Transformationen im Zuge des industriellen Kapitalismus und einer sich durchsetzenden Säkularisierung zu einer allmählichen Aushöhlung der Öffentlichkeit (ebd.: 33ff). An die Stelle des „Öffentlichkeitsmenschen" [public man] des Ancien Régime, der in der öffentlichen Welt Anschauungen und Gefühle schauspielerisch zur Darstellung brachte, trat in der kapitalistischen, säkularen und städtischen Kultur ein moderner Akteur, dem diese expressive Fähigkeit abhanden gekommen ist und der auf die narzisstische Suche nach seinem persönlichen Selbst im begrenzten Kreis von persönlichen Beziehungen und intimen Gemeinschaften fixiert ist.

2.2 *Das Ancien Régime als Kontrastfolie*

Nach einer einführenden Diskussion des Verhältnisses von öffentlicher Sphäre und Privatleben wendet sich Sennett im zweiten Teil seines Buches der Öffentlichkeit im Ancien Régime zu. Eine detailreiche Analyse des intensiven öffentlichen Lebens im Paris und London des 18. Jahrhunderts, in dem es vermehrt zum Kontakt zwi-

---

[1] Auf ähnliche Weise geht auch Jürgen Habermas in „Der Strukturwandel der Öffentlichkeit" (1962) vor. Er lokalisiert in der im 18. Jahrhundert entstehenden bürgerlichen Öffentlichkeit, in der sich Privatleute als Publikum konstituieren und einen gemeinsamen, relativ herrschaftsfreien Kommunikationsraum etablieren, ein emanzipatorisches Potential. So konnte sich unter Anleitung durch die Vernunft eine öffentliche Meinung konstituieren. Im 19. Jahrhundert kam es durch wirtschaftliche und gesellschaftliche Veränderungen aber bereits zum Zerfall dieser bürgerlichen Öffentlichkeit. Die Öffentlichkeit wurde privatisiert bzw. refeudalisiert.

schen einander Unbekannten kam, dient ihm als positive Kontrastfolie für die weitere Untersuchung. Denn das Leben in den europäischen Metropolen, in Cafés, Parks und Theatern, war durch geselligen, expressiven und kultivierten Austausch zwischen Fremden geprägt, die nicht über einen gemeinsamen Erfahrungshorizont verfügten. Gefragt war deshalb ein ästhetisch kreatives Handeln. Zwar ermöglichte ein gemeinsamer Fundus an gesellschaftlichen Gebärden und Zeichen die Verständigung über Klassengrenzen hinweg. So war die Kunst der Konversation um 1750 eine Möglichkeit, um Standesunterschiede zu überbrücken und Fremde miteinander ins Gespräch zu bringen, ohne die persönlichen Verhältnisse zu thematisieren (ebd.: 103). Entscheidend für das Funktionieren der Öffentlichkeit war aber, dass sich die Anschauung herausbildete, das Spiel auf der Theaterbühne und das Leben auf der Straße seien miteinander verknüpft. Mit dem Bild des *theatrum mundi*, das auf das gesellschaftliche Ausdruckspotential verweist, macht Sennett deutlich, dass die Ästhetik des Theaters in eine des Alltags mündete, in dem spielerisch Emotionen dargestellt wurden, ohne dass sie der jeweiligen Person des Schauspielers zugerechnet wurden. „Der *public man*, der ‚Öffentlichkeitsmensch', als Schauspieler – so beziehungsreich dieses Bild ist, es bleibt unvollständig, denn hinter ihm steht eine noch bedeutsamere Idee, nämlich dass Ausdruck Darstellung von Emotionen ist. Hieraus leitet sich die Idee des Schauspielers ab. Der Schauspieler in der Öffentlichkeit ist derjenige, der Emotionen darstellt" (Sennett 1983: 129). Der Rückgriff auf Konventionen bei der Darstellung ermöglicht die Wiedererkennung dargestellter Emotionen, die in Zeichen verwandelt wurden, stellt jedoch auch die notwendige Bedingung für ein spontanes Ausdruckshandeln dar. So befanden sich die öffentliche Sphäre, in der es gerade nicht um die persönliche Entfaltung ging, und die Privatsphäre, die dem Umgang mit natürlichen Gefühlen vorbehalten war, in einem relativ harmonischen Gleichgewicht.

2.3 Das Absterben des öffentlichen Raums

Im dritten Teil seines Buches zeigt Sennett, wie der Industriekapitalismus eine Warenöffentlichkeit hervorbrachte. So führte z.B. der Aufstieg und die Popularität von Warenhäusern zu einer Erfahrung der Öffentlichkeit, die nicht durch Geselligkeit und aktiven Austausch, sondern durch schweigende, konzentrierte Aufmerksamkeit, durch Kauf, Konsum und Vereinzelung geprägt waren (ebd.: 167ff). So erschien die intime Welt der Familie immer mehr als ein Gegenpol und als ein Korrektiv. Darüber hinaus führte auch die Säkularisierung zu einer Störung des Gleichgewichts von öffentlicher und privater Sphäre.

An die Stelle des für die Aufklärung charakteristischen Glaubens an einen natürlichen Charakter, der allen gemeinsam war, trat nun im Kontext eines säkularen Glaubens an die Persönlichkeit und im Rahmen der kapitalistischen Ökonomie die

Vorstellung von einer individuell je unterschiedlichen Persönlichkeit, die in der öffentlichen Sphäre der Großstadt schnell zu einer gesellschaftlichen Kategorie wurde. Damit war die Anschauung verbunden, dass die äußere, wahrnehmbare Erscheinung Einblick in das innere Wesen ermöglichen würde, was im romantischen Kult der Aufrichtigkeit und Authentizität stilisiert zum Ausdruck kam. Somit wurde die unpersönliche Dimension der Öffentlichkeit, die die Grundlage für schöpferisches schauspielerisches Handeln war, allmählich untergraben. Nun wurde das öffentliche Ausdruckshandeln als authentischer Ausdruck der Persönlichkeit aufgefasst, was zu einem Unbehagen an der Gesellschaft führte und zu einer Reduzierung der Ausdrucksbereitschaft. So entstand der Wunsch, „das eigene Fühlen einzuschränken, um nicht anderen die Empfindungen unwillkürlich zu offenbaren. Der eigenen Gefühle ist man sich nur dann sicher, wenn man ein Geheimnis aus ihnen macht; einzig in seltenen Augenblicken, an verborgenen Orten kann man es sich erlauben, zu interagieren" (Sennett 1983: 175).

Am Beispiel der *Comédie humaine* von Balzac erörtert Sennett, wie sich fortan die Aufmerksamkeit auf die Details und Einzelheiten der Selbstdarstellung richtete, die Hinweise auf den ‚ganzen Menschen' gaben. Gleichzeitig entstand die Angst, unwillkürlich sein Inneres zu enthüllen, was zu einer gesteigerten Selbstkontrolle in der Öffentlichkeit und damit verbunden zur Herausbildung einer voyeuristischen Beobachterrolle führte. „Der Zuschauer wird zum Voyeur. Schweigend, unter dem Schutz der Isolation bewegt er sich im öffentlichen Raum, beobachtet das Leben auf der Straße und hält sich durch Phantasien und Tagträume an der Wirklichkeit schadlos" (Sennett 1983: 226). Das Beobachten wurde zur eigentlichen gesellschaftlichen Erfahrung, so dass Balzac von einer „Gastronomie des Auges" sprach. „Auf das Vordringen der Persönlichkeit in die Gesellschaft und auf ihre spezifische Beziehung zum Industriekapitalismus gehen all jene Symptome zurück, die bezeugen, dass Menschen unter der neuen öffentlichen Kultur psychisch litten: Angst vor unwillkürlicher Charakteroffenbarung, Vertauschung und gegenseitige Durchdringung öffentlicher und privater Bildwelten, defensive Einschränkung des eigenen Empfindens und zunehmende Passivität" (Sennett 1983: 223).

Im öffentlichen Raum konnte fortan erwartet werden, dass man in Ruhe gelassen wird und schweigen darf. Es entstand, wie Sennett feststellt, das Paradoxon von Sichtbarkeit und Isolation, das das öffentliche Leben bis heute bestimmt. Mit der Vorstellung, dass gesellschaftlicher Austausch gleichbedeutend mit der Offenbarung der Persönlichkeit wäre, wurde die gesellschaftliche Dimension von Öffentlichkeit ausgehöhlt. So führt gerade das Verschwinden einer nichtpersonalen Kultur in der modernen Großstadt zum Wunsch nach gegenseitiger Selbstenthüllung (ebd.: 288). Es kam zu einem Verfall der sozialen Interaktion, der die Grundlagen für die intime Gesellschaft des 20. Jahrhunderts legte, die im vierten Teil des Buches behandelt wird.

2.4 Die intime Gesellschaft der Gegenwart

In der intimen Gesellschaft, in der die Schranken zwischen der öffentlichen Sphäre und dem Bereich des Privaten gefallen sind, tritt an die Stelle gesellschaftlichen Engagements die emotionale Selbsterkundung und Selbstenthüllung, die die individuelle Authentizität zum wesentlichen Kriterium zwischenmenschlicher Beziehungen machen. Die Struktur einer intimen Gesellschaft wird durch zwei Merkmale geprägt, einerseits durch einen Narzissmus, der zu einer Konzentration auf das eigene Innenleben und zu einer Psychologisierung der sozialen Realität führt, zum anderen durch destruktive Gemeinschaften, die sich von der Umwelt abschotten und ihre Mitglieder durch wechselseitige Selbstoffenbarungen aneinander binden (ebd.: 297). Sennett ist der Auffassung, dass die Verdrängung eines sinnvollen nichtpersönlichen Lebens und die Psychologisierung der sozialen Realität der Gesellschaft ihre Zivilisiertheit nimmt. „Sie beraubt es (das Selbst-RW) eines bestimmten kreativen Vermögens, das zwar in allen Menschen angelegt ist, das zu seiner Realisierung aber auf eine Distanz zum Selbst angewiesen ist, nämlich des Vermögens, zu spielen. Die intime Gesellschaft macht aus dem Individuum einen *Schauspieler, der seiner Kunst beraubt ist*" (Sennett 1983: 298). Für Sennett besteht Zivilisiertheit nun gerade in der Fähigkeit, Masken zu tragen und das eigene Selbst zu verbergen. In einer säkularen, durch Immanenz geprägten Welt müssen diese Masken aber selbst geschaffen werden, um sich zivilisiert verhalten zu können. Unsere Gegenwart ist stattdessen primär von Geständnissen und Bekenntnissen geprägt (vgl. Hahn 2000). „Unzivilisiert ist es, andere mit dem eigenen Selbst zu belasten" (ebd.: 299).

Diese Tyrannei der Intimität wird durch die elektronischen Medien intensiviert, so z.B. durch Selbstenthüllungen in Talk Shows oder durch die Personalisierung der Politik.[2] Oft erfahren wir mehr über das Privatleben eines Politikers und die persönliche Motivation für sein Handeln als über seine eigentliche Tätigkeit, die Ausübung von Macht. Ergänzend verhindert das Starsystem gerade, dass Menschen sich darüber Gedanken machen, wie sie selbst die Gesellschaft gestalten und verändern können. So tragen auch die elektronischen Medien zu einer Entleerung der öffentlichen Sphäre bei und zu einem „elektronisch befestigten Schweigen" (ebd.: 319ff.). „Die Massenmedien steigern das Wissen der Menschen von dem, was in der Gesellschaft vor sich geht, erheblich, zugleich jedoch schränken sie die Fähigkeit, dieses Wissen in politisches Handeln umzusetzen, erheblich ein" (Sennett 1983: 319).

Sennett kommt zu dem Schluss, dass es in der modernen Gesellschaft zu einem Verfall des öffentlichen Lebens gekommen ist. Die Menschen haben die Kunst des Schauspiels verlernt und die auf einen Spiegel des Ichs reduzierte Öffentlichkeit

---

[2] Joshua Meyrowitz hat in „Die Fernsehgesellschaft" (1987) die Diagnose von Sennett im Anschluss an Goffman und McLuhan in eine systematische Theorie überführt.

wird ihrer Substanz entleert. Die Vorstellung, dass sich das Selbst durch lebenslange Erfahrungen, vor allem durch die Auseinandersetzung mit dem Unbekannten und mit Fremden, verändert, verblasst. An ihre Stelle tritt die permanente Suche nach dem eigenen (verborgenen) Selbst, an der sich die Bedeutsamkeit der Wirklichkeit misst. „Das Resultat dieser narzisstischen Realitätsdeutung ist eine Verkümmerung der expressiven Fähigkeiten bei den Erwachsenen. Sie können mit der Wirklichkeit nicht spielen, weil diese Wirklichkeit für sie nur insofern von Belang ist, als sie intime Bedürfnisse widerzuspiegeln verspricht" (Sennett 1983: 366). So wird unser Alltagsleben durch die Tyrannei der Intimität dominiert, die mit einer psychologischen Deutung der Gesellschaft verbunden ist. „In diesem Sinne ist die Besessenheit von der Intimität das Kennzeichen einer unzivilisierten Gesellschaft" (Sennett 1983: 382).

Sennetts historische Studie bietet einen faszinierenden Einblick in die Geschichte und in die Gründe für den modernen Subjektivismus und die damit eng verknüpfte Verarmung des öffentlichen Lebens in der Moderne. Die Maßstäbe seiner Kritik findet er in dem auf gesellschaftlichen Konventionen beruhenden, aber dennoch spielerisch expressiven Verhalten in der städtischen Öffentlichkeit von London und Paris im 18. Jahrhundert.[3] Die spezifische Akzentuierung von *The Fall of Public Man* macht das Buch zu einer wichtigen, historisch fundierten Analyse, um Liebesbeziehungen in der Gegenwart verstehen zu können. Ähnlich wie Michel Foucault (1977) in seinen historisch-genealogischen Untersuchungen arbeitet auch Sennett an einer Geschichte der Gegenwart, deren Gefahren und Pathologien er diagnostiziert. Es gibt aber auch Gegentendenzen, die sich nicht nur in der Vergangenheit des Ancien Régime finden, sondern auch als Potential in der Gegenwart. So präferiert Sennett z.B. implizit eine spielerisch-expressive Praxis, die sich von essentialistischen Vorstellungen über das Selbst löst, psychologische Deutungen ablehnt oder zumindest sozial kontextualisiert. Implizit fordert er eine Freiheit der Selbstgestaltung und auch der Selbsttransformation ein. Auch wenn Liebe eine persönliche und intime Erfahrung ist, so hat sie doch soziale und kulturelle Komponenten, die diese experimentell-kreative Dimension unterstreichen und denen wir uns jetzt zuwenden möchten.

---

[3] Mit Recht wurde diese selektive Materialbearbeitung (vgl. Kuzmics 1989) kritisiert, ebenso wie die Tendenz des Buches, das 20. Jahrhundert lediglich als Intensivierung und Dramatisierung des 19. Jahrhunderts zu betrachten. Dabei entgeht Sennett weitgehend die Transformation der Privatsphäre im 20. Jahrhundert durch das Eindringen bürokratischer Instanzen, was z.B. Christopher Lasch (1979) monierte. Auch Lasch arbeitet aber nachdrücklich die narzisstischen Tendenzen in der modernen Gesellschaft heraus, die auch er gesellschaftskritisch deutet.

3 Liebe als kulturelle Praxis

Was Liebe ist, wird nicht allein durch die verfügbaren kulturellen Ressourcen bestimmt, die heterogen, komplex und widersprüchlich[4] sind, auch wenn es dominante Traditionen gibt, sondern durch deren Gebrauch und Aneignung in alltäglichen Kontexten. So wird Tina nicht gezwungen, sich psychologisierenden Deutungen der Liebe anzuschließen. Ann Swidler (2001: 4) stellt mit Recht fest, dass es wohl einige historisch fundierte Untersuchungen zur Geschichte der Liebessemantik gibt: „But we still know very little about the most important aspect of love: what it actually means to people".[5]

Ihre eigenen empirischen Untersuchungen, die auf qualitativen Interviews mit Mitgliedern der amerikanischen Mittelklasse beruhen, zeigen, dass es wohl gemeinsam geteilte kulturelle Ressourcen gibt, die sich vor allem aus den Traditionen, Symbolen und Ritualen der Populärkultur wie dem Hollywoodfilm speisen, es aber dennoch große Unterschiede im Gebrauch dieser Ressourcen gibt. So nutzen die Befragten die vorfabrizierten kulturellen Bilder, um ihre eigene Position zu artikulieren. Oft sind sie aber skeptisch oder ironisch eingestellt und distanzieren sich von den Vorgaben. Dies gilt auch in Bezug auf die therapeutische Sicht der Liebe, nach der Individuen ihr wahres Selbst entdecken sollen. „This ‚therapeutic' view of love – in which a marriage should be evaluated by how well it meets the needs of the married partners as individuals – was not really what Frank and Emily wanted to hear, so at one point, they simply did not listen" (Swidler 2001: 17). Gleichwohl stellt Swidler fest (ebd.: 143ff), dass die therapeutische Ethik neben dem utilitaristischen Individualismus und dem christlichen Fundamentalismus eine dominierende amerikanische Ideologie in der Gestaltung von dauerhaften Liebesbeziehungen ist. Sie baut darauf auf, dass das innere Selbst erkannt, enthüllt und mit dem Partner geteilt wird. Um der Beziehung eine dynamische Stabilität zu verleihen, ist Arbeit am Selbst und an der Beziehung vonnöten, die Peter, der eher utilitaristisch eingestellt ist, ab einem bestimmten Zeitpunkt nicht mehr leisten wollte. „For the therapeutic individualist, the self is the seat of authentic feelings and needs that must be explored, brought to light, and expressed. Then therapeutically enriched selves will share those feelings, meet one another's needs, and create ever deepening, though always changing, bonds of experience" (Swidler 2001: 146).

---

[4] In der von HBO produzierten Fernsehserie BIG LOVE (USA, 2006), die in den USA sehr populär ist, steht der Polygamist Bill Henrickson im Mittelpunkt. Der Mormone hat drei Frauen und sieben Kinder, die abgesehen von kleinen Eifersüchteleien relativ harmonisch zusammenleben. Das Hauptproblem von Bill in Bezug auf die Liebe zu seinen Frauen (in der ersten Staffel) ist, dass er mit der Zeit Viagra nicht mehr verträgt, das er benötigt, um seinen zahlreichen ehelichen Pflichten nachzukommen.
[5] Eine Ausnahme stellen in diesem Zusammenhang die innovativen Arbeiten von Eva Illouz (1998, 2003) dar.

Überzeugend kann Swidler darlegen, dass die verfügbaren Konzeptionen von Liebe unterschiedlich verstanden und angeeignet werden.[6] Was für manche zur Grundlage für die Gestaltung und Interpretation ihrer Beziehung wird, halten andere in Reserve oder lehnen es gänzlich ab. Gerade die Kultur der Moderne und Postmoderne stellt ein vielfältiges Repertoire von Liebesszenen und -szenarien zur Verfügung, auf deren Basis auch mögliche neue Bedeutungen geschaffen werden können.[7]

Sennetts „Tyrannei der Intimität" zeigt, wie die therapeutische Kultur der Gegenwart entstanden ist, und hebt deren negative Aspekte wie die psychologische Weltsicht und narzisstische Pathologien hervor. Die neuere kultursoziologische Forschung, für die die Kultur im metaphorischen Sinne ein „Werkzeugkasten" ist (Swidler 1986; Hörning 1999; Winter 2001), weist aber auf die Modifikationen, Alternativen und Gegenentwürfe hin, die in der alltäglichen Praxis entfaltet werden und die bisher wenig erforscht wurden.

Literatur

Evans, Mary (1998): „Falling in Love with Love is Falling for Make Believe". Ideologies of Romance in Post-Enlightenment Culture. In: Theory, Culture & Society, Jg. 15, Heft 3-4, 265-276.
Featherstone, Mike (1998): Love and Eroticism. In: Theory, Culture & Society, Jg. 15, Heft 3-4, 1-18.
Foucault, Michel (1977): Der Wille zum Wissen. Sexualität und Wahrheit 1. Frankfurt a.M.: Suhrkamp.
Habermas, Jürgen (1962): Strukturwandel der Öffentlichkeit. Neuwied: Luchterhand.
Hahn, Alois (2000): Konstruktionen des Selbst, der Welt und der Geschichte. Frankfurt a.M.: Suhrkamp.
Hörning, Karl H. (1999): Kulturelle Kollisionen. Die Soziologie vor neuen Aufgaben. In: ders./Rainer Winter (Hrsg.), Widerspenstige Kulturen. Cultural Studies als Herausforderung. Frankfurt a.M.: Suhrkamp, 84-115.

---

[6] So gibt es auch eine westliche Tradition, die die romantische Liebe für eine Gefahr und für eine Falle hält. Die Romane von Jane Austen sind hierfür ein Beispiel. Sie lehnte die romantische Liebe entschieden ab und kritisierte vehement, dass sie die notwendige Grundlage für eine Ehe sein sollte. Im Anschluss kommt Evans (1998: 273) zu dem sehr skeptischen Schluss: „Yet the accumulated evidence of the last centuries suggests that people in the West have suffered more in their personal lives from ‚love' than from any other single ideology".

[7] So knüpft z.B. der Surrealismus an die Psychoanalyse an, fordert aber radikaler als Freud eine Befreiung von gesellschaftlichen Zwängen und Kontrollen. Hierbei spielt auch ein elaboriertes Konzept von Liebe eine zentrale Rolle, das vom Ideal der Reziprozität getragen wird und sowohl das Geistige als auch das Körperliche feiert (vgl. Mundy 2001). Auch die ebenfalls von der Psychoanalyse beeinflussten Liebeskonzeptionen der Boheme, wie sie sich bei Otto Gross finden, stellen ein kulturelles Repertoire bereit, das die dominanten Konzeptionen von Liebe (zum Teil) in Frage stellt. Die Erotik wird hier zu einer innerweltlichen Form der Erlösung (vgl. Featherstone 1998; Wilson 1998).

Illouz, Eva (1998): The Lost Innocence of Love: Romance as a Postmodern Condition. In: Theory, Culture & Society, Jg. 15, Heft 3-4, 161-186.
Illouz, Eva (2003): Der Konsum der Romantik. Liebe und die kulturellen Widersprüche des Kapitalismus. Frankfurt a.M./New York: Campus.
Kuzmics, Hermann (1989): Der Preis der Zivilisation. Die Zwänge der Moderne im theoretischen Vergleich. Frankfurt a.M./New York: Campus.
Lasch, Christopher (1979): The Culture of Narcissism. American Life in An Age of Diminishing Expectations. New York: Free Press.
Meyrowitz, Joshua (1987): Die Fernsehgesellschaft. Weinheim: Beltz.
Mundy, Jennifer (ed.) (2001). Surrealism. Desire Unbound. London: Tate Publishing.
Sennett, Richard (1983): Verfall und Ende des öffentlichen Lebens. Die Tyrannei der Intimität. Frankfurt a.M.: S. Fischer.
Swidler, Ann (1986): Culture in Action: Symbols and Strategies. In: American Journal of Sociology, Jg. 51, April, 273-286.
Swidler, Ann (2001): Talk of Love. How Culture Matters. Chicago/London: University of Chicago Press.
Wilson, Elisabeth (1998): Bohemian Love. In: Theory, Culture & Society, Jg. 15, Heft 3-4, 111-128.
Winter, Rainer (2001): Die Kunst des Eigensinns. Cultural Studies als Kritik der Macht. Weilerswist: Velbrück Wissenschaft.

LiebesWelten

Eva Illouz

Eine Religion ohne Glauben: Liebe und die Ambivalenz der Moderne
(Aus dem Englischen von Simone Scheps)

Wenn sich Edmund Burke über den Einfluss der Französischen Revolution auf soziale Gegebenheiten den Kopf zerbricht, denkt er zugleich darüber nach, was der Menschheit bevorsteht:

> „But now all is to be changed. All the pleasing illusions that made power gentle, and obedience liberal, which harmonized the different shades of life ... are to be dissolved by this new conquering empire of light and reason. All the decent drapery of life is to be rudely torn off. All the super-added ideas, which the heart owns, and the understanding ratifies, as necessary to cover the defects of our weak and shivering nature, and to raise it to a dignity in our own estimation, are to be exploded as a ridiculous, absurd, and antiquated fashion." (Berman 1988: 109)

Burke nimmt hier bereits einen der Kritikpunkte vorweg, die häufig im Zusammenhang mit Modernität genannt werden: Dass wir die neuen Formen der Wahrheit, denen wir seit der Aufklärung ausgesetzt sind, kaum ertragen können, weil das ebenmäßige Geflecht von Bedeutungen, auf dem Macht, Gehorsam und Treue traditionell beruhen, aufbricht. Wenn die Staatsmacht allmählich verschwindet, dann lassen auch unsere bisherigen trügerischen Einbildungen nach und wir werden in unserer neuen Nacktheit ungemein verletzlich zurückgelassen: Uns selbst gegenüber und gegenüber anderen enthüllen und entdecken wir die wahre Hässlichkeit unseres Zustands. Um einen Sinn für die eigene Existenz zu erkennen, benötigen wir ein Minimum an Mythen, Illusionen und Lügen, die auch die Gewalt von sozialen Beziehungen erträglich machen. Oder anders gesagt: Die unermüdlichen Anstrengungen der aufklärerischen Vernunft, die Täuschungen unseres Glaubens zu demaskieren und aufzuspüren, lassen uns nackt in der Kälte stehen. Schöne Märchen können uns trösten – nicht die Wahrheit.

Der energischste Erbe und Verteidiger der Aufklärung, Karl Marx, konkurriert in seiner berühmten Maxime „All that is solid melts into air, all that is holy is profane, and men at last are forced to face with sober senses the real conditions of their lives and their relations with their fellow men" (Berman 1988: 95) seltsamerweise mit der ultra-konservativen Ansicht Burkes. Ebenso wie Burke betrachtet auch Marx die Modernität als „Ernüchterung der Sinne", als gewaltsames Erwecken von einem wohltuenden, wenn nicht gar betäubenden Schlummer und als Konfrontation mit den nackten, bloßen und öden Bedingungen sozialer Beziehungen. Es mag sein, dass diese nüchterne Erkenntnis uns klüger macht und wir dadurch nicht so leicht von den wirklichkeitsfernen und leeren Versprechungen der Kirche und des Adels eingelullt werden. Allerdings verliert unser Leben dadurch auch an Reiz, an Geheimnisvollem und Heiligem. Wissen hat also den Preis, dass wir dem die Heiligkeit absprechen, was wir vormals verehrten. Genau wie Burke scheint Marx zu denken, dass kulturelle Fantasien – nicht die Wahrheit – unser Leben bedeutungsvoll mit dem anderer verbinden und einer Bedeutsamkeit verpflichtet ist, die größer ist als wir selbst.

Bei Burke und Marx können wir die Angst vor dem erahnen, was vor einer Menschheit liegt, der nichts heilig, sondern für die alles profan ist. Dennoch lehnt Marx weder die Aufklärung ab noch sehnt er eine Rückkehr zu den nicht mehr bestehenden Ritualen der Vergangenheit herbei.

Was Marx' Sichtweise auszeichnet und zutiefst modernistisch macht, war nicht seine Bekräftigung der Moderne (Fortschritt, Technologie, Vernunft, Ablehnung der Ökonomie), sondern eben seine Ambivalenz diesen Entwicklungen gegenüber. Von Anfang an gehörte zur Moderne auch die unbequeme Anerkennung der außergewöhnlichen Kraft, die von der Vernunft und ihrer unerbittlichen Zerstörungswut freigesetzt werden. In dem Moment, wo sich die Modernisten als frei von den Geist und Seele vernebelnden Fesseln erklärten, begannen sie, sich nach dem zu sehnen, von dem sie sich stolz losgesagt hatten: ein Gefühl des Heiligen und des Transzendenten sowie die Fähigkeit zum Glauben. Der Triumphschrei der Vernunft, unsere Mythen und unseren Glauben freilegend, wurde erst richtig modern, als er sich mit dem wehmütigen und traurigen Verlangen nach transzendenten Objekten verknüpfte, an die man glauben konnte und die einen bewegten. Von Anfang an war die Moderne durch die tiefe Ambivalenz ihrer eigenen Verheißung gegenüber bestimmt.

Max Weber gehört zu den radikalsten Vertretern dieser Ansicht. Er hat diese Ambivalenz mit seinem berühmten Blick auf die Moderne als schmerzlichen Pathos der „Entzauberung" beschrieben. Als soziologisches Konzept kennzeichnet Webers Gedanke der „Entzauberung" die moderne Welt als eine, die ihrer Götter beraubt wurde. „Entzauberung" bedeutet nicht einfach zu behaupten, dass es auf der Welt keine Engel und Dämonen oder Hexen und Elfen gibt, sondern die Verunglimpfung der Kategorie des Mystischen. Deshalb lösen die modernen Institutionen Wissenschaft, Technologie und Markt, die eigentlich die Probleme der Menschheit lösen, Leiden vermindern und Wohlergehen steigern wollen, auch unser Gefühl für das Mystische auf. Die Berufung des Wissenschaftlers dient dazu, die Rätsel der Welt zu lösen und zu meistern und sich nicht wie Mönche oder Künstler durch ihren Zauber fesseln zu lassen. In gleicher Weise schätzen auch Kapitalisten religiöse und künstlerische Werte gering, weil sie dem ökonomischen Handeln Grenzen setzen. Die Moderne ist „von den Göttern verlassen", weil Wirtschaft und Wissenschaft die Welt rationalisierbar, kalkulierbar und vorhersehbar machen wollen. Damit schaffen sie das ab, was früher von Treue, Hingabe, persönlicher Gefolgschaft und charismatischen Helden geleistet wurde. Diese Bewegung hin zur Rationalisierung erzeugt unvermeidlich Aufforderungen zu einem Erleben, bei dem Leidenschaft und Inbrunst dominieren.

Was Webers Diagnose der Moderne mit Pathos erfüllt, ist die Tatsache, dass er im Gegensatz zu den „Propheten der Klassenräume" nicht Position bezieht. Weber zog es vor, das stoische und selbst-verneinende Heldentum des modernen Wissenschaftlers einzunehmen, der die Verluste der Moderne beobachtet, sich aber selbst verbietet, darüber zu trauern. Er denkt zwar über die verlorene Leidenschaft der Vergangenheit und die herrlichen Versprechungen der Zukunft nach, lehnt es aber ab, ein Prophet des Untergangs zu sein oder eine Lanze für Utopien zu brechen.

Die Position des „ungestörten Stoizismus" könnte unser einziger Rückhalt sein, wenn wir die moderne Beschaffenheit der Liebe erfassen wollen. Die Geschichte der Liebe ist tatsächlich alles andere als eine einfache Geschichte zunehmender Befreiung. Statt wie zahlreiche Historiker einfach anzunehmen, dass die Moderne das romantische Gefühl von seinen vormodernen institutionellen Ketten „befreit" hat, plädiere ich dafür, Liebe als kulturelles Ideal und als kulturelle Praxis anzusehen, die die Aporien der Moderne ebenso wie die ihr inhärente Ambivalenz spiegelt. Letztere erlaubt uns weder, uns auf den Siegen der Vergangenheit auszuruhen noch, uns über sie zu beklagen.

Bei vormodernen Hochzeiten ging es um sozialen Rang, Status und Vermögen. Liebe spielte bei der Auswahl des Partners nur eine untergeordnete Rolle. Moderne Liebe scheint von diesen Fesseln befreit – und ist es häufig auch. Gerade weil sie ungehemmter und egalitärer ist, ist die moderne Liebe im Gegensatz zur Intuition weitaus rationalisierter und entzauberter als ihr vormodernes Gegenstück. Weil sie durch tausende von unausgesprochenen Regeln (vgl. McEwan 2006/2007: 103) an die Gesellschaft gebunden war, erschien vormoderne Liebe auch viel leidenschaftlicher und absoluter. Sie war weit entfernt von der kühlen Distanz, die ein Merkmal moderner Liebe ist. Tatsächlich gleichen die romantischen Gefühle der Moderne viel häufiger dem von Marx beschriebenen Prozess der „Ernüchterung" als der Glut und Inbrunst der „vor-modernen" Lieben. Die moderne Kultur hat die Schleier der Fantasien zerrissen, die vormals die Beziehungen zwischen Männern und Frauen diskret verhüllten. Anstatt über diese heruntergerissenen Schleier zu klagen oder auch zu jubeln, sollen wir lieber der Nacktheit und der Verletzlichkeit ins Auge sehen, die sie bloßlegen und enthüllen.

Entzauberte Liebe

Das kulturelle Modell Liebe ist auf den ersten Blick die klarste Illustration dessen, was wir heute als vormoderne, „verzauberte" Version von Liebe bezeichnen. Sie beinhaltet einige wiederkehrende Merkmale: Zum einen wird sie als einzigartiges Ereignis erlebt, das plötzlich und unerwartet auftauchen kann; sie ist unerklärlich und irrational; sie ist schon beim ersten Treffen aufgeflammt und beruht deshalb nicht auf kognitivem oder gesammeltem Wissen über das Gegenüber. Sie bringt das Alltagsleben des Einzelnen durcheinander und rührt die Seele zutiefst auf. Die Metaphern, die diesen Geisteszustand beschreiben, deuten oft auf eine Kraft hin, die überwältigend und übermächtig ist (Hitze, Magnet, Donner, Elektrizität). Das geliebte Objekt löst überwältigende und unkontrollierbare Gefühle beim Liebenden aus. Der Wert des geliebten Menschen ist so hoch, dass er unvergleichlich wird, er lässt sich nicht durch einen anderen ersetzen. Die Absolutheit und Unbedingtheit der Hingabe ist deshalb hundertprozentig. „Verzauberte" Liebe ist dementsprechend spontan und unbedingt, überwältigend und ewig, einzigartig und total. Dieses Verständnis der romantischen Liebe bekräftigt die radikale Einzigartigkeit des geliebten Menschen, die Unmöglichkeit, ihn durch einen anderen zu ersetzen und außerdem die Weigerung, die Gefühle durch Berechnung und Vernunft zu ersetzen. Liebe erscheint hier als absolute Empfindung.

In einem Brief aus dem 18. Jahrhundert, den die gebildete Julie de Lespinasse an ihren Geliebten, den Comte de Guibert, schreibt, erklärt sie: „I love too well to impose a restraint upon myself; I prefer to have to ask your pardon rather than commit no faults. I have no self-love with you; I detest prudence, I even hate those „duties of friendship" which substitute propriety for interest, and circumspection for feeling. How shall I say it? I love abandonment to impulse, I act from impulse only, and I love to madness that others do the same by me." (Tierney/Scott 2000: 185). Julie de Lespinasse drückt im Wesentlichen eine Ablehnung jeder Regel aus, die Intimbeziehungen beherrschen könnte; es ist eine Ethik der Ungezwungenheit, in der ein Zusammenschluss von zwei Liebenden durch Selbstaufgabe, Drang und reiner Emotionalität erreicht wird. Sie bejaht die unkontrollierte und ungehemmte Gefühlsbetontheit und Individualität.

Ein zweites Beispiel kommt aus einem ganz anderen sozialen und kulturellen Kontext, dem englischen Landadel des 19. Jahrhunderts. Es stammt aus Jane Austens Roman „Persuasion" (zu deutsch „Überredung"). Nachdem Anne Elliot ihre Verlobung mit Captain Wentworth neun Jahre zuvor auf Anraten und Druck ihrer Mentorin und Freundin Lady Russell gelöst hat, trifft sie ihn wieder. Die Liebe zu ihm lebt sofort wieder auf, aber Anne ist – wie der Leser übrigens auch – unsicher, wie der Captain für sie fühlt. Die Situation spitzt sich zu, als Anne registriert, dass sich ihr reicher und adliger Cousin sehr für sie interessiert. Obwohl seine Manieren tadellos sind und die Verbindung einen verlockenden gesellschaftlichen Aufstieg verspricht, reagiert Anne bezüglich der Zukunftsaussicht dieser viel versprechenden Verbindung wie folgt: „How she might have felt, had there been no Captain Wentworth in the case, was not worth enquiry; for there was a Captain Wentworth: and be the conclusion of the present suspense good or bad, her affection would be his for ever. Their union, she believed, could not divide her more from other men, than their final separation." (Austen 1988: 192)

Annes Entschluss, Captain Wentworfh treu zu bleiben, verträgt sich nicht mit der heutigen Auffassung von Gefühlen. Sie beschreibt einen absoluten und unvergleichbaren Blick auf die Liebe, in dem Persönlichkeit und Hingabe unwiderruflich mit Leidenschaft verknüpft sind. Es geht um die totale Ausrichtung einer Person auf eine andere – egal, was dabei herauskommt. Wenn sie einmal ihre Liebe gibt, bindet sie das für immer. Annes Entschluss, eine sehr verlockende Verbindung auszuschlagen und ihrer ersten Liebe treu zu bleiben – ob ihre Liebe erwidert wird oder nicht – setzt sich über den heutigen gesunden Menschenverstand hinweg. Lassen Sie uns Annes festes Vertrauen in ihre Entscheidung mit Candace Bushnells Überlegungen vergleichen, der viel gerühmten Autorin von „Sex and the City": „When was the last time you heard someone say, ‚I love you!' without tagging on the inevitable (if unspoken) ‚as a friend.' When was the last time you saw two people gazing into each other's eyes without thinking, Yeah right? When was the last time you heard someone announce, ‚I am truly, madly in love,' without thinking, Just wait until Monday morning?" (Bushnell 1996: 2) Der Abstand zwischen Anne und Candace ist unendlich groß und lässt Anne Elliots Einstellung so weit entfernt von gegenwärtigen Gefühlsauffassungen erscheinen wie ihre eigenen von denen einer zukünftigen Ehefrau aus dem antiken Griechenland sein mögen. Während Anne auf der einen Seite ein unzweifelhaftes Vertrauen in die Absolutheit der Liebe hat, so wirkt Candace auf der anderen Seite durchweg ernüchtert, selbstbewusst und außerordentlich ironisch. Liebe ist zu einem bevorzugten Schauplatz für ironischen Stil geworden – so erlebt man es auch in dem Genre „chick-lit", der seichten Literatur für junge Frauen. Ich werde versuchen, das Konzept der „entzauberten Liebe" zu entfalten, um diese Entwicklungen verständlich zu machen.

Die Idee der „Entzauberung" basiert hauptsächlich auf dem Konzept der „Rationalisierung" von Max Weber. Gemäß Weber ist das rationale Denken bewusst reguliert und nicht zufällig, gewohnheitsmäßig oder impulsiv. Was das Verhalten rational macht, ist seine Planmäßigkeit, sein allgemeiner Charakter und dass es methodisch ist und vom Intellekt kontrolliert wird. Wenn man dieser Begriffsbestimmung folgt, kann man schlussfolgern, dass es eine ganze Menge an Kräften gab, die dazu beigetragen haben, dass sich romantische Liebe von einem verzauberten zu einem entzauberten Gefühl entwickelt hat.

1. Vor allem anderen muss vielleicht die Dominanz der wissenschaftlichen Erklärungen erwähnt werden, in denen Psychologie, Psychoanalyse und Biologie das Gefühl der Liebe erläutern, indem sie es unter Kategorien wie „das Unbewusste",

„Geschlechtstrieb", „Hormone" oder „Gehirn-Chemie" subsumieren. All diese Erklärungen unterminieren den Blick auf die Liebe als unbeschreibliche, einzigartige und quasi-mystische Erfahrung. Es lässt sich zum Beispiel ein signifikanter Anstieg an Dopamin und Norepinephrinen im Gehirn feststellen, wenn man sich in eine andere Person verliebt hat. Die Euphorie und das Hochgefühl, das wir wahrnehmen, werden lediglich als chemische Prozesse erklärt. Andere Wissenschaftler haben zudem herausgefunden, dass der Serotoninspiegel im Hirn von frisch verliebten Menschen signifikant höher ist. Welche Erklärungsvariante man auch bevorzugt, Liebe wird hier auf ein Epiphänomen reduziert und erscheint als bloßes Resultat von Prozessen, die weder mystisch noch einzigartig sind, sondern mit unwillkürlichen und fast mechanischen – physischen oder psychischen Prozessen – in Zusammenhang gebracht werden. Es ist schwer, an der Liebe als einzigartigem, mystischen und unbeschreiblichen Gefühl festzuhalten, wenn solche Erklärungsformen die Oberhand gewinnen. In diesem Sinne hat Liebe den gleichen Prozess der Entzauberung wie die Natur mitgemacht. Sie wird nicht länger als göttliches Phänomen betrachtet, sondern als eines, das der Erklärung und der Kontrolle bedarf. Damit wird die Liebe auch nicht mehr als mystisches Ereignis, sondern als Reaktion auf evolutionäre, biologische und psychologische Gesetze angesehen.

2. Wird die verzauberte romantische Liebe durch eine Ideologie von Spontaneität und Einzigartigkeit gekennzeichnet, so wird dem gegenüber durch Technologien wie dem Internet eine rationalisierte Partnersuche nahegelegt, die der Vorstellung von Liebe als unerwarteter Offenbarung, die gegen den Willen und die Vernunft in das Leben des Einzelnen einbricht, widerspricht. Während die traditionelle romantische Form der Liebe eng verknüpft ist mit der sexuellen Anziehung von zwei physischen, materiellen Körpern, räumt die neue Technologie des Internets einer systematisch-rationalen und unkörperlichen Beurteilung bei der Partnerwahl den Vorrang vor körperlicher Attraktivität ein. Im Zeitalter des world wide web wird das romantische Treffen unter der Schirmherrschaft der liberalen Ideologie der „Wahl-Freiheit" organisiert. Keine Technologie hat die Idee des Individuums als „Wählendes" noch extremer radikalisiert als das Internet. Die Vorstellung von einem romantischen Treffen sollte das Ergebnis der bestmöglichen Auswahl sein. Das virtuelle Date ist im wahrsten Sinne des Wortes marktförmig organisiert, indem man den „Wert" von Personen nach Maßgabe des „besten Geschäfts" vergleichen kann. Das Internet setzt jede Person, die nach einer anderen sucht, auf einen Markt des offenen Wettbewerbs mit anderen. Auf diese Weise wird die Auffassung bestärkt, dass jemand seine romantische Ader verbessern kann – und auch an einer Steigerung arbeiten sollte und dass potentielle (oder derzeitige) Partner vor allem austauschbar sind. Diese *Technologien der Austauschbarkeit* machen uns zu radikalen Relativisten der Liebe, die zutiefst misstrauisch gegenüber ihrer Authentizität und Dauerhaftigkeit sind, denn Liebe kann so schnell wieder vorbei sein.

3. Marshall Berman schreibt, „it is only in modern times that men [*sic*] have come to think of the self as a distinctly *political* problem". (Berman 1998: xvi). Wenn man bedenkt, welches Geschlecht Berman gebraucht (men), ist es ironisch dass sich dieser Satz besonders eindrucksvoll auf Frauen aus dem 20. Jahrhundert anwenden lässt. Es ist in der Tat so, dass der Feminismus vielleicht den bedeutsamsten Einfluss auf die weibliche Subjektivität und auf das Verhältnis der Geschlechter hatte. Die zweite Welle des Feminismus hat unser Verständnis von dem Gefühl Liebe tiefgreifend verändert.[1] Im Gegensatz zur gängigen Mythologie argumentieren radikale Feministinnen, dass Liebe nicht die Quelle von Transzendenz, Glückseligkeit und Selbstverwirklichung ist. Romantische Liebe ist vielmehr einer der ersten Gründe für die Kluft zwischen Männern und Frauen und darüber hinaus eine der ersten kulturellen Praktiken, durch die Frauen dazu gebracht wurden, ihre Unterwerfung gegenüber den Männern zu akzeptieren (und zu „lieben"). Wenn sie lieben, agieren Männer und Frauen weiterhin nach diesem Muster, das ihre jeweiligen unterschiedlichen Identitäten auszeichnet. Simone de Beauvoir beschreibt in ihren berühmt gewordenen Worten, dass Männer sogar in der Liebe souverän ihre Herrschaft behalten. „Für die Frau dagegen ist die Liebe eine totale Selbstaufgabe zugunsten eines Herrn." (Beauvoir 2008: 800)

In ihrem umstrittenen Buch „Dialecitc of Sex" geht Shulamith Firestone noch einen Schritt weiter. Sie behauptet, dass die Liebe der Frauen die Quelle der sozialen Macht und Energie der Männer sei. Die Frauen würden diese Liebe auch weiter bereitstellen, so dass Liebe als der Zement bezeichnet werden kann, mit dessen Hilfe das Gebäude der männlichen Dominanz gebaut wurde (Firestone 1979). Demnach versteckt romantische Liebe nicht nur die Klassen- und Geschlechterungleichheiten, sondern – und das ist noch relevanter – macht sie überhaupt möglich, bewahrt sie und verstärkt sie sogar.

Feminismus markiert deshalb einen wichtigen Einschnitt in die Geschichte der Liebe, weil er den Schleier des männlichen Rittertums und den geheimnisvollen weiblichen Nimbus herunterriss, der Frauen gleichzeitig zu Sklaven und Gottheiten und Männer zu Peinigern und Rettern machte.

Indem die Vertreter des Feminismus Frauen und Männer dazu aufrufen, die Ideale von Gleichheit, Gegenseitigkeit und Fairness zu befolgen, wurden neue Verhaltensregeln im Bereich der Geschlechterbeziehungen eingeführt, die dann dazu beitrugen, dass diese fortan mehr „durch den Intellekt" regiert wurden. Sprachregelungen (so genannte „politisch korrekte" Sprache) und Verhaltensregeln (über die das weibliche Einverständnis vor jeglicher Art von körperlichem Kontakt explizit eingeholt werden musste) haben dazu beigetragen, dass romantische Beziehungen vorhersehbarer wurden. Sie entsprechen jetzt mehr einem vorher festgelegten Set an

---

[1] Dieser Aufsatz beschäftigt sich mit heterosexueller Liebe. Wenn er nicht explizit anders definiert ist, wird der Begriff „Liebe" in diesem Sinne verstanden.

Regeln und sind damit eher am Verstand orientiert, was wiederum mit einer leidenschaftslosen, selbst-reflexiven Beobachtung zusammenhängt. Diese drei Faktoren – das Überhandnehmen von wissenschaftlichen Erklärungsansätzen, der Gebrauch des Internets bei der Partnerwahl und der Einfluss des Feminismus bei der Regulierung zwischenmenschlicher romantischer Beziehungen – erklärt zu einem Großteil, wie die Liebe mit der einstigen Dominanz von Leidenschaft und Unvernunft so grundlegend entzaubert werden konnte. Rainer Maria Rilkes Verse passen dazu: „Wo einmal ein dauerndes Haus war,/schlägt sich erdachtes Gebild vor, quer, zu Erdenklichem/völlig gehörig, als ständ es noch im Gehirne." (Rilke zit. in Taylor 1989: 501)

Damit bestärkte die Moderne die kompromisslosen Rechte auf Leidenschaft und machte zugleich die Erfahrung von Leidenschaft viel schwieriger. Die Entmystifizierung der Liebe durch politische Ideale der Gleichheit und Fairness, der Wissenschaft und der Technologie haben Liebe zu etwas Leidenschaftslosem gemacht. Ein Beispiel dafür ist der Wunsch nach einer neutralen Sprache, die ohne geschlechtsspezifische Tendenzen auskommt. Geschlechterbeziehungen sollen von Macht und ihrem langen Schatten bereinigt werden, und das beiderseitige Einverständnis und die Gegenseitigkeit sollen im Mittelpunkt von Intimbeziehungen stehen. Letztendlich sollen unpersönliche Vorgänge solch einen Konsens absichern. Diese Forderungen hatten zur Folge, dass das, was man gemeinhin „Verführung" nennt, schwieriger und komplizierter wurde.

Robert Greene versucht, den perfekten Verführer zu beschreiben, und macht deutlich, dass die Aufrechterhaltung der Unvollständigkeit der romantischen Interaktion wichtig ist. Diese umfasse eine zunehmende Zweideutigkeit und das Senden gemischter Signale, das Beherrschen versteckter Andeutungen, Wunsch und Wirklichkeit durcheinanderzubringen, Vergnügen und Schmerz sowie Verlangen und Verwirrung zu vermischen und das sexuelle Element zu dämpfen, ohne es auszuschalten, die Ablehnung jeglichen Standards zu akzeptieren und die Fähigkeit zu entwickeln, Befriedigung hinauszuzögern und niemals vollkommen anzubieten (vgl. Greene 2001). Anders ausgedrückt: Verführung fordert die Fähigkeit, mit den gewöhnlichen Regeln von Beziehungen zu spielen, die Klarheit und Aufrichtigkeit voraussetzt. Bartsch und Bartscherer drücken es so aus: „... ambivalence is built in the erotic phenomenon." (Bartsch/Bartscherer 2005: 7)

Verführung ist ambivalent, und es ist diese Doppeldeutigkeit der großen Verführer der westlichen Kultur, die sie zugleich verantwortungslos und vom Freiheitsdrang beseelt zeigt. Don Juan, Casanova, Cleopatra – sie alle umgibt eine Art Souveränität und Selbstbeherrschung, die nicht durch Regeln gebunden werden kann. In ihrem Wunsch, unverbindlich zu verführen, müssen sie uneindeutig sein. Ambiguität ist nötig, um Unsicherheit in Bezug auf die Absicht und den Begriffsinhalt des Sprechens aufrechtzuerhalten. In diesem Sinne erlangt man sowohl die Macht als auch die Freiheit, etwas zu sagen, ohne es zu meinen. Dies kann bedeuten, dass mehrere Bedeutungsinhalte auf einmal ausgedrückt werden und – noch viel wichtiger – keine Verantwortung dafür zu tragen ist. Diese Art von Freiheit, die für den moralischen Standpunkt immer problematisch ist, ist auch eine Voraussetzung für eine gewisse Verspieltheit. Diese steht synonym für das Überschreiten von Grenzen und ruft deshalb unsichere und widersprüchliche Bedeutungen hervor. Der Philosoph Robert Pippin drückt es so aus: „there is something about eros ... that cannot be accommodated easily within Christian or liberal-egalitarian humanism" (Pippin 2005: 280).

Ich würde sogar argumentieren, dass Ironie die Verspieltheit abgelöst hat und dass es diese Ironie ist, die tatsächlich den Zeitgeist dominiert. Warum ist Ironie so schädlich für die Liebe? David Halperin schreibt: „Some experiences, however, are incompatible with irony. In order to have them at all, it is necessary to banish any hint of irony. Conversely, the arrival of irony signals the end of the experience, or its diminution. Irony's opposite is intensity. In moments of intense, overwhelming sensation, we have little awareness of context and no attention to spare for more than one set of meanings. In such states, we become literalists: we can experience only one kind of thing. The three cardinal experiences that demand the elimination of irony, or that cannot survive the irony, are raw grief or suffering, religious transport, and sexual passion." (Halperin 2005: 49)

Ironie ist eine Redefigur, die Ahnungslosigkeit heuchelt, dabei aber in ihrer Wirkung vom Wissen des Zuhörers abhängt. Sie ist der rhetorische Trick einer Person, die zuviel weiß, die Wirklichkeit aber nicht ganz ernst nehmen möchte. Modernes romantisches Bewusstsein hat die rhetorische Struktur der Ironie, weil sie von einem entzauberten Wissen durchzogen ist, das volles Vertrauen und Verbindlichkeit verhindert. Wenn Liebe also tatsächlich – wie häufig konstatiert – eine moderne Religion sein soll, dann ist sie in der Tat eine besondere: Sie ist dann eine Religion, die keinen Glauben, keine Treue und keine Verbindlichkeit herstellen kann.

Literatur

Austen, Jane (1988), Persuasion. Oxford.
Bartsch, Shadi/Bartscherer, Thomas (2005), What Silent Love Hath Writ: An Introduction. In: Shadi Bartsch, Thomas Bartscherer (eds.), Erotikon: Essays on Eros, Ancient and Modern. Chicago.
Beauvoir, Simone de (2008 [1949]), Das andere Geschlecht. Sitte und Sexus der Frau. 9. Aufl. Reinbek bei Hamburg: Rowohlt Taschenbuch.
Berman, Marshall (1988), All That is Solid Melts into Air. The Experience of Modernity. Gloucester (MA).
Berman, Marshall (1998), The Politics of Authenticity. New York.
Bushnell, Candace (1996), Sex and the City. New York.

Firestone, Shulamith (1979), The Dialectic of Sex: The Case for Feminist Revolution. New York.
Greene, Robert (2001), The Art of Seduction (New York, 2001).
Halperin, David M. (2005), Love's Irony: Six Remarks on Platonic Eros. In: Bartsch/Bartscherer (eds.) (2005).
McEwan, Ian, „On Chesil Beach," The New Yorker (Dezember 25, 2006 and Januar 1, 2007), S. 103.
Pippin, Robert (2005), Vertigo: A Response to Tom Gunning. In: Bartsch/Bartscherer (eds.) (2005).
Taylor, Charles (1989), Sources of the Self. The Making if the Modern Identity. Cambridge.
Tierney, Brian/Scott, Joan W. (2000), Western Societies: A Documentary History, 2 vols. New York.

Dietmar Larcher

Dritter Raum, Dreivierteltakt.
Möglichkeitsorte für Liebe und Intimität in einer globalisierten Welt

1 Operettenzauber

Wien im Frühjahr. Die Sonne strahlt über dem Stadtpark, vor dem Johann-Strauß-Denkmal steht eine Gruppe japanischer Touristen, auf den Parkbänken sitzen die Schüler und Schülerinnen des nahe gelegenen Akademischen Gymnasiums Hegelgasse und zeichnen den Walzerkönig. Viele von ihnen sind Neo-ÖsterreicherInnen, fast die Hälfte, schätze ich im Vorbeigehen. Etwas weiter hinten im Park – sehe ich richtig? – doch, ja, wirklich, da steht tatsächlich ein Pärchen vor einem herrlichen Blumenbeet, sie etwa fünfzehn, er vielleicht siebzehn Jahre alt. Die beiden halten sich eng umschlungen. Das wäre in einem Teheraner Park ein Skandal. Gleich würde ein Tugendwächter einschreiten, um die beiden vor ein Gericht zu zerren. Aber in Wien doch nicht.

Doch, dieses Pärchen ist in Wien zumindest eine Sensation, wenn auch kein Skandal. Sie trägt nämlich ein Kopftuch und einen langen Mantel, beides seidenleicht und in wunderbar hellem Blau. Wie ein schöner Schmetterling. Er sieht aus wie der jugendliche Held in einer Operette des Johann Strauß: dunkler Teint, dunkles Haar, Gelfrisur, dunkle Hose, weißes Hemd mit aufgekrempelten Ärmeln, Siegerlächeln im Gesicht. Ob er ein Neo-Österreicher ist, kann ich nicht sagen. Auf jeden Fall merke ich, dass er nicht vorhat, eine Arie zu singen, obwohl sein Mund geöffnet ist, als wolle er gleich loslegen: „Dein ist mein ganzes Leben". Dürfte ein Roma sein, denke ich. Ja, gibt's denn das? Werden die sich jetzt tatsächlich küssen! Bei meinen vielen Forschungsaufenthalten in recht unterschiedlichen muslimischen Ländern von Jordanien über den Iran bis Indonesien habe ich so etwas noch nie gesehen. Im multikulturellen Wien auch nicht.

Fasziniert schaue ich hin, wie er ansetzt, sie zu küssen. Da erblickt sie mich und macht ihm ein kleines Zeichen mit dem Kopf. Er wendet sich um, lacht mich an und sagt: „Ich wünsche Ihnen einen wunderschönen Tag!" Ich lache auch, ein bisschen erheitert, ein bisschen verlegen als ertappter Voyeur, und wünsche den beiden viel Glück. Da lächeln sie jetzt beide.

Das war durchaus zum Titel meines Beitrags passend. Doch der folgende Text wird sich nicht mit netten Episoden postmoderner Liebesbezeugungen befassen. Er handelt von einem Konfliktgespräch einer Österreicherin mit einem Araber, zu dem sie ein Naheverhältnis hatte. Ob ich es Liebe nennen darf, weiß ich nicht. Intimität jedoch trifft zu.

2 Liebe und andere Schlüsselbegriffe

Vor der Interpretation dieser Fallgeschichte auf der Basis theoretischer Modelle sollen jedoch blitzlichtartig jene Begriffskonstruktionen beleuchtet werden, auf die sich die Argumentation im Folgenden stützt, also Globalisierung, Kultur, Liebe.

Die Globalisierung verstehe ich als ein von der neoliberalen Wirtschaft vorangetriebenes Projekt zur Ausbreitung kapitalistischer Regeln des Handels auf die gesamte Welt, das sich nicht bloß auf den ökonomisch-technischen Bereich beschränkt, sondern auch die lebensweltlichen Bereiche (zum Unterschied von System und Lebenswelt vgl. Habermas 1981) der Gesellschaft verändert. Ihr Ziel ist das Ankurbeln des Wirtschaftswachstums, die Schaffung größerer, offenerer Märkte, mehr Konkurrenz zwischen Unternehmen und auch zwischen Ländern. „Globalisierung zielt auf Bewegungsfreiheit für Kapital, Waren, Dienstleistungen und Arbeitskräfte, auf möglichst unbehindertes Passieren nationalstaatlicher Begrenzungen." (Kreisky 2001: 138)

Als Folge dieser mit der mächtigen Hilfe von WTO, WWF und Weltbank in die Praxis übersetzten Wirtschaftsdoktrin haben sich nicht nur die ökonomischen und politischen Systeme, sondern auch die Muster des Alltagslebens weltweit verändert. Die Dynamik dieses Prozesses gleicht einer Art gigantischer Mischmaschine, die alles durcheinander wirbelt und Menschen mit unterschiedlichstem kulturellen Hintergrund überall auf der Welt miteinander in so engen Kontakt bringt, dass kulturelle Hybridisierung zum Regelfall wird.

Wobei allerdings anzumerken ist, dass es eine „reine" Kultur auch vorher kaum irgendwo auf der Welt jemals gegeben hat, obwohl diese Fiktion immer wieder als Fixpunkt der eigenen unverwechselbaren, einmaligen Identität von Ethnien und Nationen bemüht wurde und wird. Die „reine" Kultur war und ist ein Phantasma. Ich beziehe mich hier mit dem Phantasma-Begriff auf den Lacanianer Slavoj Žižek (Žižek 2000: 110-123). Dieses Phantasma der reinen Kultur verkauft Samuel P. Huntington als Realität, und zwar in seinem vielzitierten Buch „Kampf der Kulturen" (Huntington 1997: 53 ff.), in dem er von „Kulturkreisen" spricht, die er durch „Kernstaaten" am besten repräsentiert sieht. In Zeiten der Globalisierung bedarf es jedoch einiger Borniertheit zu glauben, Kulturen ließen sich geographisch, sprachlich und/oder ethnisch abgrenzen oder durch Kernstaaten repräsentieren. „Afrikanische Kultur" und „lateinamerikanische Kultur" zum Beispiel, die von

Huntington herbeigezaubert werden, sind Konstruktionen ohne jeden Bezug zur Realität. Der pragmatische Kulturbegriff, der diesem Text zugrunde liegt, entstammt den Cultural Studies (vgl. etwa Hall 2000 sowie Lutter/Reisenleitner 1998). Er bezeichnet Alltagskultur, also Regeln und Rezepte zum „richtigen" Verhalten und Handeln im alltäglichen Leben. Solche Regeln und Rezepte entstehen immer dann „quasi von selbst", wenn Menschen miteinander arbeiten, wohnen, Projekte machen, sich unterhalten, streiten, Feste feiern, Sport betreiben, flirten etc. und dabei bestimmte Verhaltensmuster entwickeln. Der Rohstoff der Alltagskultur sind die gemeinsamen Erfahrungen einer bestimmten Gruppe; genauer gesagt, die in einer Gruppe bewährten Handlungs- und Verhaltensmuster, die mündlich und/oder schriftlich tradiert werden oder schon seit längerer Zeit das Verhalten prägen: Gewohnheiten, Bräuche, Traditionen, Sitten, Vorschriften und Verbote, Tabus, religiöse Gebote und Gesetze.

Die Kultur, von der hier die Rede ist, dient als Navigationssystem durch den verwirrenden Dschungel des Alltagslebens. Sie hat Kriterien dafür, was als wahr und was als falsch, was als gut und was als böse, was als schön und was als hässlich zu bewerten ist; aber auch, wie man zum Beispiel ein Gespräch führt, wem man wann die Hand gibt, wie man sich in der U-Bahn verhält, wo man hingeht, wenn man rasch einmal muss, usw. Sie ist den Menschen, die sich mit ihrer Hilfe durch den Alltagsdschungel manövrieren, oft halbbewusst oder unbewusst und unsichtbar. Die Alltagskultur tendiert aber auch dazu, Grenzen zu setzen, ein- und auszugrenzen und Verstöße zu sanktionieren.

Alles, was die Cultural Studies über die Hybridisierung von Kulturen zu sagen haben, was Soziologen und Anthropologen über die Dynamik von Kulturen im Zuge der Globalisierung feststellen, nämlich dass Mischformen, Überlappungen und Überschneidungen die Regel, nicht die Ausnahme sind, gilt auch für die Liebe als kulturell geformten Kommunikationscode zur Äußerung von Gefühlen.

Es gilt also, einen Begriff von Liebe zu finden, der geeignet ist, die Vermischung von ganz unterschiedlichen Liebeskonzepten zu benennen. Das lässt sich am ehesten dadurch erreichen, dass man auf ein inhaltlich allzu genau bestimmtes Konzept von Liebe verzichtet und stattdessen eine Funktionsbestimmung des Wortes vornimmt.

Liebe ist, so meine Definition, die letztlich auf Sigmund Freuds „Unbehagen in der Kultur" basiert, eine kulturspezifische Kompromissformel zwischen Es-Impulsen und Über-Ich-Geboten zum Zweck der Regelung von Geschlechterbeziehungen, die je nach Kultur bzw. Teilkultur der Liebenden unterschiedlich codiert ist. Was der „gesunde Menschenverstand (der, wie Adorno sagt, krank mache) für das „natürliche" Verhalten als Reaktion auf „natürliche" Gefühle hält, also für eine transkulturelle Universalie, das wurde zu anderen Zeiten und wird an anderen Orten und in anderen Kulturen und Teilkulturen der Gesellschaft völlig anders ausgedrückt. Die Liebe ist ein kulturell geformter Kommunikationscode. Ich gehe also mit dem Gegner der Psychoanalyse, mit Niklas Luhmann, davon aus, dass „das Medium Liebe selbst kein Gefühl, sondern ein Kommunikationscode [ist], nach dessen Regeln man Gefühle ausdrücken, bilden, simulieren, anderen unterstellen, leugnen und sich mit all dem auf die Konsequenzen einstellen kann, die es hat, wenn entsprechende Kommunikationen realisiert werden." (Luhmann 1982: 23) Wichtig ist mir festzuhalten, dass es DIE Liebe nicht gibt, sondern nur kulturspezifische Spielarten der Liebe.

In Zeiten der kulturellen Hybridisierung wird der Liebescode notgedrungen immer häufiger zum Gegenstand der Verhandlung zwischen Beziehungspartnern, die einen unterschiedlichen kulturellen Hintergrund haben. Denn trotz Vermischung der Kulturen als Folge der alle Lebensprozesse erfassenden Globalisierung bestehen immer noch gravierende Unterschiede in diesem kulturell geformten Kommunikationscode namens Liebe, vor allem in der Mikrostruktur dieses Codes, etwa im Courtship Pattern. Das sind Unterschiede, die durchaus zu Irritationen führen können. Für Liebende mit unterschiedlichem kulturellem Hintergrund erwachsen Schwierigkeiten daraus, dass sie ihre Gefühle, Wünsche, Erwartungen und Erwartenserwartungen in Bezug auf den Partner bzw. die Partnerin nach kulturell unterschiedlich geformten Kommunikationscodes der Liebe wahrnehmen und äußern. Selbst den aufgeklärtesten unter ihnen fällt es schwer, die Beziehung zum Partner oder der Partnerin so zu leben, als würden kulturell geformte Verhaltensnormen, Gefühle, Erwartungen und Wünsche keine große Rolle spielen. Daraus ergeben sich nicht selten schwierige Beziehungsprobleme. *„Wir haben in unserem Leben alles geschafft, nur eines nicht: die Liebe!"*, sagte im Rahmen unserer Untersuchung eine österreichische Teilnehmerin an einer Gruppendiskussion von Personen, die in interkulturellen Partnerschaften leben (Gruppendiskussion im Beratungszentrum für interkulturelle Paare F.I.B.E.L. am 16.01.1999). Und alle anderen ÖsterreicherInnen in der Runde nickten betreten. Der muslimisch sozialisierte nigerianische Gatte einer österreichischen Frau jedoch sagte – an anderer Stelle – etwas ganz anderes:

> „Ich bin nicht romantisch, und ich bin nicht sentimental, deshalb rede ich nicht von Liebe, Liebe, Liebe. Für mich ist das einfach ein blödes Wort. Ich rede vom Heiraten, von Respekt, Vertrauen und Verantwortung, davon rede ich." (Agbono-Puntigam 1995: 51)

3 Nähe, Intimität und Konflikt. Eine Fallgeschichte

Die folgende Geschichte spielt in einem Ort am Meer in Südfrankreich, wo beide Protagonisten Fremde sind. Sie ist dort, um während des Sommers ihr Französisch zu verbessern, er studiert an der Universität des Ortes Maschinenbau. Er hat ihr seine Wohnung angeboten, damit sie ihre freie Zeit nicht im ungemütlichen Studentenheim verbringen müsse. Die beiden sind sich sympathisch und kommen sich nahe, doch sie erleben eine Reihe von Konflikten. Die folgende Fallgeschichte berichtet von diesen Auseinandersetzungen, nicht jedoch von romantischen Liebeserlebnissen. Die Autorin selbst hat mir die Geschichte dieser nicht ganz einfachen Beziehung erzählt. Da sie mir exemplarisch schien, habe ich sie ermutigt, sie in einem Buch über Interkulturalität zu veröffentlichen (Twrdy 2005: 148-150).

Es geht um die Rückkehr von einem Besuch, den die Erzählerin bei einem Bekannten machte, ohne sich vorher mit ihrem arabischen Gastgeber und Freund abgesprochen zu haben.

„Zwei Stunden vor Mitternacht. Der Tag beginnt. Bei diesen Temperaturen lebt es sich des Nachts wesentlich leichter als am Tage. Ich bin unterwegs, um einen Bekannten zu besuchen. Ein Student aus Tunesien. Er erzählt mir seine Geschichte. Ich lausche. Erzähle meine Geschichte. Höre mir selbst zu. Mit fremdem Gegenüber erzählt man sich neu. [...] Um zwei Uhr morgens gehe ich zurück zum Heim. Beeindruckt, angefüllt, zufrieden, müde. Müde und erschöpft, von der fremden Sprache, von den fremden Erzählungen, meinen und denen der anderen. Der Wind bläst sanft vom Meer. Ich lasse mich dankbar in das Rauschen der Wellen fallen. ‚Du bist so weit, weit weg. So weit, weit weg von mir...', erstaunt entdecke ich Hubert von Goisern auf meinen Lippen. Und gleich darauf höre ich ‚I will wieda ham, I fühl mi da so allan ...'. Auch STS summt aus mir. Na so was! Ist das jetzt Heimweh? Diese Lieder singe ich doch sonst nie. Und während ich noch nachdenke, wie ich meinen Rückzug einordnen soll, und zumindest das ist es, ein Rückzug auf meine eigene Sprache, vielleicht eine Pause, ein Zurückgreifen auf einen Ort des nicht ständig In-Frage-gestellt-Werdens, kommt der Austro-Pop erst so richtig in Schwung: Fendrich, Ambros, Danzer, Schifoan, Hofer, Tramway und Favoriten. Ich überlege, entscheide mich, die Lieder anzunehmen. Summe sie vor mich hin. Hinauf die gebogene Straße zur Residence.
Serhat hat Nachtdienst. Ich trete durchs Tor. ‚Salut!', lache ich. Sein finsteres Gesicht lässt mich innehalten. Ein Tobsuchtsanfall folgt. Wo ich denn gewesen sei, was ich bei fremden Männern zu suchen hätte, dass ich verschwinden könne. Ein Riesenfragezeichen tut sich vor mir auf. Ich bin mir sicher, nichts verbrochen zu haben. Aber eben so sicher scheint hier jemand zutiefst aufgebracht und beleidigt zu sein. Mein erster Impuls ist wegzugehen. Das brauche ich mir nicht bieten zu lassen. Wie eine Ehebrecherin werde ich hier behandelt. Wie komme ich dazu?! Doch ich will nicht weggehen, will keine Weggejagte sein, ich habe nichts Verkehrtes getan.
Eine Entschuldigung wird eingefordert. Tatsächlich, ich entschuldige mich: ‚Wenn ich dich verletzt habe, so tut mir das sehr leid. Es tut mir besonders leid, denn es lag überhaupt nicht in meiner Absicht dich zu verletzen. Ich habe hier offensichtlich Regeln verletzt, die ich nicht kenne. Und deshalb konnte ich sie auch nicht beachten oder aushandeln. Aber es tut mir leid, wenn etwas schief gelaufen ist.' Serhats Körper wird ruhiger, schwerer, er sitzt nun fest auf seinem Stuhl. Scheint nicht mehr außer sich zu sein. Meine Worte hat er angenommen. Doch er selbst sagt nichts.
Ich warte.

> Nun beginnt in mir die Spannung zu steigen. Auch ich habe meinen Stolz. Redeverbot?! In mir wird es heiß. Ich nehme Anlauf: ‚Und nun? Ich habe mich entschuldigt, aber du nicht. Nach meiner kulturellen Sichtweise hast auch du mich verletzt.' ‚Aber das wollte ich gar nicht', sagt er. ‚Natürlich nicht. Trotzdem ist es passiert. Genau das ist das Muster', erwidere ich leise. ‚Auch ich bin verletzt.' Meine Erwartungshaltung steht laut im Raum, wartet aufgenommen zu werden. Nichts passiert. Wie wird er reagieren? Die Luft drückt. Ein Blatt fällt von Baum. Ich höre meinen Atem. Explosive Stille. Doch so will ich nicht gehen. ‚Bist du denn zu stolz, um dich zu entschuldigen?' Ein sehr langer Moment vergeht. Dann sagt auch er: ‚I´m sorry'. Unsere Blicke finden sich, erleichtertes Lächeln in unser beider Augen. Alle Schwere wandelt sich in Leichtigkeit. Wieder eine Hürde gemeistert. Aufatmen. Die Nacht ist warm. Entspannt sich. Wir plauschen noch lange. Mit dem Sonnenaufgang verabschiede ich mich, steige die Treppe hinauf in den dritten Stock. Tiefer Schlaf erwartet mich."

4 Intimität und „Dritter Raum"

Ich lese diese Fallgeschichte als einen gelungenen Versuch, Intimität und Nähe in einer transkulturellen Beziehung durch das Nützen eines „Dritten Raumes" lebbar zu machen. Die beiden Personen haben im Verlauf ihrer Enkulturation ganz unterschiedliche Codes erlernt, die beide jedoch für die einzig mögliche „natürliche", „normale" Nähe zum und Intimität mit dem anderen Geschlecht halten. Dieser kulturell geformte Kommunikationscode erleichtert das „richtige" Verhalten beim Anbahnen und Gestalten einer Beziehung, solange er der Frau und dem Mann nicht nur bekannt ist, sondern auch als natürlich und selbstverständlich erscheint. Er führt jedoch in unserer Geschichte zu großen Verwirrungen, Komplikationen und Konflikten, da die beiden auf Grund ihres unterschiedlichen kulturellen Hintergrundes unterschiedliche Codes internalisiert haben.

Die hier geschilderte Situation sieht zunächst ziemlich verfahren aus. Beide deuten sie so unterschiedlich, dass ein Ausweg aus dem Dilemma fast unmöglich scheint. Auffällig ist, dass beide, die junge Frau, aber auch der Araber, zunächst die Situation auf der Basis ansozialisierter Verhaltensnormen deuten und entsprechend reagieren. Wütend der eine, verdutzt, vor den Kopf gestoßen die andere. Er begreift nicht, wieso sie selbst die primitivsten Spielregeln einer Mann-Frau-Beziehung missachtet, sie versteht nicht, was er an ihrem Verhalten anstößig findet. Er wirft sich in Pose und fordert eine Entschuldigung für ein Fehlverhalten, das ihr aber keineswegs als falsch erscheint. Doch da sie die Rolle der Frau im Patriarchat erlernt hat, und zwar in Österreich, regrediert sie zunächst einmal in das Verhaltensmuster der Einsichtigen, die Zornesausbrüche des Mannes auch dann erträgt und seinen Forderungen auch dann nachgibt, wenn sie ihr absurd erscheinen. Doch nur für einen kurzen Moment, denn schon im Nachsatz stellt sie klar: *Ich habe hier offensichtlich Regeln verletzt, die ich nicht kenne. Und deshalb konnte ich sie auch nicht beachten oder aus-*

verhandeln. Da wird klar, dass sie diese Rolle der Beugsamen und Nachgiebigen in Frage stellt. Der Satz erhellt aber auch ihre Situationsdeutung: dass es sich nämlich um einen Konflikt handelt, der nicht mit individuellen Stimmungslagen, sondern mit kulturell unterschiedlichen Verhaltensnormen zu erklären ist. Am emanzipatorischsten jedoch ist die letzte Feststellung. Sie unterstellt, dass man solche Normen im Normalfall aushandeln müsse. Hier sei das nicht geschehen. Sie entschuldigt sich, allerdings versehen mit einem Nachsatz, der klar stellt, dass sie sich nicht für ihr Verhalten, sondern für ihre mangelnde Regelkenntnis entschuldigt. Und dann macht sie etwas, was für meine europäisch sozialisierten Ohren zunächst wie das genaue Gegenstück zu seinem patriarchalischen Verhalten klingt: Sie fordert auch seine Entschuldigung ein. Die nächste Äußerung schon stellt klar, dass hier jedoch nicht eine bloße Machtprobe ansteht, sondern dass sie viel mehr eine Metaebene des Diskurses eröffnen möchte, auf der sie gemeinsam ihre kulturellen Verhaltensmuster analysieren: '*Nach meiner kulturellen Sichtweise hast auch du mich verletzt.*' '*Aber das wollte ich gar nicht*', sagt er. '*Natürlich nicht. Trotzdem ist es passiert. Genau das ist das Muster*'.

Wir erfahren aus der Erzählung nun nicht mehr genau, was sich im Folgenden zwischen den Beiden abgespielt hat. Wir hören nur, dass sich die Situation entspannt und dass sich die beiden sehr viel zu erzählen haben.

5 Deterritorialisierung und Dritter Raum

Dass diese Entwirrung der heillos verwirrten kulturellen Codes von Liebe letztlich glückte, soll hier mit einem aus den Cultural Studies vertrauten Konzept erklärt werden. Die beiden Protagonisten unserer Fallgeschichte trafen sich nicht auf dem heimatlichen Boden eines der beiden, sondern auf einem Territorium, das beiden kulturell nicht die Heimat bedeutete. Sie waren deterritorialisiert (zum Begriffspaar Territorialisierung und Deterritorialisierung siehe Deleuze/Guattari 1974). Beide waren Fremde, beide fern von einem Territorium, das niemand anderem als mir und Meinesgleichen gehört. Dieses Moment der Deterritorialisierung, das in Zeiten der Globalisierung für immer mehr Menschen zur Normalität wird, das für viele sehr bedrohlich scheint und gefährliche Formen des religiösen und/oder ethnischen Fundamentalismus fördert, eröffnet aber auch die Chance, erworbene kulturelle Muster zu erkennen und kritisch zu prüfen, sie womöglich zu verändern. Es hängt davon ab, ob ein „Dritter Raum" zur Verfügung steht.

6 Exkurs zum Dritten Raum

Der „Dritte Raum" ist ein Begriff, den Homi Bhaba (Bhaba 1994/2000), aber auch Claire Kramsch (1993) Jahrzehnte später in den wissenschaftlichen Diskurs einführen werden: Sie konzipieren ihn als Raum ‚zwischen' den Kulturen, wie Birgit Wagner, Vertreterin eines Cultural Studies-Ansatzes in den Kulturwissenschaften betont, „als jenen innerhalb von nationalen oder regionalen Kulturen sich eröffnenden Raum, in dem sich Phänomene der ‚Bastardisierung' oder Kreolisierung vollziehen können" (Wagner 2006). Es lohnt sich, in diesem Zusammenhang einen Blick auf Foucault zu werfen, der in einem kleinen Aufsatz „Des espace autres" das Konzept der Heterotopie entwirft, das zwar nicht identisch mit der Theorie des Dritten Raumes ist, aber wichtige Aspekte vorwegnimmt. Er sagt, dass die Menschen in ihrer Geschichte immer spezielle soziale Räume vorgesehen haben, um Krisen des Lebens zu bewältigen: zum Beispiel die Adoleszenz, aber auch die Geburt, das Alter und den Tod. In vielen Gesellschaften sind diese sozialen Räume keineswegs aus dem Blick entfernt, sondern in das normale Leben integriert. In unserer Gesellschaft jedoch sind dies Sonderräume, die ihren eigenen geografischen Ort haben: die Klinik, das Altenheim, der Friedhof etc. Der Modellfall einer Heterotopie, so Foucault (zum Begriff der Heterotopie siehe Foucault 1984: 49), sei jedoch das Schiff, denn es sei ein Ort ohne Ort, ein schwebender Raum. Die Metapher des Schiffes ist im übrigen in Literatur und Kunst immer wieder dazu verwendet worden, um alternative Erfahrungen oder Grenzerfahrungen zu bezeichnen, von der Odyssee über die Bibel und die kirchliche Ikonographie bis zum Narrenschiff des Sebastian Brant, Géricaults Floß der Medusa und Hans Werner Henzes gleichnamigem Oratorium.

Die Theorie des Dritten Raumes knüpft daran an: Sie untersucht Lösungen für Krisenfälle der Kommunikation. Der Dritte Raum hat die Qualität der Tertiarität, die den Konfliktpartnern hilft, aus dem Schema des Entweder-Oder auszubrechen. Er ist jener (geographische, psycho-soziale, soziale, sprachliche ...) Ort, der die bislang gültigen Kommunikationsbedingungen und -regeln außer Kraft setzt und ein vermittelndes Drittes ermöglicht: Tertium datur. Wenn zum Beispiel Israelis und Palästinenser sich 1993 in Oslo trafen, wo niemand von ihnen Hausherr war und keine der beiden Parteien kulturelle Hegemonie für sich beanspruchen konnte, so trug die Wahl dieses Ortes auf einem für beide gleich fremden Territorium dazu bei, dass sie sich eher auf einen Verständigungsprozess einlassen konnten, als hätte die Konferenz in Jerusalem oder Gaza stattgefunden. Noch dazu gab es die Figur des Dritten als Person, die vermitteln oder eingreifen konnte.

Dritte Räume sind temporäre Orte. Ihnen fehlt die Ernsthaftigkeit der Heimat. Sie vermitteln nicht zuletzt etwas Spielerisches, also ein wenig von der Als-Ob-Dimension, die der Philosoph Vaihinger schon vor hundert Jahren unter dem Titel „Als Ob Philosophie" in den wissenschaftlichen Diskurs einbrachte: Dass wir nämlich Richtiges mit bewusst falschen Annahmen erreichen können. Fiktionen wie z.B. die Begriffe des Atoms, des Unendlichen, der Willensfreiheit, des Dings an sich oder des Absoluten, der Kraft, der Materie usw. sind ja schließlich auch die Basis für wichtige wissenschaftliche, sogar technische Konstruktionen geworden. Die imaginäre Zahl i, dieses Hirngespinst der Mathematiker, ist für die Arbeit von Mathematikern, Ingenieuren und

Dritter Raum, Dreivierteltakt

Physikern genau so unentbehrlich wie negative Zahlen – ein anderes Als-Ob Konstrukt – für Finanzmathematiker. Sie sind sehr gut geeignet für die Entwicklung dessen, was Robert Musil den „Möglichkeitssinn" nennt. Sie haben eine schwache kulturelle Identität, sie erlauben Flexibilität. Man verlässt sie wieder, um in die ganz wirkliche Wirklichkeit zurückzukehren.

Für unseren Fall adaptiert: Die „Als-ob-Haltung" (Tun wir so, als ob es diese kulturellen Unterschiede gar nicht gäbe. Tun wir so, als ob wir nicht von der ansozialisierten kulturellen Selbstverständlichkeit über das „richtige Verhalten" beherrscht würden), diese Als-ob-Haltung funktioniert zunächst nicht, weil sie gar nicht eingenommen werden kann. Der kulturbedingte Beziehungskonflikt ist radikaler. Er stellt das ethnozentrische Selbstbild der beiden in Frage. Erst der Gedankenblitz der Frau („*Ich habe hier offensichtlich Regeln verletzt, die ich nicht kenne.*") eröffnet die Chance, eine neue Perspektive in den Diskurs einzuführen: die unbekannte Kultur des Partners. Und dann, noch wichtiger, den impliziten Vorschlag, doch Regeln auszuhandeln, und zwar Regeln, die vielleicht weder in seiner noch in ihrer kulturspezifischen Spielart von Intimität und Nähe eine Rolle spielen, die aber für sie beide verbindlich sein sollten[1]: „*... konnte sie nicht ausverhandeln.*". Das Erstaunliche ist, dass Serhat auf das hier versteckt vorgetragene Angebot eingeht und sich auf das Aushandeln von transkulturellen Beziehungsregeln offenbar einlässt.

Meine Hypothese, basierend auf langen Erfahrungen in vielen muslimisch geprägten Ländern, vom Vorderen Orient, dem Iran bis Indonesien, geht dahin, dass Serhat ohne die Existenz eines Dritten Raumes (das war für beide dieses exterritoriale Südfrankreich) hätte kulturkonform handeln müssen. Er hätte seine Partnerin tatsächlich hinauswerfen und mit Schimpf und Schanden davonjagen müssen. Streng gläubige Muslime haben es nämlich schwer, sich von solchen Normen zu lösen, da sie in ihrem Lebenskontext ständig dichter sozialer Kontrolle ausgesetzt sind.

Um die Plausibilität meiner Hypothese zu prüfen, bat ich eine befreundete muslimische Frau, die etwa die Hälfte ihres Lebens im Westen verbracht hat, den Text der Fallgeschichte zu lesen und mir ihre Assoziationen mitzuteilen. Sie schrieb mir Folgendes:

„Dass die Reaktion einer Westlerin auf diesen Vorfall anders ist, liegt an den unterschiedlichen Verhaltensmustern und der unterschiedlichen Erziehung. Ein männlicher Muslim lernt schon als kleiner Junge Schutz zu geben, sehr viel mehr Verantwortung zu tragen, auf die Mutter, die Schwester aufzupassen, ihm würde nie einfallen, die Freundin abends, wie in westlichen Ländern üblich, ohne Begleitung nach Hause gehen zu lassen. Wie ich einmal vom Hausmeister im Goetheinstitut

---

[1] Dies alles erinnert stark an Jürgen Habermas, der im Aufsatz über „Moralentwicklung und Ich-Identität" unter Bezugnahme auf Kohlberg Ähnliches über postkonventionelle Moral sagt. Siehe Habermas 1976: 63-91, insbes. 80).

erfuhr, passen in sozial unteren Schichten in unserem Land die Männer in der Nachbarschaft (indirekt) auf die Frau auf, die in der Nachbarschaft unterwegs ist. Sogar wenn du den Koran liest, spricht dieses Buch nur zu Männern. Der Koran spricht zwar über die Frauen, aber nicht zu den Frauen. Da liegt ein großer Unterschied dazwischen: Zu jemandem sprechen oder über jemanden. Das erste Mal, als ich mir vornahm, den Koran zu lesen, bekam ich die deutsche Übersetzung des Korans vom Leiter des Goetheinstituts. Daraufhin kaufte ich mir diese deutsche Übersetzung und spürte beim Lesen, dass ich mich nicht direkt angesprochen fühlte. „Ihr Männer, sagt den Frauen, ...", „Ihr Männer, wenn ...". Ich las es aber. Auch voriges Jahr, als ich auf der Reise nach San Francisco im Hotel war und eine englische Übersetzung des Korans im Nachttisch entdeckte, machte ich ihn auf. Doch auch in der englischen Version heißt es: „Sagt den Frauen, dass sie ...". Ich machte ihn zu und legte ihn zurück. Kommt das wirklich von Gott?

Auf jeden Fall haben viele/manche Männer in muslimischen Ländern gelernt und sind dazu erzogen worden, sich für vieles verantwortlich zu fühlen. Doch die Last der Verantwortung ist manchmal so groß, dass sie die Form der Gewalt annimmt."

Zurück zur Fallgeschichte: Auch die Frau hat in diesem Beziehungskonflikt viel geleistet, nicht nur, weil sie die Initialzündung zum Aufsuchen dieses Dritten Raumes gab, sondern weil sie mutig genug war, in einer bedrohlichen, offensichtlich aggressionsgeladenen Situation nicht zurückzuweichen, sondern auf der Möglichkeit des Aushandelns zu bestehen. Sie gibt den entscheidenden Anstoß dazu, statt sich beleidigt zurückzuziehen. Dadurch eröffnet sie die Chance, dass diese transkulturelle Beziehung zu einer interkulturellen werden kann. In der Dimension des Dritten Raumes wird ihre Intervention als partnerschaftlich, nicht als dominant wahrgenommen. Hätte dieselbe Szene an einem anderen Schauplatz, entweder im Heimatland Serhats oder in Österreich stattgefunden, wäre sie wahrscheinlich anders abgelaufen. Es hätte den „Heimvorteil" gegeben, das Aushandeln von „besseren", weil symmetrischeren Formen des Umgangs miteinander wäre vermutlich sehr viel schwieriger gewesen, denn die Forderungen dessen, der am Ort des Gesprächs zu Hause ist, wären als Anspruch auf Dominanz interpretiert worden.

7   Johann Strauß revisited

Als ich beim Rückweg wieder am Johann-Strauß-Denkmal vorbeikomme, diesmal in respektvoller Entfernung von dem interkulturellen Pärchen, sehe ich, wie er sie nun tatsächlich küsst. Schön, denke ich, und freue mich mit den beiden. Ein Glück, finde ich, dass in Wien die meisten Menschen (derzeit noch) ein eher schlampiges Verhältnis zu den Regeln, Normen und Tabus von Religionen und Kulturen haben und dass auch Muslime von dieser Schlamperei angesteckt worden sind ... Brauchen sie deshalb den Dritten Raum nicht oder hat ihnen Johann Strauß einen Dritten

Raum eröffnet? Mit seinem das xenophobe Marschgetrampel irritierenden Dreiviertel-Takt?

Literatur

Agbono-Puntigam, Rebekka (1995): Warum hast du mich jetzt geküßt? Eine schwarz-weiße Liebesgeschichte. Berlin: Edition diá.

Bhaba, Homi (1994/2000): The Location of Culture, London/New York: Routledge. Dt.: Die Verortung der Kultur. Tübingen: Stauffenburg Verlag 2000.

Deleuze, Giles/Guattari, Félix (1974): Anti-Ödipus. Kapitalismus und Schizophrenie. Frankfurt a. M.: Suhrkamp.

Foucault, Michel (1984): Des espaces autres (conférence au Cercle d'études architecturales, 14 mars 1967), In: Architecture, Mouvement, Continuité, n°5, octobre 1984, pp. 46-49. Übersetzt als Foucault, Michel (2005): Die Heterotopien/Der utopische Körper. Zwei Radiovorträge. Zweisprachige Ausgabe, übersetzt von Michael Bischoff. Mit einem Nachwort von Daniel Defert. Frankfurt a. M.: Suhrkamp. Artikel auf Französisch und Englisch aus dem Internet abrufbar unter http://foucault.info/documents/hetero Topia/foucault.heteroTopia.fr.html bzw. http://www.foucault.info/documents/hetero Topia/foucault.heteroTopia.en.html

Habermas, Jürgen (1976): Moralentwicklung und Ich-Identität. In: ders.: Zur Rekonstruktion des historischen Materialismus. Frankfurt a. M.: Suhrkamp, 63-91.

Habermas, Jürgen (1981): Theorie des kommunikativen Handelns. Bd.I und II. Frankfurt a. M.: Suhrkamp.

Hall, Stuart (2000): Cultural Studies. Ein politisches Theorieprojekt. Ausgewählte Schriften 3. Hamburg: Argument Verlag.

Huntington, Samuel P. (1997): Kampf der Kulturen. Die Neugestaltung der Weltpolitik im 21. Jahrhundert. 8. Aufl. München, Wien: Europaverlag.

Kramsch, Claire (1993): Context and culture in language teaching. Oxford: Oxford University Press.

Kreisky, E. (2001): Weltwirtschaft als Kampffeld: Aspekte des Zusammenspiels von Globalismus und Maskulinismus. In: Österreichische Zeitschrift für Politikwissenschaft Jg. 30, H. 2, 137-160.

Larcher, Dietmar gemeinsam mit Petruška Krčmářová, Ruth Krčmář, Gerti Schmutzer (2000): Die Liebe in den Zeiten der Globalisierung. Interkulturelle Partnerschaften in der Risikogesellschaft der Jahrtausendwende. Klagenfurt/Celovec: Drava.

Luhmann, Niklas (1982): Liebe als Passion. Zur Codierung von Intimität. Frankfurt a. M.: Suhrkamp.

Lutter, Christina/Reisenleitner, Markus (1998): Cultural Studies. Eine Einführung. Wien, Turia + Kant.

Twrdy, Ute (2005): Im Keller ein Moslem. In: Larcher, Dietmar/Schautzer, Wolfgang/ Thuswald, Marion/Twrdy, Ute (Hrsg.) (2005): Fremdgehen. Fallgeschichten zum Heimatbegriff. Klagenfurt/Celovec und Meran/Merano: Drava & alpha&beta, 136-152.

Wagner, Birgit (2006): Einführung in die Kulturwissenschaften /Cultural Studies. CS I-B. Abstract zur Vorlesung vom 22. Mai 2006. Zur kulturellen Dimension von Räumen. Im

Internet abgerufen am 15.06.2007 unter http://127.0.0.1:4664/cache?event_id =148576&schema_id=6&q=Birgit+Wagner&s=DtKM1ju2_QhBCrlaBC2Yh-74E6g.

Žižek, Slavoj (2000): Das fragile Absolute. Warum es sich lohnt, das christliche Erbe zu verteidigen. Berlin: Verlag Volk und Welt, 110-123.

LiebesAussichten

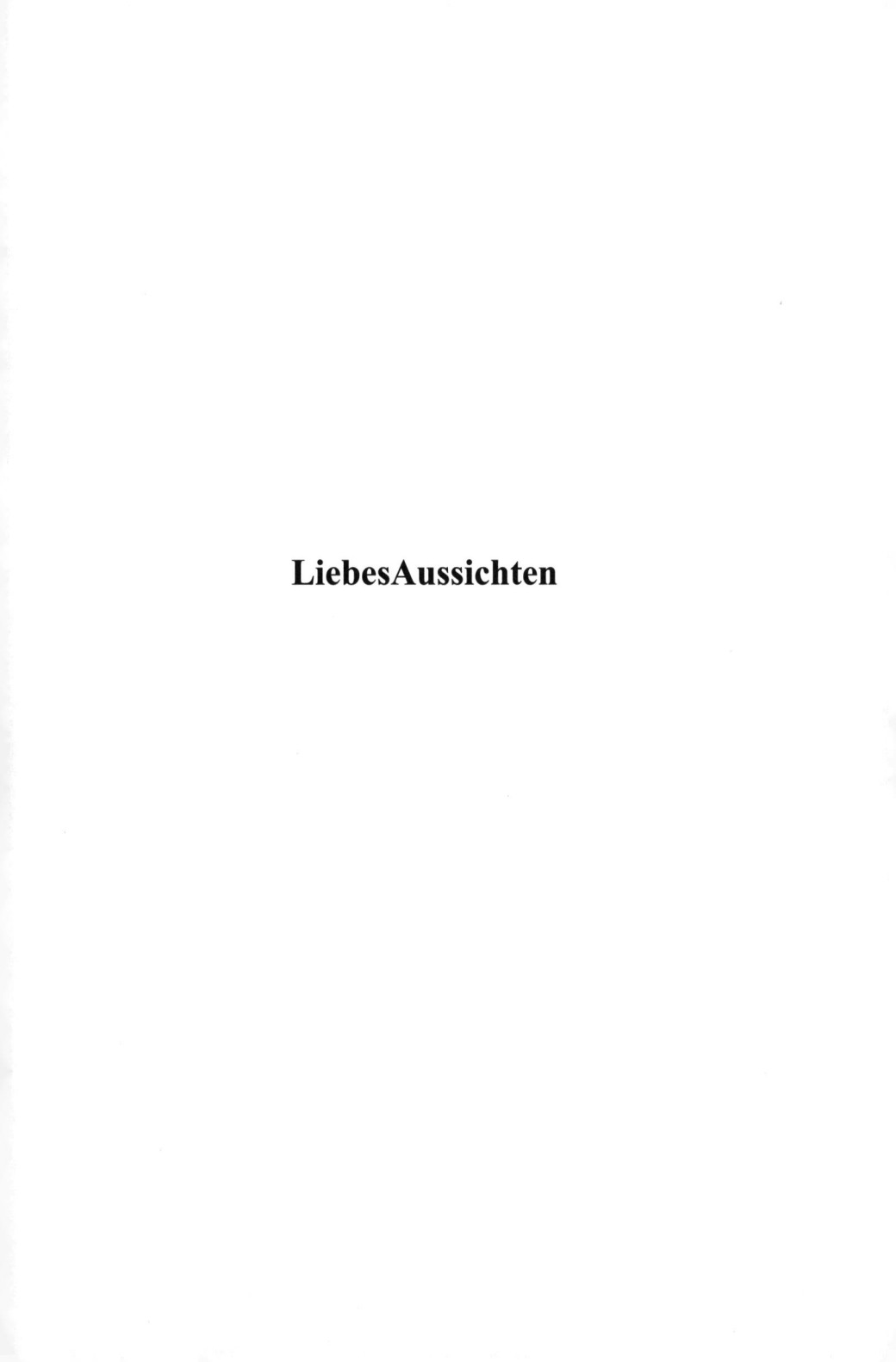

Yvonne Niekrenz und Dirk Villányi

Mehr Zeit zum L(i)eben.
Liebe in einer alternden Gesellschaft

Obwohl Liebe als etwas ganz „Natürliches" daherkommt, wird sie – wie in diesem Band dargestellt wurde – sozial und kulturell konstruiert. Sie ist abhängig von den gesellschaftlichen Verhältnissen, von den Orten und den Zeiten, in denen sie gelebt wurde und wird. Kulturelle Bedingungen bestimmen, welche Liebe erlaubt, favorisiert, ignoriert, legitimiert und tabuisiert wird. Diese Bedingungen sind ständig im Fluss, unterliegen einem permanenten Wandel. Geht man derzeit von einem durch Prozesse der Transnationalisierung, der grundlegend veränderten Kommunikationsbedingungen, dem durch zunehmende Individualisierung und Modernisierung beschleunigten Wandel sozialer Verhältnisse aus, so sind auch Intimbeziehungen steten und schnelleren Veränderungen ausgesetzt. Einerseits haben veränderte Rahmenbedingungen Intimbeziehungen grundlegend überformt, andererseits gingen auch von neuen Formen des Zusammenlebens Impulse für sozialen Wandel aus. Anthony Giddens' strukturierungstheoretische Annahmen formulieren eine demokratisierende Kraft von Partnerschaften, wenn sie eine Symmetrie zwischen den demokratischen Gefühlen in einer egalitären, „reinen" Beziehung und einer Demokratie auf der Ebene einer globalen Ordnung beschreiben (vgl. Giddens 1996: 193). Damit werden Intimbeziehungen zu einem Modell, an dem sich das reziproke Verhältnis von Interaktionen individueller Akteure und gesellschaftlichen Zusammenhängen ablesen lässt. Die Bedeutung von Liebe auf der Individualebene wie auch für gesamtgesellschaftliche Zusammenhänge wächst, und ebenso wird die sozialwissenschaftliche Forschung zukünftig das Phänomen Liebe, seine Relevanz und die Schwierigkeiten, denen es gegenübersteht, verstärkt in den Fokus ihrer Aufmerksamkeit nehmen müssen (vgl. Hillmann/Oesterdiekhoff 2002: 35).

1   Liebe und soziale Integration

Mit den Prozessen des sozialen Wandels in einer modernen Gesellschaft gehen auch Tendenzen notwendig gewordener Flexibilität (vgl. Sennett 2000) und damit zunehmender Unverbindlichkeit und Kurzfristigkeit einher, so dass die Menschen zunehmend auseinanderdriften und gesellschaftlich desintegriert erscheinen. So lässt sich durchaus die Frage stellen: Was hält hoch individualisierte Gesellschaften dennoch zusammen? Es lassen sich eine Reihe von sozial integrativen Momenten ausmachen. Nicht zuletzt sind es Emotionen als individueller Ausdruck von Wertevorstellungen, die immer mehr und immer stärker die Vergesellschaftung von Individuen herstellen (vgl. Schützeichel 2006: 7). So kann Liebe als ein auf Emotionen basierendes soziales Phänomen aufgefasst werden, das im Hinblick auf sozio-kulturelle Evolution nicht nur ein spezifisches Erfolgsmedium darstellt, welches – mit den Worten Luhmanns – Anschlusskommunikation wahrscheinlicher werden lässt. Darüber hinaus vermag Liebe dem Auseinanderdriften Anziehungskräfte zu entgegnen, so dass sie als eines der wichtigsten Elemente gesellschaftlicher Integration gedeutet werden kann. Ausgehend von der Liebe können individuelle Interessen vermittelt werden, indem diese in einen „Konsens höherer Ordnung" (Hondrich 2004: 43ff) münden. Individualisierung braucht eine Gegenbewegung: Dem Prozess der Individualisierung stellt Karl Otto Hondrich den Begriff der Kollektivisierung bzw. Rückbindung entgegen, die nicht zuletzt durch Individualisierung selbst erzeugt wird. „Das individuelle Handeln nach freier Wahl erzeugt kollektive Strukturen, die die freie Wahl einschränken. Teilweise kann man das, was in Individualisierungsprozessen entsteht, als neue Kollektivitäten ansehen." (ebd. 38) Damit stehen Rückbindung und Individualisierung in einem dialektischen Verhältnis. Rückbindung ist weder ohne Individualisierung denkbar noch umgekehrt. Dennoch kann ein Konsens höherer Ordnung nicht unendlich hoch geschraubt werden. Andernfalls würde dieser sich verflüchtigen, so dass etwa Paarbeziehungen zerfallen (vgl. ebd. 45; vgl. hierzu Kaufmann 1994).

Vielfach werden die gegenwärtigen Entwicklungen als Verfall des privaten Bereichs, als Zerrüttung des Ehe- und Familienlebens gekennzeichnet. Bauman spricht vom Zeitalter der ‚confluent love' (vgl. Bauman 1996: 51f), in dem Zweisamkeit nur solange währt wie die Zufriedenheit beider Partner. Beziehungen werden dynamischer und ambivalenter – und damit zugleich für klassische soziologische Theorien immer schwerer fassbar.

Medial werden diese Tendenzen bereits verarbeitet – Filme, Romane, Popmusik, Fotografie, selbst Ratgeberliteratur reagieren auf die Herausforderungen der wie auch immer gearteten „Postmoderne" an die Liebe. Dennoch bleibt ein Bild von Liebe in der medialen Welt, die uns Konzepte von „richtig" und „falsch" anzubieten scheint, dominant: Das romantische Muster einer Liebe, die jugendlich, jung, zügellos, ungestüm, atemlos und tränenreich ist. Sie wird recht ideologisiert an Jugend und an zart knospende Hingebung gebunden – die mediale Darstellung von Lieben hört oft da auf, wo der Alltag beginnt, nämlich genau beim Happy End. Was aber passiert, wenn die Liebe in die Jahre kommt? Und was, wenn die Liebe in jemandem wohnt, der in die Jahre gekommen ist?

2 Demographischer Wandel und Liebe[1]

Der demographische Wandel mit einer zunehmend alternden Bevölkerung ist eine der größten Veränderungen im gesellschaftlichen Bedingungsgefüge, denen die Liebe in modernen Gesellschaften ausgesetzt sein wird. Die Lebenserwartung der Menschen im westlichen Kulturkreis steigt: Im Berichtszeitraum 2004/2006 gibt das Statistische Bundesamt für Mädchen eine durchschnittliche Lebenserwartung bei Geburt von 82,1 Jahren an, Jungen können im Durchschnitt 76,6 Jahre alt werden (vgl. Statistisches Bundesamt 2007a). Ein so langes Leben kann und möchte auch mit Liebe, einem der menschlichen Grundbedürfnisse, gestaltet werden. Niemals zuvor hatten Menschen so viel Zeit für Glück zu zweit. Liebe im Alter und auch alternde Liebe sind Themen, die sich erst langsam den gesellschaftlichen Diskurs erobern. Historisch gesehen hat Liebe im Alter kaum Platz zur kulturellen Verankerung gefunden (vgl. Zernike 2007: 1). Dies verändert sich genau dann, wenn die Lebenserwartung steigt und eine auch zahlenmäßig starke Generation altert, die liberal mit ihrer Sexualität und Liebe im Alter umgeht. Gegenwärtig erkämpft sich das Thema seinen Platz im Diskurs – eine Reaktion auf eine gesamtgesellschaftliche Entwicklung, die sich so gnadenlos in Zahlen und Alterspyramiden darstellen lässt, dass sich die elektronischen Medien längst auf eine wachsende, vermögende und lustvoll konsumierende Zielgruppe jenseits des 49. Lebensjahres einstellen. Horst Opaschowski beschreibt die „Szene 50plus" als vermögende Generationen, die als „Zukunftsmarkt" gesehen werden könne (vgl. Opaschowski 2004: 122f). Ein Paradigmenwechsel stünde bevor, womit die Jugend zur Vergangenheit werde. Die „Neuen Senioren" hätten eine eigene Anspruchs- und Erlebniswelt und stellten eine Zukunftsinvestition dar (vgl. ebd.: 122f).

Mit einer Emanzipation des Alters und Alterns werden sich auch eine Emanzipation und Legitimation von Liebe und Sexualität im Alter einstellen. Jenseits von Tabus und gesellschaftlichen Schranken werden Liebe und Leidenschaft auch aufgrund vielfältiger medizinischer Möglichkeiten und Innovationen offener und selbstverständlicher gelebt werden. Dem demographischen Wandel mit einer gesünderen Generation der Älteren folgt somit ein sozialer Wandel, der eine Verschiebung des Diskurses und der Normalität – im Sinne eines »cultural lag« (Ogburn) – anregt: eine *Lieberalisierung* des Alters. Mit dem Okkasionalismus Lieberalisierung des Alters meinen wir eine Befreiung von einschränkenden Vorschriften hinsichtlich des Umgangs mit Zärtlichkeit und Sexualität, die immer auch Emanzipationssymbol war, zuerst für die Jungen, dann für die Frauen und in Zukunft für die Älteren. Damit einher wird auch eine Ästhetisierung des Alters gehen, das als Lebensphase mit schönen Seiten wahrgenommen wird. Während wir gemeinhin Schönheit mit Jugendlichkeit verbinden, ist alles das hässlich, was uns an Verfall, Vergänglich-

---

[1] Für ihre Hinweise zu (familien-)demographischen Daten danken wir Heike Trappe.

keit und Tod erinnert (vgl. Eco 2007: 15). Mit einer offen und enttabuisiert gelebten Liebe im Alter werden gängige Klischees, Stereotypen und Ideologien verabschiedet. Schönheit ist überall dort, wo Liebe ist – damit wird Schönheit rückgebunden an Liebe, eine der Grundkategorien unserer Existenz.

2.1 „Without you I'm nothing" (Placebo – feat. David Bowie) – Liebe und Lebenslauf

Die Liebe begleitet den Menschen in allen Lebensphasen und entfaltet verschiedene Formen und Bedeutungen. Auch wenn er immer wieder enttäuscht wird – das Bedürfnis nach Liebe bleibt jedem Menschen. In der Idealvorstellung sollen körperliche, sinnlich-erotische und geistige (platonische) Liebe ausgewogen vorhanden sein. Dennoch: Im Alter erhält Liebe eine andere Qualität (zu einem Verlaufsmodell von Partnerschaften vgl. Levinger 1983). Während man in jungen Jahren möchte, dass man selbst glücklich ist, möchte man in älteren Jahren vor allem, dass andere (die geliebten Menschen) glücklich sind. Liebe in lang andauernden Partnerschaften wird getragen von geteilten Erinnerungen, gemeinsam erreichten Zielen, gewachsenem Vertrauen.

2.1.1 „I will love you till the end" (The Pogues) – (Interview 1)[2]

In einem exemplarischen Interview, das weniger die Ansprüche an qualitative Interviewstudien erfüllen als vielmehr den nicht Ehe erprobten Autoren Einblick in eine mehr als 50 Jahre währende Verbindung und die Geheimnisse deren Erfolges gewähren sollte, fragten wir nach grundlegenden Regeln für das Zusammenleben und -bleiben. „An erster Stelle wär' immer das Vertrauen. Das ist so wichtig," sagt Frau S. (72), die als 16-Jährige ihren heutigen Ehemann kennenlernte und in einer mecklenburgischen Kleinstadt lebt. Ihr Ehemann (77) bestätigt ihre Aussage: „Vertrauen und gegenseitige Rücksichtnahme, das ist wichtig." Gemeinsam Höhen und Tiefen zu erleben, Hürden zu nehmen und auf Ziele zuzusteuern – das zeichne eine funktionierende Partnerschaft aus. Mit erkennbarem Stolz blickt das Paar auf eine gemeinsame Geschichte zurück, die vor 57 Jahren begann. „Eine über 50jährige Ehe nimmt man sich nicht vor," sagt Herr S., der als studierter Betriebswirt in dem Unternehmen in den Ruhestand ging, in dem er auch seine Ausbildung begann. „Das ergibt sich durch das Zusammenleben." Seine Ehefrau ergänzt: „Um eine so lange Ehe führen zu können, ist es schon wichtig, dass die Interessen übereinstimmen." In einer Zeit als Nahrung noch über Lebensmittelmarken zu beziehen war und der Staat, in dem sie lebten, noch Deutsche Demokratische Republik hieß,

---

[2] Interview 1 geführt am 14.04.08. Den Gesprächspartnern sei für ihre Offenheit und Geduld herzlich gedankt.

heirateten sie. In den 52 Jahren Ehe sind die Beiden miteinander verwachsen, sagt Frau S.: „Es ist wie eine Einheit. Man weiß schon, was der andere denkt. Und ohne, dass man es ausgesprochen hat, weiß ich schon ‚aha'." Die beiden Eheleute haben in den vielen gemeinsamen Jahren ihre Hobbys gemeinsam betrieben und den größten Teil der Freizeit zusammen verbracht. Das sei ihnen wichtig gewesen und stabilisiere auch die Partnerschaft. Viel zu leichtfertig werden heute Beziehungen beendet, sind sich beide sicher. Zugleich sehen sie aber auch, dass die Belastungen einer Beziehung, zum Beispiel aufgrund geforderter beruflicher Mobilität und Flexibilität, zahlreicher geworden sind. Angst hat Frau S. vor dem möglichen Verlust des Partners: „Ein Alleinsein nachher, das ist schon schwer."

2.1.2 „Eine neue Liebe ist wie ein neues Leben" (Jürgen Marcus) – Interview 2[3]

Verwitwung ist eine einschneidende Lebenserfahrung, die mehrheitlich Frauen trifft. In einem zweiten Gespräch, das wir mit einem weiteren Paar führten, zeigt sich, wie nach der Verwitwung auch neue Bindungen eingegangen und gestaltet werden. Frau D. (70) hat nach dem Tod ihres Mannes im 47. Ehejahr ein neues Glück gefunden. Allein sein, das könne sie nicht: „Ich bin eigentlich ein Mensch, der eigentlich immer viel Drumherum hatte. Und gerne. Und alleine sein war für mich auch nicht so sehr schön." So hat sie, ohne sich besonders darum zu bemühen, Herrn K. kennengelernt. „So, dann haben wir uns gesehen und getroffen. ... Und man hat dann auch manchmal Schmetterlinge gehabt wieder. Das kommt auch im Alter dann vor, ne." Sie betont, dass das Verlieben kein Alter kennt und auch dass Körperlichkeit eine wichtige Rolle spielt. „Ja, und das hat man auch im Alter. Das nützt nischt. Man sieht 'n Menschen und denkt: Mensch, den könntest du gern haben. ... Man kann sich wirklich gern haben. Das ist so." Mit Herrn K. (75) führt sie seit zwei Jahren eine Partnerschaft – „Das ist ne neue Liebe wieder, ne", sagt sie. Beide haben ihre eigenen Wohnungen – sie in einer mecklenburgischen Kleinstadt, er in einer etwa 150 km entfernten Hansestadt –, sind aber mittlerweile fast permanent zusammen. Auch Herr K. ist verwitwet; 2006 ist seine Partnerin nach 33 Jahren gemeinsamen Lebens verstorben. Seine neue Verbindung sei komplett anders als die vorherigen Partnerschaften. „Das ist schon ne gewaltige Differenz," sagt er. Höhen und Tiefen haben sie in ihren vergangenen Partnerschaften erlebt, aber auch in ihrer neuen Beziehung haben sie die schwierige Zeit einer Krankheit überstanden. „Dann merkt man erst, dass man wirklich zusammengehört," sagt sie. Ihm fällt es im gesamten Interview schwer, über Gefühle zu reden. Dass er Zärtlichkeiten braucht, macht er aber deutlich. Ihre Verbindung ist lebendig, sie reisen gern, haben vielfältige Interessen, Frau D. ist ehrenamtlich aktiv und treibt Sport. Heiraten wür-

---

[3] Interview 2 geführt am 18.04.2008. Den Interviewpartnern sei für Ihre Gesprächsbereitschaft und Offenheit herzlich gedankt.

den sie einander aus pragmatischen, d.h. finanziellen, Gründen aber nicht, sagen sie einstimmig.

Die beiden Gespräche zeigen zwei verschiedene LiebesGeschichten, die nur beispielhaft zeigen, wie Liebe im Alter gelebt werden kann. Nähe und Gemeinsamkeit sind in jeder Lebensphase wichtig und werden ganz vielfältig gestaltet. Die sozialwissenschaftliche Forschung hat hinsichtlich der Fragen der Ausgestaltung der Liebe im Alter noch erhebliche Defizite.

3 Wenn alte Liebe doch mal rostet: Ansteigende Scheidungsrate nach langer Ehedauer

Dass alte Liebe auch rosten kann, zeigen familiendemographische Studien der vergangenen Jahre. Die Zahl der Paare, die nach der Silbernen oder gar Goldenen Hochzeit vor dem Scheidungsrichter landen, wächst. Während die Scheidungsanfälligkeit von Ehen insgesamt ansteigt, wächst auch der Anteil der bis zum Jahr 15 geschiedenen Ehen über die Heiratsjahrgänge. Während sich 10,4 Prozent der Paare, die 1950 heirateten, nach 25 Ehejahren scheiden ließen, waren es 24,4 Prozent des Heiratsjahrgangs 1970, die sich nach der Silberhochzeit trennten. Das Ehescheidungsrisiko nimmt also auch bei länger verheirateten Paaren zu (vgl. Engstler/ Menning 2003: 82). Dieser Trend setzt sich nach aktuelleren Angaben vermutlich fort. Die Gründe für ein Auflösen der Beziehungen können vielfältig sein und reichen von Problemen mit der Bewältigung von einzelnen Lebenssituationen, Ausscheiden aus dem Arbeitsprozess, Erkrankung des Partners bis hin zu sexuellen Problemen.

4 Liebe und Sexualität

Der an Bedeutung gewinnende Diskurs um Liebe im Alter wird maßgeblich bestimmt von der Thematik der Sexualität im Alter, wobei manchmal gar Liebe und Sexualität gleichgesetzt oder zumindest die Grenzen zwischen beidem verwischt werden. Definiert man Liebe als spezifische Form von Kommunikation, die in Intimbeziehungen auch als intime Kommunikation beschreibbar ist, so bindet das den Körper vorerst nicht ein. Von Sexualität sprechen wir dann, wenn der Körper im Rahmen von intimer Kommunikation integriert wird – unabhängig davon, ob es zum Koitus kommt oder nicht. Sexualität repräsentiert zwar eine der wichtigsten Möglichkeiten, mit der Paare sich zeigen, dass sie einander lieben und füreinander sorgen (vgl. Elliott/Umberson 2008: 394), aber die Qualität der Liebe ist im Alter noch weniger als in jungen Jahren an der Häufigkeit sexueller Aktivitäten abzulesen (vgl. Stolz 2002). Wie sich Liebe im Alter vollzieht und ausgestaltet wird, entscheiden allein die Partner untereinander. Mit einem offenen und deideologisierten Blick werden sich die vielen Spielarten feststellen lassen, die zeigen, dass in der Moderne sowohl scheinbar traditionelle Formen der Liebe und der Partnerschaft rekonstruiert als auch neue Arten des Zusammenlebens und Liebens praktiziert werden. Dieses Nebeneinander von Partnerschaftsmodellen in all ihren verschiedenen Ausgestaltungen ist auch Kennzeichen moderner Gesellschaften, welche die Traditionen rekonstruiert, die sie auflöst (vgl. Giddens 1993: 445) – Konfliktpotenzial stets eingeschlossen.

5 Ein neues Leben ist eine neue Liebe

Die Liebe als grundlegende Kategorie menschlichen Zusammenlebens hat ihren Ursprung schon beim Beginn unseres Lebens. Die bedingungslose Liebe einer Mutter zu ihrem Kind ist die erste Erfahrung, die ein Mensch in seinem Leben macht. Sie ist der Ursprung der Liebesfähigkeit für das Kind und eröffnet für die Eltern eine neue Dimension in der Erfahrung von Liebe. Alfred Schütz formulierte es so: „Solange Menschen von Müttern geboren werden, fundiert Intersubjektivität und Wirbeziehungen alle anderen Kategorien des Menschseins" (1971: 116). Im Interesse des Selbsterhaltungstriebes entwickelt das Kind eine zärtliche Fixierung auf die Eltern und alle mit der Kinderpflege betrauten Personen (vgl. Freud 2006a: 188). Für seine spätere, mit Sexualität verbundene Liebesfähigkeit sind die Erfahrungen von zärtlicher Verbindung mit der Mutter im Infantilen prägend (vgl. Freud 2006b: 180). Die besondere Aufgabe der Mutter liegt also nicht nur in der Reproduktion, sondern auch in der Vermittlung von Liebe und Liebesfähigkeit.[4] Lieben ist eine Kunst, die genauso erlernt werden muss wie die Kunst des Lebens (vgl. Fromm 2000: 83). Die Liebe der Mutter ist eine Haltung, die dem Kind weniger den Willen zu überleben vermittelt, als vielmehr die Einstellung, dass es gut ist, geboren worden zu sein und das Leben zu lieben. Ihre Einstellung und ihr Glück sind ansteckend, ihre Liebe ist die heiligste aller emotionalen Bindungen, weil sie nichts für sich will. Mit dem demographischen Wandel und dem damit einhergehenden drastischen Geburtenrückgang (1,33 Kinder pro Frau im Jahr 2006 – zusammengefasste Geburtenziffer, vgl. Statistisches Bundesamt 2007b) wird dieses Glück seltener.

Mit der Liebe beginnt das Leben, und durch sie entwickelt sich eine Liebesfähigkeit, die bis zum Ende des Daseins bewahrt wird. Wie Menschen Liebe im Alter ausgestalten und leben, kann mit klarem Blick beobachtet werden. Dieses Buch –

---

[4] Dass auch die Mutterliebe sozial konstruiert und normativ aufgeladen wird, beschreibt Yvonne Schütze in „Die gute Mutter" (1991) [1986]. Durch zunehmende Rationalisierung verändert sich der Anspruch an Mutterliebe hin zu einer wissenschaftlich fundierten Erziehung der Kinder durch ihre Mütter.

vom Anfang bis zum Ende voll mit Liebe – kann mit seinen Perspektiven zu einem wachen Auge beitragen.

Literatur

Bauman, Zygmunt (1996): Morality in the Age of Contingency. In: Heelas, Paul/Lash, Scott/Morris, Paul (Hg.): Detraditionalization: Critical Reflections on Authority and Identity. Oxford, S. 49-58.
Eco, Umberto (Hg.) (2007): Die Geschichte der Hässlichkeit. München: Carl Hanser.
Elliott, Sinikka/Umberson, Debra (2008): The Performance of Desire: Gender and Sexual Negotiation in Long-Term Marriages. In: Journal of Marriage and Family (2), S. 391-406.
Engstler, Heribert/Menning, Sonja (2003): Die Familie im Spiegel der amtlichen Statistik. Lebensformen, Familienstrukturen, wirtschaftliche Situation der Familien und familiendemographische Entwicklung der Familien in Deutschland. http://www.bmfsfj.de/ RedaktionBMFSFJ/Broschuerenstelle/Pdf-Anlagen/PRM-24184-Gesamtbericht-Familie-im-Spieg,property=pdf.pdf [Download: 24.05.08].
Freud, Sigmund (2006a) [1912]: Über die allgemeinste Erniedrigung des Liebeslebens. In: Schmidt-Hellerau, Cornelia (Hg.): Sigmund Freud. Das Lesebuch. Schriften aus vier Jahrzehnten. Frankfurt a. M.: S. Fischer, S. 187-201.
Freud, Sigmund (2006b) [1910]: Über einen besonderen Typus der Objektwahl beim Manne. In: Schmidt-Hellerau, Cornelia (Hg.): Sigmund Freud. Das Lesebuch. Schriften aus vier Jahrzehnten. Frankfurt a. M.: S. Fischer, S. 175-187.
Fromm, Erich (2000) [1956]: Die Kunst des Liebens. München: dtv.
Giddens, Anthony (1993): Tradition in der post-traditionalen Gesellschaft. In: Soziale Welt, Bd.44, S. 445-485.
Hochschild, Arlie Russell (2006): Das gekaufte Herz. Die Kommerzialisierung der Gefühle. Frankfurt a.M./N.Y.: Campus.
Hondrich, Karl Otto (2004): Paare. In: Ders.: Liebe in den Zeiten der Weltgesellschaft. Frankfurt a. M.: Suhrkamp, S. 34-59.
Hillmann, Karl-Heinz/Oesterdiekhoff, Georg W. (2002): Die Verbesserung des menschlichen Zusammenlebens als Forschungsgegenstand der Soziologie. [Bericht über eine Tagung in Bonn am 16. und 17.11.2001]. In: Soziologie. [Forum der DGS], H. 2, S. 34-40.
Kaufmann, Jean-Claude (1994): Schmutzige Wäsche. Zur ehelichen Konstruktion von Alltag. Konstanz: UVK.
Levinger, George (1983): Development and Change. In: Harold Kelley et al. (Ed.): Close Relationships. New York: Freeman, S. 315-359.
Opaschowski, Horst W. (2004): Der Generationenpakt. Das soziale Netz der Zukunft. Darmstadt: WBG.
Schütz, Alfred (1971): Das Problem der transzendentalen Intersubjektivität bei Husserl. In: Gesammelte Aufsätze. Bd.3. Den Haag: Nijhoff, S. 86-126.
Schütze, Yvonne (1991) [1986]: Die gute Mutter. Zur Geschichte des normativen Musters „Mutterliebe". Bielefeld: Kleine Verlag.

Schützeichel, Rainer (2006): Emotionen und Sozialtheorie – eine Einleitung. In: ders. (Hg.), Emotionen und Sozialtheorie. Disziplinäre Ansätze. Frankfurt/New York: Campus, S. 7-26.
Sennett, Richard (2000) [1998], Der flexible Mensch. Die Kultur des neuen Kapitalismus. 4. Aufl. Berlin: Siedler.
Statistisches Bundesamt (Hg.) (2007a): Pressemitteilung Nr. 427 vom 26.10.2007. Unter: http://www.destatis.de/jetspeed/portal/cms/Sites/destatis/Internet/DE/Presse/pm/2007/10/PD07__427__12621,templateId=renderPrint.psml, Stand 24.05.08
Statistisches Bundesamt (Hg.) (2007b): Geburten in Deutschland. Wiesbaden. Unter: http://www.destatis.de/jetspeed/portal/cms/Sites/destatis/Internet/DE/Content/Publikationen/Fachveroeffentlichungen/Bevoelkerung/BroschuereGeburtenDeutschland,property=file.pdf [Download: 24.05.08]
Stolz, H. (2002): Alte Liebe rostet nicht. Liebe, Sex und Partnerschaft im Alter. In: PFLEGE AKTUELL [Fachzeitschrift des Deutschen Berufsverbandes für Pflegeberufe]. 56.Jg. (2002), H.1, 16-18.
Zernike, Kate (2007): The Body May Be Aging But Romance Stays Fresh. In: The New Times. Articles selected for Süddeutsche Zeitung, 26. Nov. 2007, S.1/4.

Hinweise zu den Autorinnen und Autoren

Thomas Coelen, PD Dr., geb. 1966; Vertretung einer Professur für Sozialpädagogik an der Universität Rostock und seit April 2007 an der Universität Siegen; Arbeitsschwerpunkte: Raumbegriffe und Identitätstheorien, Demokratiebildung; schulbezogene Jugendhilfe, ganztägige Bildungssysteme; Methodologie pädagogischer Sozialforschung. Veröffentlichung: Pädagogik als „Geständniswissenschaft"? Zum Ort der Erziehung bei Foucault. Frankfurt a. M. 1996.

Kornelia Hahn, PD Dr., langjährige Lehrtätigkeit an deutschen und amerikanischen Universitäten, Forschungsschwerpunkte: Theorie der Moderne, Kultursoziologie, Medienkommunikation, Soziologie intimer Beziehungen, Veröffentlichungen: Liebe am Ende des 20. Jahrhunderts. Studien zur Soziologie intimer Beziehungen. Hg. gem. mit Burkhart, Opladen 1998; Grenzen und Grenzüberschreitungen der Liebe. Studien zur Soziologie intimer Beziehungen II. Hg. gem. mit Burkhart, Opladen 1999.

Paul B. Hill, Prof. Dr., geb. 1953, Professor am Institut für Soziologie an der Rheinisch-Westfälischen Technischen Hochschule Aachen. Arbeitsschwerpunkte: u.a. Methoden der empirischen Sozialforschung, Familiensoziologie. Veröffentlichung zum Thema: Familiensoziologie. Grundlagen und theoretische Perspektiven. Wiesbaden 2006. (gemeinsam mit Johannes Kopp).

Eva Illouz, Prof. Dr., geb. 1961, Professor im Fachbereich für Soziologie und Anthropologie an der Hebräischen Universität in Jerusalem, Arbeitsschwerpunkte: Soziologie der Emotionen, Konsumgesellschaft und Medienkultur, Veröffentlichung: Der Konsum der Romantik. Liebe und die kulturellen Widersprüche des Kapitalismus. Frankfurt a. M. 2003, Gefühle in Zeiten des Kapitalismus: Adorno-Vorlesungen 2004. Frankfurt a. M. 2006.

Matthias Junge, Prof. Dr., geb. 1960, Professor für Soziologische Theorien und Theoriegeschichte an der Universität Rostock, Forschungsschwerpunkte: Kultursoziologie, Kulturtheorie, Soziologische Theorie, Gesellschaftstheorie, Metaphernforschung. Ausgewählte Veröffentlichungen: Soziologische Theorien von Comte bis Parsons. München; Wien 2002 (gemeinsam mit Ditmar Brock und Uwe Krähnke); Zygmunt Bauman. Wiesbaden 2006.

Heike Kahlert, Dr., geb. 1962, zurzeit Maria-Goeppert-Mayer-Gastprofessorin für internationale Frauen- und Genderforschung an der HAWK FH Hildesheim/ Holzminden/Göttingen und der Stiftung Universität Hildesheim, Leiterin des BMBF-Projekts „Wissenschaftskarrieren: Orientierung, Planung und Beratung am Beispiel der Fächer Politikwissenschaft und Chemie" an der Universität Rostock; Arbeitsschwerpunkte: Transformationen des Wissens in der Moderne, Geschlechterverhältnisse und sozialer Wandel im Wohlfahrtsstaat, Soziologie der Bildung und Erziehung, Gleichstellungsbezogene Organisationsentwicklung im Public-Profit-Bereich.

Hubert Knoblauch, Prof. Dr., geb. 1959, Professur für Allgemeine Soziologie an der TU Berlin. Forschungsschwerpunkte: Wissen, Kommunikation, Religion, Qualitative Methoden, jüngste Monographien: Wissenssoziologie (2005); Qualitative Religionsforschung. Religionsethnographie in der eigenen Gesellschaft (2003); Berichte aus dem Jenseits (1999); Religionssoziologie (1999); Kommunikationskultur. Die kommunikative Konstruktion kultureller Kontexte (1995); Die Welt der Wünschelrutengänger und Pendler (1991); Video Analysis (2006).

Johannes Kopp, Prof. Dr., geb. 1961, Professor für empirische Sozialforschung am Institut für Soziologie der TU Chemnitz, Forschungsschwerpunkte: Familiensoziologie, Bildungsforschung, ausgewählte Publikationen: Paul B. Hill, Johannes Kopp, 2006: Familiensoziologie. Grundlagen und theoretische Perspektiven. Vierte überarbeitete Auflage. Wiesbaden: VS Verlag; Bernhard Schäfers, Johannes Kopp (Hg.), 2006: Grundbegriffe der Soziologie. 9. grundlegend überarbeitete und aktualisierte Auflage. Wiesbaden: VS Verlag; Anja Steinbach, Johannes Kopp, 2008: „When Will I See You Again" – Intergenerational Contacts in Germany. In: Chiara Saraceno (ed.): Intergenerational Relations in Family and Society. Cheltenham/Northampton MA.: Edgar Elder (im Druck).

Dietmar Larcher, Prof. Dr., geb. 1940, bis 2000 Professur für Erziehungswissenschaft an der Universität Klagenfurt, von 2001 bis 2008 Gastprofessuren in Teheran, Hangzhou, Bolzano/Bozen. Zahlreiche Publikationen zu interkulturellen Themen, z. B. Die Liebe in den Zeiten der Globalisierung (2000), Interkulturelle Neugier (2006).

Ulrike Marz, Dipl.-Soz.Päd. (FH), geb. 1976, Studentin der Soziologie/Politikwissenschaft an der Universität Rostock, derzeit Arbeit an der Magisterarbeit zum Thema „Analyse des Antisemitismus als Kritik der Gesellschaft". 2001 Abschluss des Dipl.-Studiums Sozialer Arbeit an der FH Neubrandenburg. Arbeits- und Forschungsschwerpunkte: Antisemitismus, Kritische Theorie.

Yvonne Niekrenz, M.A., geb. 1980, Studium der Germanistik und Soziologie in Rostock, wissenschaftliche Mitarbeiterin am Lehrstuhl Soziologische Theorien und Theoriegeschichte an der Universität Rostock. Arbeitsschwerpunkte: Kultursoziologie, insbesondere Medien- und Kommunikationssoziologie, Hochschuldidaktik. Veröffentlichungen: Vielfalt in Uniform. Jugend, Jugendkulturen und Mode im Zeitalter der Globalisierung. In: Villányi/Witte/Sander (Hg.): Globale Jugend und Jugendkulturen. Aufwachsen im Zeitalter der Globalisierung. Weinheim/München 2007, S. 255-265; gem. mit Dummann, K./Jung, K./Lexa, S.: Einsteigerhandbuch Hochschullehre. Darmstadt 2007.

Angelika Poferl, Prof. Dr., geb. 1960, Juniorprofessorin am Institut für Soziologie der LMU München. Arbeitsschwerpunkte: Theorie Reflexiver Modernisierung, Interpretative Soziologie, Methoden der qualitativen Sozialforschung, Familiensoziologie. Veröffentlichungen zur Theorie Reflexiver Modernisierung, u.a. „Ulrich Becks kosmopolitisches Projekt. Auf dem Weg in eine andere Soziologie", hrsg. mit Natan Sznaider. Baden-Baden 2004. „Ulrich Beck: ‚Für einen Kosmopolitismus mit Wurzeln und Flügeln'", in: Stephan Moebius/Dirk Quadflieg (Hrsg.): Kultur. Theorien der Gegenwart. Wiesbaden 2006, S. 531-544.

Yvonne Schütze, Prof. Dr., geb. 1940, bis 2005 Professorin für Soziologie und Pädagogik an der Humboldt Universität zu Berlin, Arbeitsschwerpunkte: Familien- und Migrationssoziologie, Sozialisation, soziale Beziehungen. Jüngste Veröffentlichungen: „Quantitative und qualitative Veränderungen in den sozialen Netzwerken junger Migranten. Eine Langzeitstudie." In: B. Hollstein/F. Straus (Hg.), Qualitative Netzwerkanalyse. Konzepte, Methoden, Anwendungen. Wiesbaden 2006, S.295-310. „Auf dem Wege zur Freundschaft? Alte Eltern und ihre erwachsenen Kinder." In: J.F.K. Schmidt et al. (Hg.) Freundschaft und Verwandtschaft Zur Unterscheidung und Verflechtung zweier Beziehungssysteme Konstanz 2007, S.97-114.

Caroline Sommerfeld-Lethen, Dr., geb. 1975, forscht derzeit an der Universität Wien. Zuvor wissenschaftliche Mitarbeiterin an der Universität Rostock Arbeitsschwerpunkte: Ethik, Kant, Bildungs- und Erziehungstheorie und Systemtheorie. Veröffentlichung: Wie moralisch werden? Kants moralistische Ethik. 2005 im Karl-Alber-Verlag.

Niko Strobach, Prof. Dr., geb. 1969, Professor für Analytische Philosophie an der Universität des Saarlandes, Forschungsschwerpunkte: Logik und Metaphysik, Philosophie der Antike. Jüngste Veröffentlichung: Alternativen in der Raumzeit. Berlin 2007.

Dirk Villányi, M.A., geb. 1973. Studium der Musikwissenschaft, Germanistik, Slawistik und Soziologie in Rostock, wissenschaftlicher Mitarbeiter am Lehrstuhl Soziologische Theorien und Theoriegeschichte an der Universität Rostock. Arbeitsschwerpunkte: Jugendsoziologie, Globalisierung, Soziologie der Innovation und Systemtheorie. Veröffentlichungen: Jugendkulturen zwischen Globalisierung und Ethnisierung. Glocal Clash – Der Kampf des Globalen im Lokalen am Beispiel Russlands. (2004) gem. mit Matthias D. Witte, in: Zeitschrift für Erziehungswissenschaft (ZfE), 7. Jg., H. 1, 58-70; Globale Jugend und Jugendkulturen. Aufwachsen im Zeitalter der Globalisierung. (Hg. mit Matthias D. Witte und Uwe Sander), Weinheim/München 2007.

Rainer Winter, Prof. Dr., geb. 1960, Professor für Medien- und Kulturtheorie, Alpen-Adria-Universität Klagenfurt. Aktuelle Buchpublikationen: Kritische Theorie heute (2007, Mithg.), Kino, Ethnographie und Interpretation. Der Norman K. Denzin Reader (2008, Mithg.) und Widerstand im Netz? (2008). Weitere Informationen unter: www.rainer-winter.net.